후쿠시마에서 부는 바람

A part of this book —
Original title: TU N'AS RIEN VU A FUKUSHIMA. LETTRE À UNE AMIE JAPONAISE, first published in 2011 by Buchet Chastel
Copyright © 2011 by Daniel de Roulet
Permission granted by the Literary Agency Liepman AG, Zurich
And another parts of this book —
copyright © 2012 individual authors

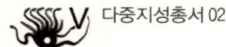 다중지성총서 02

# 후쿠시마에서 부는 바람 Winds from Fukushima

엮은이  조정환
글쓴이  15인 공동
옮긴이  6인 공동

펴낸이  조정환
책임운영  신은주
편집부  김정연 오정민
프리뷰  김석민 김수빈 김영철 엄진희

펴낸곳 도서출판 갈무리  등록일 1994. 3. 3.  등록번호 제17-0161호
초판인쇄 2012년 3월 23일  초판발행 2012년 3월 26일
종이 화인페이퍼  인쇄 중앙피앤엘  제본 은정제책

주소 서울 마포구 서교동 375-13호 성지빌딩 101호
전화 02-325-1485  팩스 02-325-1407
website http://galmuri.co.kr  e-mail galmuri@galmuri.co.kr

ISBN 978-89-6195-047-3 04300 / 978-89-6195-035-0 (세트)
도서분류  1. 사회과학  2. 정치학  3. 사회학  4. 사회사상  5. 사회문제  6. 문학
         7. 일본사상

값 18,000원

이 도서의 국립중앙도서관 출판시도서목록(CIP)은 e-CIP홈페이지(http://www.nl.go.kr/ecip)와 국가자료공동목록시스템(http://www.nl.go.kr/kolisnet)에서 이용하실 수 있습니다.(CIP제어번호: CIP2012001219)

Winds from Fukushima

# 후쿠시마에서 부는 바람

| 엮은이 | 조정환 |
| 글쓴이 | 김진호 |
| | 박노해 |
| | 윤여일 |
| | 이명원 |
| | 조정환 |
| | 사에키 나츠코 |
| | 사쿠라이 다이조 |
| | 시부야 노조무 |
| | 이케가미 요시히코 |
| | 코소 이와사부로 |
| | 다니엘 드 룰레 |
| | 실비아 페데리치 |
| | 앤 윌 |
| | 드먼 |
| | 조지 카펜치스 |

죽음의 바람인가
사랑의 바람인가
재앙의 바람인가
혁명의 바람인가
몰락의 바람인가
전환의 바람인가
지역의 바람인가
지구의 바람인가

당신은
히로시마에서
아무것도 보지 못했소.
아무것도.


나는
모든 것을 보았어요.
모든 것을.

― 영화 〈히로시마 내 사랑〉 중에서

차례

08 책머리에 : 혁명과 재앙 사이의 후쿠시마   조정환

# 1부 감응하는 후쿠시마

32 봄비 내리는 아침에   박노해

34 '미래'는 우리 것이다   사쿠라이 다이조 | 윤여일

42 몰락으로의 초대   윤여일

58 원폭과 원전   이케가미 요시히코 | 윤여일

67 저선량 피폭지대로부터   이케가미 요시히코 | 신지영

74 흙과 농민   이케가미 요시히코 | 윤여일

80 「은폐의 메커니즘 속의 색깔들」에 대한 소개
   앤 월드먼 | 조정환

88 당신은 후쿠시마에서 아무것도 보지 못했소
   다니엘 드 룰레 | 서창현

# 2부 비판하는 후쿠시마

118 인지자본주의와 재난자본주의 사이에서   조정환

## 후쿠시마에서 부는 바람

148 3·11 이후의 지구적 아나키즘 코소 이와사부로 | 윤여일

168 녹색 속에 감추어져 있는 송곳니들
     코소 이와사부로 | 조정환

191 우리가 그들의 개미집을 재건해야만 하는가?
     실비아 페데리치·조지 카펜치스 | 조정환·문지영

203 무기력함 속에서 감지하는 우리 자신의 힘
     존 홀러웨이 | 조정환

# 3부 모색하는 후쿠시마

208 끝에서 시작으로 이명원

228 후쿠시마 이후 선교는 가능한가? 김진호

237 사회적 비용의 전복 시부야 노조무 | 한태준

257 제2, 제3의 후쿠시마를 허용할 것인가?
     사에키 나츠코 | 신지영

271 **후주**

279 **후쿠시마 일지**

296 **엮은이·글쓴이·옮긴이·도운이 소개**

# 혁명과 재앙 사이의
# 후쿠시마

조정환

2011년에 전 세계에는 두 방향의 바람이 동시에 불었다. 하나는 2011년 1월부터 아랍에서 불기 시작한 뜨거운 그렇지만 상쾌한 반란의 바람이다. 새 봄을 알리는 전령(傳令)처럼 단호하게 불기 시작한 이 바람은, 우리에게, 68혁명 이후 혁명의 새로운 시간이 도래했음을 알렸다. 튀니지의 실업노동자 모하메드 부아지지의 분신을 계기로 시작된 북아프리카 혁명의 바람은, 이집트의 정보노동자 와엘 그호님의 참여를 매개로 하여 아랍 지역 전체에 확산되었고, 아랍 세계에 건축되었던 권위주의적 신자유주의 체제들을 차례로 무너뜨리면서 북아프리카와 중동을 넘어 전 세계로 불어나갔다. 이 과정에서 망명한 튀니지의 벤 알리는 궐석재판에서 35년형을 선고받았고 이집트의 무바라크는 체포되어 사형을 구형 받았으며 리비아의 가다피는 자신의 고향 시르테에서 사살되었다. 예멘의 살레는 사우디아라비아로 망명했고 쿠웨이트에서는 내각이 총사퇴했다. 시리아에서는 만 여 명이 넘는 시민들의 희생에도 불구하고 시위군중들은 지금까지 1년이나 지속된 아사드에 대한 저항을 멈추지 않고 있다. 아랍의 봄바람은 여름이 되자 지중해를 건너 유럽으로 불었다. 이 바람은, 그리스, 스페인, 이탈리아, 프랑스 등 유럽 각지에서 광장을 점거하고 실제적 민주주의의 즉각적 실현을 외치는 분노한 청년들의 투쟁을 통해 실질민주주의의 바람으로 구체화되었다. 이 과정에서 그리스의 파판드레우와 이탈리아의 베를루스코니가 총리직을 사임했고 스페인과 프랑스에서도 정치적 격변이 진행되고 있다. 이해 가을이 되자 혁명의 바람은 대서양을 건너 미국에 당도하여 전 지구적 신자유주의의 심장부인 월스트리트의 주코티 공원에서 점령의 회오리바람을 불러일으켰다. 금융위기 발발 3주년째인 9월 17일에 공원을 점령한 청년, 실업자, 시민 들은 1 : 99 사이의 사회적 적대를 선언하면서 '우리가 99%다', '모든 것을 점령하라'의 투쟁을 전 세계에 확산시켰다. 전 세계로 돌아 불던 그 바람이 겨울이 되자 잦아들었지만, 2012년 봄에 미국에서부터 다시 일 조짐을 보이기 시작하고 있다.

또 한 방향의 바람은 2011년 3월 11일 일본의 북동부에 위치한 후쿠시마에서 불기 시작한 바람이다. 그날 오후 2시 46분, 일본 북동부를 강타한 진도 9.0의 지진과 그로 인한 쓰나미는 후쿠시마 해변에 세워진 제1원자력 발전소를 덮쳤고, 세계 제일의 원전기술을 자랑하던 일본의 신자유주의적 핵국가 체제는 여지없이 무너져 내렸다. 핵 연료봉이 있는 원자로로부터, 그리고 폐연료봉이 보관된 저장수조로부터, 오직 봉인을 통해서만 통제되고 또 작동할 수 있는 물질이, 즉 요오드와 세슘을 비롯하여 텔루륨, 루테

늄, 란타넘, 바륨, 세륨, 코발트, 지르코늄 등의 방사성 물질이 공중으로 흩어지기 시작하고 또 바다로 흘러내리기 시작했기 때문이다. 원전부지 내에서는 심지어, 한 차례의 반감에만 2만 4천년이나 걸리는 '악마의 재' 플루토늄까지 검출되었다. 이제 시작되었을 뿐이며 언제까지 지속될지 모르는 방사성 물질의 이 전 지구적 영구 이동과 방사성 오염의 이동(이염)을 고려하면, 원자력은 청정하고 안전하다는 수 천 만 번도 더 되풀이된 원전 추진세력의 말이 새빨간 거짓말이며 원자력의 평화적 이용을 통한 에너지 확보와 원자력을 통한 산업 성장, 그리고 미래 행복의 약속이 한갓 조작된 신화에 지나지 않음이 드러났다. 아니, '평화적' 이용의 형태인 후쿠시마 원전의 붕괴가 가져왔고 또 가져올 치명적인 충격에 비할 때 군사적 이용형태로서 히로시마를 때린 원자폭탄의 충격은 오히려 글자 그대로 '리틀 보이'little boy에 지나지 않을 만큼 미미한 것이었다고 말해야 할 지경이다. 산업적 이용이 군사적 이용과 더 이상 구별될 수 없을 뿐만 아니라 그것의 위험이 더 산재해 있고 더 상시적이라는 사실이 입증되었기 때문이다. 클라우제비츠의 말을 응용한다면, 후쿠시마 사고는, 산업이 다른 형태를 통한 전쟁의 지속임을 보여주었다.

이후 일본 주민들은 물론이고 전 세계의 사람들이 후

쿠시마에서 부는 바람을 걱정하며 공포에 떨어야 했다. 한국의 권력자들과 정치가들은 후쿠시마에는 편서풍이 불어 한반도에는 불어오지 않는다는 말을 되풀이 했다. 그러나 방사능 바람이 장소와 대상을 불문하는 편재적이고 전 지구적인 바람임이 확인되는 데에는 오래지 않았다. 방사성 물질은 바람을 타고 대륙과 대양은 물론 극지방까지 넘나들며 지구 곳곳에서 그 존재를 드러냈다. 예컨대 하와이와 미국 서부는 물론이고 3월 26일에는 중국 헤이룽장黑龍江성과 미국의 매사추세츠, 라스베이거스에서 요오드 131이 검출됐고 독일 슈바르츠발트 흑림지대, 아이슬란드, 캄차카반도 등에서도 방사성 물질이 확인됐다. 대기 상층부에서 편서풍이 분다할지라도 지표면에서는 수시로 바람의 방향이 바뀌기 때문이다. 여기에 해양을 통한 이동, 상품과 사람의 교류를 통한 이동을 포함시키면 방사성 물질이 이동할 수 없는 곳은 없다고 해도 과언이 아니다. 후쿠시마 원전사고는 장기적으로 히로시마·나가사키 원폭이나 체르노빌 사고보다도 훨씬 더 큰 타격을 지구인들에게 미칠 것으로 예상되고 있다. 사망자만 장기적으로 1백만 명에 이를 것이라는 예측도 나오고 있다.

    그럼에도 일본정부는 지난 해 말 모든 게 종결되었다고 선언하면서 원전 추진세력들에게 다시 힘을 불어넣어

준다. 노다 총리가 원전 재가동을 위한 대국민 설득작업에 앞장서겠다는 의지를 누누이 밝히고 있는 가운데, 원자력 발전 재가동, 원전수출 등이 다시 거론된다. 이러한 움직임을 자극하고 또 선도하고 있는 것이 다름 아닌 한국이다. 이명박 정부는 동해안 원자력 클러스터를 서둘러 추진하면서 후쿠시마 이후 원전건설 후보지(삼척)를 발표한 세계 최초의 정부로 되었다. 여기에, 향후 10년 내에 원자력 발전용량을 일곱 배로 늘리겠다는 '야심찬' 계획을 세우고 있는 중국을 더한다면 동북아시아 일대는 절대적으로 통제불가능한 방사선 '폭풍'을 준비하고 있는 지대로 되고 있다고 해야 할 것이다.

그런데 후쿠시마에서는 생명체를 살상하는 방사능 바람만 불어오고 있는 것일까? 그렇지 않다. 그 바람에는 아랍에서 불기 시작한 것과 같은 혁명의 바람이 섞여 있다. 히로시마·나가사키 원폭의 피해당사자이면서도 지구상에서 가장 강력한 핵국가를, 그리고 통일된 핵국민을 구성해 온 일본의 전후 국민국가 체제가 방사능 바람에 휩쓸려 해체되고 있기 때문이다. 이 해체 경향은, 아래로부터 일기 시작한 탈/반원전 운동에 의해 추동되며 또 가속되고 있다. 지구상에서 가장 강력했던 핵국가 중 하나에서 지구상에서 가장 강력한 탈/반원전 대중운동이 일어나고 있다는 사실은 간과할 수 없는 중요성을 갖는다. 일본에서 불기 시작한 탈/반원전 운동의 바람은 일본에 건설되어 있는 54기의 발전소 중에서 52기를 멈춰 세웠다.

지금까지의 원폭 사건이나 원전 사고들을 계기로 발생한 탈/반원전 운동들은 피해 당사 국가의 주민·시민들에 의해서가 아니라 인접 국가의 주민·시민들에 의해 전개되는 경향이 있었다. 후쿠시마 이후 일본에서 일고 있는 탈/반원전 운동은 이러한 경향을 뒤집는 의미심장한 현상이다. 후쿠시마 이후 일본의 인접 국가인 한국의 국민들은 심리적으로 가장 큰 충격을 받은 것으로 조사되지만 그 충격이 원전에 대한 실질적 반대로 이어지지는 않았다. 원자력과 핵 추진을 정당화하기 위한 핵안보정상회의가 서울에서 열리는 것은 한국 국민들의 이 분열된 심리를 원전 지지의 방향으로 집약하는 상징조작 효과를 가져올 것이다. 후쿠시마 사고가 전 지구적 핵체제를 떠받쳐온 강력한 원전축의 하나인 일본을 뒤흔들어 놓았는데, 이 상징조작에 성공한다면 전 지구적 핵체제는 한국을, 일본을 보완하거나 대체할 버팀목으로 재건할 수 있을 것이다.

그러나 전 지구적 핵권력의 이러한 시도가 오히려 한국에 반핵운동을 자극하는 계기가 되고 있기도 하다. 영덕과 울진, 삼척 등 동해안 원자력 클러스터 세 개 지역의 반핵단체들은 정부의 신규 원전 부지 선정 폐기를 촉구하는 운동을 개시했고 원자력에너지 반대와 원전 폐쇄를 표방하는 탈핵에너지교수모임이 출범했으며 모든 핵발전소의 중단, 모든 핵무기의 즉각 폐기, 의료용 방사선 사용의 최소화를 내건 반핵의사회가 구성되었다. 나아가 한중일 등 동아시아의 탈원전을 추진하는 시민사회 연대기구인 〈동아시아 탈원전 자연에너지 네트워크〉도 발족했다.

방사능 바람이 (이미 사망한 것으로 집계된 2만여 명의 인명을 포함하여) 헤아릴 수 없는 생명체를 죽음으로 몰아넣었고 또 그보다 훨씬 더 많은 생명체들에게 질병, 공포, 우울, 무기력 등을 가져다주는 것은 분명하다. 그렇지만 그것은 동시에, 낡은 핵국가 체제를 위기로 몰아넣으면서 그 낡은 체제를 대체할 새로운 운동의 가능성을 열고 그 싹을 대중 속에 심는다. 이렇게 후쿠시마는 서로 상반되는 복잡한 힘들이 얽혀드는 현장으로 되고 있다. 후쿠시마에서 부는 바람은 모든 사람을 죽게 할 방사능 바람과 새 생명을 움트게 할 변혁의 바람, 재앙의 바람과 혁명의 바람, 죽음의 바람과 사랑의 바람, 몰락의 바람과 전환의 바람이라는 두 가지 성격을 동시에 갖는다. 이 책은 후쿠시마에서 부는 바람의 이 복잡성과 그것이 불러일으키는 분열효과를 사유하면서 그 혼란을 헤치고 나가기 위해서는 꼭 필요하지만 우리가 오래 잃어버렸던 것, 즉 '무엇을 할 것인가?'의 감각을 회복하는 것에 초점을 맞춘다.

이 책에 실린 글들이 시, 편지글, 에세이, 평론, 논문 등 다양한 형식들을 통해 표현하고 있는 것은 무엇인가? 필자들의 다양한 구성으로 인하여 이 질문에 일관된 그리고 객관적인 답을 주는 것은 사실상 가능하지 않다. 하나로 꿸 수 있는 일관된 답이 아니라 여러 가닥의 답이 주어지고 있고 해답보다는 오히려 물음이 던져지고 있다고 하는 편이 더 정확할지 모른다. 그렇기 때문에 이 머리글에서는 이 책에 실린 글들을 꿰는 어떤 공통분모를 무리하게 드러내려고 하지 않을 것이며 각 글들이 직접 말하고 있는 것을 재현하는 일도 피하고 싶다. 그렇기 때문에 여기서는 이 책을 상상하고 준비하면서, 원고들을 읽고 또 엮으면서 내가 품었던 몇 가닥의 생각들을 밝혀 두는 것에 만족하고자 한다.

가장 먼저 드는 생각은, 후쿠시마에서 그날부터 지금까지 (사람들을 비롯한) 생명체들이 무엇을 겪고 무엇을 느끼는지를 밝히는 것에서 우리가 출발할 필요가 있다는 것이다. 무수한 사람들이 죽었고 무수한 사람들이 병에 걸렸다. 무수한 사람들이 지금껏 살아온 땅을 떠나 피난을 해야 했고 심지어는 낯선 이국으로의 이주까지 결심해야 했다. 많은 소와 돼지, 닭과 고양이 들이 후쿠시마의 들길에서 헤매고 있다. 우리는 방사능으로 죽어간 물고기들의 이름을 알지 못하며 얼마나 많은 물고기들이 그렇게 되었는지는 가늠조차 하지 못한다. 누가 방사능 물질의 피해자가 되는지, 그 아픔 속에서 그들이 무엇을 느끼는지를 구체적으로 탐색하는 것은, 거짓말과 허구적 통계, 그리고 미디어라는 정보무기를 사용하여 위기에 빠진 핵질서의 재건을 도모하고 있는 핵세력에 대항하는 유의미한 투쟁 방법이 될 것이다. 단순한 경험담도, 고밀도의 이론도 아니며 정치적 대안제시도 아닌 정서적 접힘의 순간의 기록(1부 감응하는 후쿠시마)에서부터 이 책을 시작한 것은 이 때문이다.

둘째로 나는, 후쿠시마 원전사고를 하나의 지역적 사건이 아닌 전 지구적 사건으로, 특수한 사건이 아닌 보편적 사건으로 이해하는 것이 필요하며 또 그것이 현재의 혼란을 투시할 유효한 원근법을 제공한다고 생각한다. 후쿠시마 원전사고의 보편적이고 전 지구적인 성격은 이른바 '평화적' 핵체제의 형성, 핵체제의 발전과 숨은 기능, 핵사고의 효과와 그에 대한 대응 등 모든 면에서 확인되는 것이다. 우선 후쿠시마 원전은 전후 전 지구적 핵체제의 일부로서 구축되었다. 전후 승전국들을 중심으로 형성된 핵체제는 맨해튼 구상에 기초를 둔 것으로, 핵을 세계지배의 무기로 사용하는 것이었다. 이를 위해 미국과 소련은 경쟁적으로 핵실험을 감행했고 핵보유국은 중국, 영국, 프랑스 등으로 늘어났다. 이들 핵보유국이 핵비보유국을 통제하기 위해 만든 체제가 〈핵확산금지조약〉NPT 체제이다. 하지만 1954년, 오룡호 사건1을 계기로 패전국인 일본에서 국제적 핵독점과 지속적 핵실험에 기초한 전 지구적 핵권력 체제에 대한 비판이 비등하자 미국은 '평화적 핵 이용'이라는 명분하에 핵무기비보유국에 원전 건설을 허용한다. 이후로 원자력은 석유체제를 대체할 미래 에너지 대안으로 선전되면서 세계 전역으로 확산되었고 전 지구적 핵체제는 군사적 수준에서의 핵독점과 산업적 수준에서의 원전건설을 통해 빠르게 확산된다. 그 결과 세계 핵체제는 핵무기보유국, 핵무기를 보유하지 않은 원전보유국, 핵무기를 보유하지 않은 원전비보유국 등 세 개의 위계적 범주를 갖는 체제로 구축된다. 후쿠시마 원전은 바로 이렇게 원자력을 세계지배의 도구로 삼는 제국 주권의 정치, 군사, 경제적 마디로서 건설되었다. 맨해튼 체제의 2단계에서 원전은 일본만이 아니라 세계 전역에 빠르게 확산되고 있는 중이므로 후쿠시마는 사실상 일본의 특정한 지역이라기보다 전 세계에 흩어져 있는 일반적인 지역들 중의 하나이며, 좀더 엄밀하게 말하면, 세계 전역이 잠재적 후쿠시마라고 보아야 할 것이다. 후쿠시마를 '제2의 체르노빌'로 정의하는 유행하고 있는 표현법은, 평화적 이용과 군사적 이용 사이에 어떤 본질적 차이가 있음을 인정하는 시각을 담고 있다. 평화적 이용이 군사적 이용의 연속이며 확장이라고 보는 우리의 시각에서는, 체르노빌은 제2의 히로시마·나가사키였으며 후쿠시마는 제2의 체르노빌일 뿐만 아니라 제3의 히로시마·나카사키라고 파악해야 한다. 그리고 히로시마의 기억을 후쿠시마의 기억과 중첩시키는 것은 원전에 대항하는 투쟁을 발본화하기 위해 반드시 필요하다. 다음으로 빼놓을 수 없는 것은, 원전의 발전 과정이 일국 내에서 국민적 통합 혹은 통일 국민 형성이라는 내셔널리즘의 무기로 사용된다는 것이다. 핵무기가 핵무기보유국의 국민들을 통일시켰듯이 원전보유국은 원전을 통해 국민적 통합을 꾀하고자 하는데, 이렇게 해서 형성된 핵국민들은 세계 핵체제의 강고한 버팀목으로 자리 잡는다. 일본의 통일된 국민은 바로 그 버팀목 중에서 가장 강력한 것이었다. 셋째로 후쿠시마 원전 사고 이후 일본은 수습 현장에 거의 자위대원 전체를 동원했으면서도, 그리고 (미국의 도움을 받아) 첨단 로봇을 투입했으면서도[2] 사고를 수습할 실제적 능력을 갖고 있지 못함을 드러냈다.

방사능 누출이 지금도 계속되고 있는 것, 이런 현실에 대한 일본 정부의 진단, 통계, 대책 등이 거짓말과 위선과 허언으로 가득 차 있는 것은 그것의 명확한 반증이다. 후쿠시마 원전 사태에서 핵체제는 더 이상 특정의 국가권력에 의해 통제될 수 없다는 사실, 현재의 세계체제에서 국가권력은 세계 권력의 마디 기능을 수행할 뿐이라는 점이 이것에 의해 확인된다. 이런 상황에서 미국, 러시아 등의 주요 핵권력들은 전 지구적 핵체제의 붕괴를 우려하면서 일본의 핵권력이 붕괴하지 않도록 경제적·정치적·기술적 지원에 나서고 있다. 원자력 사고수습과 핵테러 위험 방지라는 명목으로 2012년 3월에 서울에서 열리는 핵안보정상회의는 핵체제의 위기를 봉합하면서 낡은 핵체제와 핵권력을 보수補修하고 새롭게 재건하기 위한 국제적 시도이다. 이상에서 살펴본 것처럼 전 지구적 핵체제의 형성과 발전, 그리고 사고의 수습 등의 모든 면에서 후쿠시마는 전 지구적 핵체제의 마디이다. 그렇기 때문에 후쿠시마 원전사고는 결코 지역적 사건이 아니라 세계적 사건인 것이며 특수한 사건이 아니라 보편적 사건인 것이다.

　　세 번째의 생각은, 재난자본주의가 인지자본주의의 상부구조이자 그 수단이며 양상이라는 것이다. 현대자본주의에서 재난은 점점 대규모화되고 또 일상화되고 있다. 오늘날 일자리를 잃고 직장에서 쫓겨나 노숙의 삶으로 떠밀리는 것은 결코 개인의 능력부족 때문이 아니다. 그것은 매일매일 수많은 사람들에게, 그들의 능력이나 의사와 무관하게 닥쳐오는 재난으로서, 현대자본주의가 더 이상 사람들에게 최소한의 안전도 보장해 줄 수 없게 되었다는 사실의 징후이다. 일상적인 재개발과 젠트리피케이션gentrification은, 마치 후쿠시마를 휩쓴 지진, 해일, 방사능처럼 기존의 주민들을 낯선 지역으로 추방한다. 이들에게 자본주의적 개발은 피할 도리 없이 강제되는 재난으로 다가온다. 그리고 주지하다시피 도시는 매일매일 거대한 양의 유독물질을 내뿜으면서 생활공간을 오염시켜 도시 전체를 후쿠시마와 다름없는 오염지대로 만든다. 국가가 주도하는 '테러에 대한 전쟁'이라는 신형 테러는 아프가니스탄, 이라크 등의 중동지역을 군사적 재난지역으로 만들었을 뿐만 아니라 우리들의 일상을 이유 없는 체포의 대상으로 만들면서 삶을 정치적 재난지대로 만들고 있다. 핵무기 개발 잠재력을 보유하기 위해 많은 국가들이 에너지 체계를 인위적으로 원자력 중심으로 편제하면서 생명체들 모두가 원전 사고와 방사능 오염의 잠재적 재난대상으로 되고 있는 것은 삶의 재난화의 한 극점이라고 해야 할 것이다.

하지만 재난은 자본 그 자체가 추구하는 목적이 아니

며 또 자본이 재난으로부터 이윤을 획득하는 것도 아니다. 원자력과 핵무기가 인지노동의 산물이고 비인간적이고 비대칭적인 국지전이 기술개발의 결과이며 젠트리피케이션과 지대rent 수취가 공간개발 및 건축 기술의 부단한 인지화가 가능케 하는 축적양식이듯이,3 재난은 노동의 인지화의 결과임과 동시에 삶과 노동의 더 깊고 넓은 인지화의 조건 및 수단으로 이용된다. 이런 의미에서 이른바 '재난자본주의'는 인지자본주의에 의해 초래되는 상부구조이면서 인지자본주의에 반작용하여 그것을 가속시키는 조건이다.

넷째로 강조하고 싶은 생각은, 우리 시대의 주요한 갈등이, 전 지구적이고 인지적인 핵체제와, 그것에 대항하면서 더 나은 삶을 추구하는 모든 생명형태들 사이에 형성되어 있다는 것이다. 그렇기 때문에 후쿠시마를 지역특수적인 문제로 다루면서 나와는 무관한 것으로 간주하고 단지 방어적일 뿐인 관심에 골몰하거나 혹은 반대로 그것을 모든 지역의 특이한 관심사들을 흡수하는 거대한 단일 쟁점으로 특권화하는 것을 피해야 한다. 필요한 것은 전 지구적 핵체제에 대항하는 다양한 세력들, 다양한 투쟁들의 연결을 추구하고 이것을 전 지구적 수준에서의 네트워크 투쟁으로 발전시키는 것이다. 이른바 원전 마피아라고 불리는 핵체제 지지세력은 원전사고에도 불구하고 지속적인 핵체제의 발전이 필요하다고 주장한다. 대개 각국의 비대한 관료체제는 핵체제에 기생하면서 자신의 생존을 위해 핵체제를 지지한다. 이들은 기후재앙론과 석유피크론을 원자력을 정당화하는 무기로 사용한다. 석탄과 석유 등의 화석연료 사용에서 발생하는 이산화탄소가 오존층을 뚫어 기후온난화를 가져오기 때문에 석탄, 석유를 대체할 대안에너지가 필요한데 그것이 바로 원자력이라고 주장하는 것이다. 그리고 이러한 논리는, 석유 증산이 중지되고 석유 생산이 감소되는 시기가 곧 도래한다는 석유피크oil peak 론에 의해 더욱 강화된다. 원자력은, 불과 수십 년 정도의 이용 잠재력만을 갖는 석유와는 달리, 향후 1만 년 이상 인류에게 충분한 에너지를 공급할 수 있다는 주장이 그것이다. 여기에 원자력은 에너지의 국민적 자립을 이루기 위한 필수조건이라는 민족주의적 선동이 덧붙여진다. 원자력에 대한 비판적 인식 능력을 마비시키는 이러한 주장들은, 원자력 발전소가 핵무기 생산의 잠재기지라는 점을 비가시화한다. 나아가 그것들은, 오늘날의 에너지가 다중들의 삶을 위한 에너지라기보다 실제로는 이윤생산을 위한 에너지라는 점을 철저하게 은폐한다. 이윤의 획득을 위해서는 공장, 사무실, 가정, 식당, 병원, 군대, 교회, 자동차, 도로 등이 인류의 삶의 실제적 필요 이상으로 과잉 가동되어야 한다. 그리고 이것은, 지구와 우주가 수용 불가능한, 과잉오염과 생태스트레스를 초래하게 된다. 석유피크론과 기후온난화론, 그리고 민족주의적 선동에 기초한 원자력 에너지 정당화론은 자본주의라는 문제를 우회하기 위한 이데올로기적 장치이다. 우리가 주의해야 할 것은, 원자력 사고가 태양광이나 풍력, 조력 등 대안 에너지를 알리고 도입하는 계기로만 활용되면서 자본주의가 가져오는 에너지 과잉수요의 문제를 회피한다면, 그러한 대안에너지론은 자본주의를 위기에서 구출하기 위한 이론으로 쉽게 이용될 수 있다는 점이다. 문제는 자본주의를 발전시킬 대안에너지를 개발하는 데에 있지 않다. 우리에게 가장 중요한 것은, 무엇보다도, 인간들 사이의, 인간과 자연 사이의, 인간과 기계 사이의 다른 관계를 창출해 내는 데에 있다. 에너지 문제는 이러한 거시적 문제틀 속에서 사유될 때 유효한 해결책을 찾을 수 있다.

후쿠시마 원전 사고 이후 사람들이 선택한 태도와 대응방식은 다양했다. 우리가 주목하는 것은 비판적 관점들과 내용들이다. 마지막으로 강조하고 싶은 것은, 비판과 거부의 이 다양한 관점들과 행동들이 생산적이고 창조적인 방향으로 발전하고 또 연결되도록 만드는 것이 다중의 실천적 과제라는 것이다. 원자력에 반대하는 생각들 중에는 더 큰 재앙이 닥쳐야 원전이 멈출 것이라며 더 큰 재앙을 기다리는 태도도 있다. 실천적으로 그것은 더 큰 재앙을 준비할 원자력 사용에 찬동하게 된다. 원자력 사고를 직시하고 비판하는 자세를 갖지만 그것의 원인이 관리미숙에 있다고 보면서 원자력에 대한 더 조밀한 관리가 필요하다고 주장하는 사람들도 있다. 이런 생각은 자연에 대한 더 조밀한 통제, 테러 등의 외부 위협을 방어하기 위한 더 조밀한 정치적 통제를 주장하는 것으로 나아갈 수밖에 없다. 이러한 생각은 오히려 핵안보정상회의 같은 핵추진 움직임에 논거를 제공하게 된다. 앞서 언급한 것처럼 자본주의 비판을 우회하는 대안에너지론은 이윤추구라는 자본의 고유한 목적에 종속되면서 효율성과 생산성 논리를 동원한 원자력 담론에 흡수될 가능성이 높다. 원자력 문제는 다른 모든 것을 초월하는 대재앙이므로 모든 관심이 원자력에 대한 반대에 종속되거나 그것에 흡수되어야 한다고 보는 방식도, 핵체제를 지탱하는 것이 기술형태로서의 원자력이라기보다 인간의 인간에 대한 지배라는 자본의 필요이고, 기술형태로서의 원자력이 오히려 이 필요에 의해 탄생하고 발전되어 왔다는 사실을 간과한다. 원자력 문제는 성차별, 노동차별, 계급차별, 인종차별, 생명차별 등 온갖 종류의 자본주의적 차별과 얽혀있는 복합문제이다. 이

복합문제의 어디에서 출발하여 항의와 투쟁을 개시하더라도 그 투쟁의 발전과정에서 불가피하게 다른 항의 및 투쟁들과 연결되지 않을 수 없다. 그러므로 탈/반원전 운동은, 그 자신을 예외적 지위에 놓음으로써보다는, 반자본주의 노동운동, 비정규직 차별철폐 운동, 여성주의 운동, 기후 및 환경 정의 운동, 원주민 운동, 토지 없는 농민운동, 그리고 우리의 일상생활과 삶형태들에 대한 통제에 대항하여 싸우는 무수한 운동들과 수평적으로 연결됨으로써 그것이 추구하는 바를 더 잘 달성할 수
있을 것이다.

\*

이 책이 다양한 사람들이 참가한 작업이었기 때문에, 서로 유사한 대상을 지칭하는 말들이 조금씩 다른 경우들이 있었다. 동일하게 'disaster capitalism'을 가리키는 말이 어떤 글에서는 '재난자본주의'로, 어떤 글에서는 '재해자본주의'로 사용되는 것이 그 한 예이다. 하지만 필자들과 역자들의 문화적 배경과 번역상의 취지를 존중한다는 의미에서 용어통일을 시키지 않고 원래 용어 그대로 두었다. 글의 제목을 바꾼 경우에는 필자의 동의를 구했다. 글의 배치는 전적으로 엮은이의 판단에 따라 이루어진 것이다. 이 책을 읽는 사람들이, 자신의 생각과 필요에 따라 글의

순서를 바꿔가며 책을 재구성하는 방식으로 읽어 나가는 것도 이 책을 읽는 유익한 방법들 중의 하나일 것이다. 후쿠시마 사태의 전개과정을 알고 싶은 사람들은 가장 먼저 책 뒤에 부록으로 실린 「후쿠시마 일지」를 참조할 수 있을 것이다. 후쿠시마 사건에 대한 문제의식을 갖고자 하는 사람들은 1부 '감응하는 후쿠시마'에 실린 글들을 먼저 읽는 것이 좋을 것이다. 후쿠시마 사태를 바라보는 관점을 갖고자 하는 사람들에게는 2부 '비판하는 후쿠시마'에 실린 글들을 먼저 읽을 것을 권하고 싶다. 신학, 문학, 사회학, 시민운동 등 각 분야에서 이 문제에 접근하는 실천적 태도를 알아보고자 하는 사람들은 3부 '모색하는 후쿠시마'에 실린 글들을 먼저 읽는 것이 유익할 것이다.

이 책은, 실로 많은 사람들이 단기간에 협력함으로써 이 세상에 나올 수 있게 되었다. 『후쿠시마 내 사랑』*Fukushima Mon Amour*에 실린 글들의 한국어 번역을 허락해준 다니엘 드 룰레, 앤 월드먼, 실비아 페데리치, 조지 카펜치스, 이와사부로 코소 님에게 감사드린다. 미국, 프랑스, 일본 등지에서 활동하고 있는 이들의 동의를 얻어내기 위해 여러 차례에 걸쳐 오간 귀찮은 청을 마다하지 않은 오토노미디어 출판사 편집자 르완 존스와 짐 플레밍이 보여준 호의에 감사드린다. 흔쾌히 원고를 기고해 준 이케가미 요시히코,

사쿠라이 다이조, 사에키 나츠코, 시부야 노조무 님의 국경을 넘는 협조에 감사드린다. 이들의 원고를 출간 일정에 맞춰 번역해 주고, 출판사와 필자 사이의 소통을 도와 준 서창현, 신지영, 한태준, 문지영 님께 감사드린다. 고맙게도 윤여일 님은 여러 편의 번역을 담당해 주었을 뿐만 아니라 제목을 포함하여 여러 가지 편집 아이디어를 제공하고 직접 집필한 원고를 기꺼이 기고해 주었다. 출간 취지에 동의를 표해주고 뜻 깊은 원고를 기고해 준 박노해, 김진호, 이명원 님에게 감사드린다. 바쁜 가운데 원고를 미리 읽고 수정제안을 해 준 김수빈, 김영철, 김석민, 엄진희 님에게 이 자리를 빌어 감사드린다. 몇 편의 글들은 이미 발표된 글의 개고改稿이다. 글의 게재를 허락해 준 인터넷 사이트 jfissures.org, 웹진 『수유너머 Weekly』, 『제3시대』, 『더 뉴 시크니피컨스』, 잡지 『실천문학』, 단체 〈나눔문화〉, 그리고 출판사 그린비에 감사드린다. 이 모든 활동을 매개하는 바쁜 일정 속에서 「후쿠시마 일지」를 작성하고 표지를 만들고 출판실무를 묵묵히 감당한 갈무리 출판사의 신은주, 오정민, 김정연 님의 수고에 대해서 이야기하는 것은 너무 새삼스러운 일일 것이다. 이 책은 후쿠시마에서 부는 감응의 바람, 비판의 바람, 모색의 바람 등 세 가지 바람을 담아 전한다. 이 바람들이, 전 지구적 핵권력이 몰고 오는 재앙의 바람을 혁명의 바람으로 전환시키는 데 조금이라도 기여할 수 있기를 바라는 이 마음을, 여전한 불안과 긴장 속에서 1년을 맞는 오늘, 3·11로 죽어간 뭇 생명들에게 바치는 애도의 뜻으로 새기고 싶다.

2012년 3월 11일
엮은이 조정환

1부
# 감응하는 후쿠시마

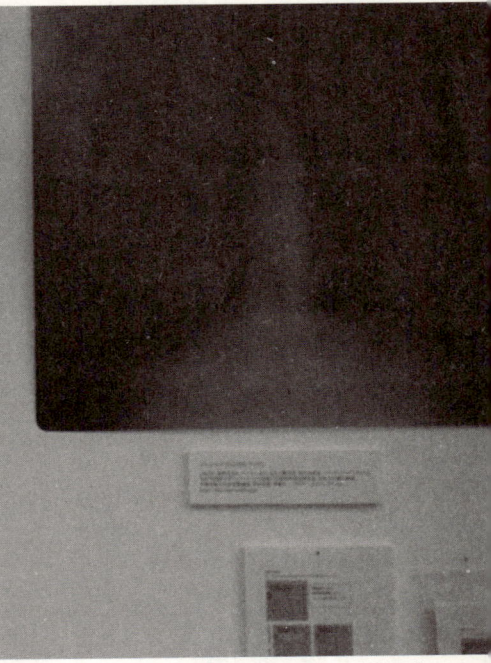

봄비 내리는 아침에   박노해
'미래'는 우리 것이다   사쿠라이 다이조 | 윤여일
몰락으로의 초대   윤여일
원폭과 원전   이케가미 요시히코 | 윤여일
저선량 피폭지대로부터   이케가미 요시히코 | 신지영
흙과 농민   이케가미 요시히코 | 윤여일
『은폐의 메커니즘 속의 색깔들』에 대한 소개   앤 월드먼 | 조정환
당신은 후쿠시마에서 아무것도 보지 못했소   다니엘 드 룰레 | 서창현

# 봄비 내리는 아침에

박노해

첫 봄비가 내리는 날
빈들에 나가 씨앗을 뿌리네

일본 원전 폭발로 날아온
방사능이 담긴 빗방울 아래

사람들은 몸을 웅크려 피하며
우울한 불황의 거리를 걸어가지만

논밭과 나무와 애기쑥은
말없이 그 비를 맞고 있는데

독이 든 빗방울은 새싹을 타고
대지의 몸 깊이 스며들어
천 년의 죄를 새겨가는데

봄비 내리는 아침에
오염된 대지에 몸을 던져
비틀거리며 비틀거리며
다시 일어서는 푸른 씨앗들

아, 우리에게는 미래가 없으니
오로지 희망만이 있을 뿐이니

어둠 속을 걸어 나오는
한 줌의 씨앗이여
한 줌의 희망이여

# '미래'는 우리 것이다

알츠하이머 인류(우리)를 보살피며

사쿠라이 다이조 | 윤여일

이 글을 쓰는 오늘은 2012년 3월 11일이다.

"2011년 3월 11일, 극동의 어느 땅에서 인류사는 일거에 반전을 개시했다"는 관점에서 나는 지난 1년과 앞으로의 1년을 생각해볼 작정이다.

작년, 대지진으로부터 20일이 지난 뒤, 수백 킬로에 걸쳐 잔해가 이어진 도호쿠 지역의 해안선을 따라 도쿄에서 북상했다. 후쿠시마 제1원전에서 수 킬로 떨어진 곳에 이르자 경찰이 감시선을 쳐놓아 우회해야 했다. 사실 경비가 그다지 삼엄하지 않아 마음만 먹으면 어떻게든 후쿠시마 제1원전까지 가볼 수도 있었다. 하지만 수 시간을 내리쬐면 일 년 허용치를 초과한다는 고농도 방사선에 시달릴 필요가 없겠다 싶어 우회하기로 했다.

후쿠시마를 우회해 가까스로 도호쿠 미야기현의 이시노마키시에 도착했다. 시읍면 단위에서는 가장 많은 사망자가 나온 곳이다. 이시노마키에서 나의 텐트극단인 〈야전의 달 해필자〉野戰の月=海筆子는 때로 의용병이 되어야 했다.

그리고 반년이 지나 9월에는 이시노마키의 네 곳에서 연달아 텐트연극을 공연했다. 이번 연극에는 「후쿠비키비쿠니담」フクビキビク二譚이라고 제목을 달았다. 일본 〈야전의 달〉 11명, 타이완 〈해필자〉 일곱 명, 독일인 한 명이 배우로 출연했으며 연주자 두 명과 다른 스텝 열 명을 포함하

면 30명이 넘는 집단의 공연이자 이동(유동)이었다. 우리와 텐트가 유동한 땅은 눈 닿는 곳이 온통 진흙투성이였다. 반년이 지났지만 복구는 한참 더뎠다. 지역에 따라서는 여전히 전기와 수도가 끊겨 있었다.

연극의 컨셉은 '오메데또 고자이마스(축하합니다)'였다. 가족과 지인을 잃었을 이재민을 관객으로 두고 마지막에 "오메데또 고자이마스!"라며 축하할 수 있을 것인가. 여기가 연극의 승부처였다. "오메데또"는 먼저 훔쳐보는 예축(予祝: 미리 축하함) 행위인 텐트연극의 기능, 그 재생을 시험할 기회이기도 했다.

하지만 예축을 승부로 내걸어야 했던 이유가 재해지와 그곳의 사자, 그 사자와 함께 사는 이재민과 공진하거나 이재민을 격려하기 위한 것만은 아니었다. 흩뿌려진 방사성 물질, 그 압도적인 불안과 함께 살아가야 할 우리 자신의 미래에 건네는 말이자 내디뎌야 할 다리를 잃은 우리의 신체감각을 향한 격렬한 '도발'의 말이었던 것이다.

그렇게 하는 게 옳았는지야 어찌되었든, 이시노마키의 텐트 속은 이재민 관객들의 파열하는 웃음소리와 끊임없는 눈물이 교착했으며, 극히 고농도인 인간들의 호흡으로 충만했다.

한 달이 지난 후 수도권에서도 이 연극을 공연했다. '유

메노시마(夢の島: 꿈의 섬)'라고 불리는 제5 후쿠류마루 기념관 앞에서, 언제나 〈야전의 달〉이 텐트를 올리는 서부의 시민공원에서, 항만과 건설 일용노동자의 마을인 고토부키에서. 거기에는 많은 한국인 노동자도 살아가고 있다.

올해 2월에는 타이완의 타이베이시 남부에 있는 원주민 마을에 텐트를 세웠다. 마을은 강가에 있으며 그들은 정부의 퇴거 요구에 맞서 오랫동안 저항운동을 이어왔다. 그들은 투쟁 끝에 공동체 그대로 이주한다는 좋은 조건을 쟁취했다. 따라서 우리의 텐트가 세워진 아름다운 광장은 조만간 흔적도 없이 사라질 것이며, 그곳은 지형 자체가 바뀔 것이다.

"인류사는 반전을 개시했다"는 말은 동일본을 살아가는 내게 중대한 역사인식이다. 나는 역사적 현재를 '요개호(要介護: 보살핌이 필요한)형 인류사회'라고 평가한다. 우리는 문명이 출현하던 지점(국가를 산출하는 지점)으로 걸음을 재촉해 되돌아가고자 한다. 물론 현실공간에서 군림하는 방사능을 피할 수 있는 우회로 혹은 제어기술을 발명·발견하지 않으면 '반전'은 시민마라톤의 코스처럼 그저 인간의 진화를 거꾸로 돌리며 바라보는 아카이브 체험에 지나지 않으리라.

반전하지 않을 수 없는 '미래.' 피난을 가지 못하고 후쿠시마 가까이서 살아가는 초등학생과 중학생의 글을 읽으면 이런 문구와 만나게 된다. "아이를 낳을 수 없으며 결혼도 할 수 없다" "그러니까 난 이제 절대로 사람을 좋아할 수 없다" "후쿠시마 출신이라는 걸 어떻게 숨기며 살아가야 하나" "직장도 구하지 못 할 것이다" "어떤 미래를 향해 노력해야 할까." 이 '미래'는 물론 우리의 '미래'다.

작년 말, 후쿠시마 북부의 미나미소마시에서는 학생들의 체내 피폭량을 조사했다. 결과는 신중히 얼버무려졌지만, 일생 동안에 허용되는 방사선량을 이미 초과했다는 보고가 나오기도 했다. 소아암만이 문제는 아니다. 방사선은 면역계를 파괴한다. 조사 시점에서는 이미 무기력함에 가까운 자각 증상을 호소하는 아이들도 많았다고 한다.

그리고 '사랑'마저 불능성의 낙인을 찍는다. 어린 소녀가 "사람을 좋아할 수 없다"며 자기 삶을 저주한다. 대체 어찌된 '미래'란 말인가. 그녀가 지금 병에 걸린 것은 아니다. 가능성으로서의 '미래' — '죽음에 이르는 병'에 걸릴 가능성, 병마가 범한 아이를 낳을 가능성, 존재 자체가 차별을 초래할 가능성 — 자신이 '방사능(방사선을 퍼트리는 능력)'이 될지 모른다는 불안 — 이러한 가능성이 '미래'의 인간상 바닥에서 그 모습을 놓아주질 않는다. 이런 기층을 갖고 말았다는 사실을 보편적인 인간 존재론으로서, 더할 나위 없이 어두운 기본적 인권으로서 등록해야 하는 것일까.

반환점을 돈 우리 앞을 가로막는 '미래.' 이것은 운명인가? 앞으로 생을 영위해야 할 인간족을 거머쥔, 결코 바꿀 수 없는 운명이란 말인가?

아마도 그렇지 않을 것이다. 아니 적어도 우리에게는 그 '미래'에 저항할 권리가 있을 것이다. 먼저 우리는 "운명은 우리가 고른다"는 사상 훈련을 거쳐야 한다. 그건 현재의 이렇듯 너덜너덜해진 모습을 과거의 어떤 사건과 결부지을 것인가라는 선택의 훈련일 것이다. 요컨대 '과거 그 자체'를 바꿔가는 것이다. 과거로 여기던 것을 가능성 속으로 되밀어내고 다시 응시해야 한다.

그리고 우리의 '문화'를 '욕망'이 발생하는 시점으로까지 되돌려야 한다. 내가 '문화'를 이해하는 방식은 지극히 단순하다. 문화는 욕망이지만 동의어는 아니다. 자연이나 동물은 욕망을 갖지 않으며 따라서 문화가 없다. 인간 역시 동물에 속하는 한에서는 그저 '기회주의'를 따를 뿐이다. 태양빛과 물을 원하고 위를 채우고자 먹고 마시고 움직인다. 이런 노력이 인간의 조건이다. 따라서 문화 역시 위 속에 있다. 다만 인간은 기회를 찾아내는 기술이 발전해왔다고 '착각'하고 있다. 그 착각으로 말미암아 '문화'는 인간의 죄 많은 업이 되었다.

착각된 '문화'는 차례차례로 '표준'을 내놓았다. 이 '표준'이란 모두 함께 만들었을 터인 '기회 찾기 기술'을 나쁜 놈이 횡령했다는 단순한 사실을 증명할 따름이다. '인간이라는 문화적인 것'이 발명되고 나서 이백년이 넘게 지나자 강력한 힘을 갖기에 이르렀다. '일반 지성'인 스탠더드는 국제법부터 원자력발전 기술의 세부사항에 이르기까지 아우르고 있다. 인간은 이러한 '일반 지성'에 종속되는 길이 유일한 생존 방식인양 훈련받아 왔다. '정치'는 불필요할 뿐 아니라 기능부전이 되어 탈정치화가 '일반 지성'의 윤활유 역할을 해왔다.

그런데 '일반 지성'이 실은 인류를 소멸시키고 있는 게 아닌가라는 물음이 터져 나온 것이다. 그런 의미에서 극동의 섬나라에서 발생한 일은 '사고'가 아니라 당연한 '사건'임이 분명하다.

1년간 동일본을 중심으로 '절망'과 '희망'이 말해졌으며, 풀어낼 수도 없을 만큼 뒤얽힌 실타래가 되더니 결국 방치되고 있다. 이 실로 무엇을 짤 수 있을까? 알츠하이머에 걸린 인류를 보살피며 이 실로 무엇을 짜낼 수 있을까?

후쿠시마 근처에서 사는 어린 소녀가 "사람을 좋아할

수 없다"고 좌절하지 않을 수 있도록 우리는 모든 상상력을 짜내서 생각하고 행동해야 한다. 그녀들과 적극적으로 관계하고 서로의 '절망'과 '희망'을 교환하고 재생산하는 것, 그게 바로 새로운 '문화'를 생산하려는 우리의 방침이다. 그것은 그 자체로서 축제가 되어야 한다.

우리는 그렇게 '미래'를 보살피고 그리하여 '과거'를 변혁하며, 지금부터 축하해 마땅할 1년을 살아내야 할 것이다.

# 몰락으로의 초대

윤여일

## 어긋남

사쿠라이 다이조 씨의 텐트연극과는 번번이 엇갈렸다.

2007과 2008년, 나는 도쿄에서 생활했다. 그동안 그의 텐트연극을 보러갈 기회가 있었지만 공연이 잡힌 날에 멕시코로 떠날 일이 생겼다. 사쿠라이 씨와는 종종 만났고 지인들로부터 그의 연극에 관해 전해 들었고 연습하는 장면을 보러가기도 했으며, 그가 쓴 대본도 읽었다. 하지만 정작 공연은 본 적이 없다.

한국으로 돌아오고 나서인 2009년, 사쿠라이 씨로부터 중국의 연구자들과 함께 대본을 만들러 베이징에 간다는 연락을 받았다. 그 작업을 지켜보고 싶어 급하게 베이징행 비행기를 예약했다. 그러나 떠나기 이틀 전 그는 딸이 병원에 입원해 못 온다는 소식을 전했다. 하는 수 없이 그와의 만남을 미뤄둔 채 베이징에 도착한 후 루쉰의 흔적을 좇아 사오싱과 상하이 등지로 동선을 옮겼다.

2010년, 미얀마를 여행하던 중 그가 타이베이에서 공연을 한다기에 서둘러 배낭을 정리했다. 타이베이에 있는 그의 숙소에 일주일 간 머물며 단원들이 연습하는 모습을 지켜봤다. 그들은 전업배우가 아니었다. 요리사, 편집자, 교수 등 생업은 따로 있었다. 그들은 모여 '자주연습'을 했다. 완성된 대사를 몸에 익힐 뿐 아니라 배우가 자기 감각을 자유롭게 표현하면 그 표현을 사쿠라이 씨가 잡아서 정착시켰다. 매일 밤 숙소로 돌아오면 사쿠라이 씨는 그 표현들로 희곡을 다시 작성했다. 그 모습을 곁에서 보았지만 결국 공연일 전에 한국으로 돌아와야 했다.

2011년, 사쿠라이 씨와 그들의 일행이 광주와 서울에서 공연 계획을 세웠다. 나와 동료들도 돕기로 마음먹었다. 그러나 3·11이 발생했다. 공연 계획은 무기한 연기되었다.

## 망설임

그러나 이런 회고에는 솔직하지 못한 구석이 있다. 내가 텐트연극과 만나지 못한 게 일정 탓만은 아니었다. 멕시코 여행이야 날을 옮길 수 있었고 타이베이에서 돌아오는 날은 늦출 수 있었다. 나는 텐트연극을 볼 수 있기를 간절히 원했지만 동시에 보는 일을 겪고 싶지 않았던 것이다. 그래서 막바지에 이르면 번번이 볼 수 없는 조건을 만들었다.

사쿠라이 씨의 대본을 읽어봐도 텐트연극을 접한 남의 이야기를 들어봐도 거기에는 분명히 강렬한 것이 있었다. 그러나 나로서는 감당하기 힘든 강렬함인 것 같았다. 강렬한 체험이야 추구하는 바이나 때로 어떤 체험은 칼에 배는 일과 같다. 상처는 아물어도 상처자국이 남아 예전으로 돌아갈 수 없다.

내가 아는 재일조선인 연구자가 있다. 시인 이상의 전집을 일본어로 옮겼으며 두 세 걸음 만에 본질에 가닿을 수 있는 감수성과 사고력을 갖고 있었다. 언젠가 다시 만난 그는 극단의 일원이 되어 있었다. 연기를 하며 그가 변신해가는 모습은 놀라웠다. 그러나 그런 변화가 내게도 찾아온다면 그건 두려웠다.

벌써 오래전 일이다.

2004년 문규현 신부와 수경 스님 등의 일행이 65일에 걸쳐 삼보일배로 새만금에서 서울로 올라왔다. 마지막 날 삼보일배에 참가했다. 아스팔트 위로 달궈진 공기는 메케했다. 세 걸음 걷고 몸을 낮춰 바닥에 깔린 공기를 마셨다. 비록 하루였지만 같은 동작으로 더러운 공기를 줄곧 폐 안으로 들이키는 동안 어떤 감정이 고였다. 그 감정을 이기지 못해 한 달 뒤 어느 환경운동단체가 전국에 새만금 문제를 알리러 자전거로 행진한다기에 따라 나섰다. 이번에는 거꾸로 서울에서 새만금으로 향하는 열흘간의 일정이었다.

국도를 달리는 자전거 위는 삼보일배보다 경쾌했고 공기도 맑았다. 하지만 "생명을 살리자"라는 구호를 며칠이고 외치자니 고여 있던 감정은 안에서 응어리가 되는 듯했다. 결국 새만금에 도착하기 하루 전 완주를 포기했다. 그런 심정으로 새만금에 도착해 안의 응어리를 바깥으로 토해내 실체를 확인해버리면 서울로 돌아가기가 힘들 것 같았다. 서울로 돌아가더라도 일상감각이 바뀔 것 같았다. 주체하지 못할 변화로부터 나를 지켜내고자 중도에 포기했던 것이다.

텐트연극도 그러했다. 사쿠라이 씨의 텐트연극을 경험한 사람들로부터 그것이 '세다'는 말을 들을수록 보러가기가 망설여졌다. 당시 나는 비약을 범하지 않고 사고의 절차를 구체화하여 사물을 읽어내는 민감함을 길러야 하는 단계라고 여기고 있었다. 그러나 섣불리 '예술의 정치'를 경험했다가는 자칫 그 길에서 탈선할까봐 두려웠다.

## 텐트를 짊어지고 전전하다

사쿠라이 씨는 '텐트연극'을 한다. 통상 한 편의 연극은 극장에서 반복 상연되지만, 그는 한 편의 연극을 공연하기 위해 한 장소에 텐트를 세우고 한 차례의 공연이 끝나면 텐트를 걷고 떠난다. 그렇게 매해 새로운 연극을 만들어 사용하고 버린다. 두 번 다시 그 연기를 하지 않기 위해 수

개월을 준비하여 온 정렬로 단 한 번의 연기를 한다. 뱀이 허물을 벗듯이. 어쩌면 허물도 뱀도 아닌 변신만이 '텐트연극'의 본질인지 모른다.

그러나 그의 텐트연극은 늘 모종의 정치성을 산출한다는 점에서 일관되기도 하다. 텐트연극은 1960년대 말, 1970년대 초 일본사회에 번져갔던 '정치의 계절'의 산물이다. 1960년대 말 전공투로 상징되는 과격한 학생운동은 정점으로 치달았고, 1970년대 초에는 반일무장전선이 미쓰비시중공의 빌딩을 폭파했다. 그 이후 사회운동의 궤멸을 염두에 둔다면 당시는 일본이 아시아의 제국주의 국가에서 미국의 패전국이자 반식민지로, 그리고 다시 세계의 첨단 소비자본주의 국가로 재편되는 변곡점에 있던 시기였다.

그 시기 와세다 대학을 중퇴한 사쿠라이 씨는 1973년에 극단 〈곡마관〉을 창설해 텐트를 짊어지고 일본 각지로 여행을 다녔다. 오키나와로 홋카이도로 촌구석으로 피차별부락으로 부두가 공사판으로 인력시장으로 그렇게 하층으로 하층으로 전전했다. 그는 여행에 몸을 맡겨 도쿄 생활 그리고 소비사회로부터 도망쳤다. 그러던 중에 자신이 짊어진 텐트는 바리게이트가 아닌지, 오히려 자신은 도망치면서 일본의 소비사회를 포위하고 있는 것은 아닌지 생각했다. 그는 이를 '역포위'라고 불렀다.

## 어떤 가설(假說)의 가설(假設)

사쿠라이 씨에게 텐트는 극장의 대용물이 아니다. 그는 텐트연극에 관한 가설을 갖고 있다. 그는 텐트의 얇은 천 한 장으로 현실공간의 일부를 잘라내 거기에 함몰을 만든다. 그 함몰 속의 공연으로 바깥 현실을 허구화한다. 텐트 속에서 시간의 서열은 뒤바뀌고 공간은 엿가락처럼 늘어나거나 뒤틀리고 가로였던 세계는 세로로 세워진다. 기성의 논리가 전복된다. 이게 텐트연극에 관한 그의 가설이다. 그래서 그의 연극은 부조리극이다. 그러나 그가 텐트 안에서 부조리한 상황을 만들어내는 까닭은 텐트의 바깥 세계, 소비자본주의야말로 인간의 결핍을 소비로 메우는 부조리이기 때문이다. 그는 텐트를 세워 부조리를 두고 소비자본주의와 쟁탈전을 벌인다.

그는 현대사회에 잠복해 있는 문제들을 날카롭게 낚아채 텐트라는 부조리의 장소에서 가시화시킨다. 하지만 텐트는 그 메시지를 전달하기 위한 수단이기 이전에 그 속에서 새로운 집단성이 발생하는 장場이다. 사쿠라이 씨는 텐트 안에 있는 사람들의 자의식을 위기에 빠뜨린다. 배우는 배역을 충실하게 소화하고 관객은 그것을 감상하는 식이 아니다. 그는 한 개인의 자의식이 튀쳐나가 타자의 기억과 결합하고 서로의 의식이, 일인칭과 삼인칭이 뒤섞여 마치 플라스마plasma 상태가 될 때 새로운 집단성이 출현한다고 말한다. 그래서 그는 배우를 '번역자'라고 부른다.

배우는 대사를 그대로 옮기는 존재가 아니다. 대본에 적힌 하나의 말을 복수화複數化한다. 그러면 배우들은 서로 오독한다. 그러면 관객들도 자신의 독해를 의심하기 시작한다. 그렇게 자의식은 점차 들썩들썩 주체에게서 떠나 타자와 뒤섞이려는 조짐을 보인다. 이윽고 배우와 관객의 오독들이 교착하고 흘러넘치면 텐트는 하나의 줄거리로 이끌어가려는 구심력과 오독들이 낳는 원심력이 함께 작용해 신축적이 된다. 텐트는 하나의 생명처럼 부풀어 오르고 또 오그라든다. 거기서 새로운 집단성이 출현하며, 거기서 사쿠라이씨는 '정치의 원점'을 발견하겠다는 것이다. 그러한 가설假說의 가설假設이 텐트인 것이다.

## 동아시아적 인간

또한 사쿠라이 씨의 텐트 속에는 동아시아의 굴절된 시간이 감돌고 있다. 30년 가까운 텐트연극의 인생에서 그는 전반부의 20년 동안 텐트를 매개하여 조선 혹은 동아시아의 시간을 일본사회 안으로 들이고자 했다. 말소되어가는 식민지 조선 그리고 동아시아 냉전의 기억을 일본사회로 주입하는 것이 그에게는 '반일'反日의 행동이었다.

그는 1980년에 〈곡마관〉을 해체하고 1982년 〈바람의 여단〉을 결성해 전국으로 공연을 다녔다. 〈바람의 여단〉의 첫 작품은 간토대지진 시기 살해당해 아라카와를 가득 메우고 있는 조선인의 뼈를 파내는 것이었다. 극단은 강가에 텐트를 세우고 뼈를 파내려 했고, 수 백 명의 경찰기동대는 그들이 강가로 들어가지 못하도록 막았다. 대치상황은 일주일간 이어졌다.

「수정의 밤」이라는 작품에서는 주인공이 조선인 종군위안부였다. 그녀는 위안소에서 아이를 낳지만 기를 수 없어 변소에 버린다. 그러고는 정신이 나가 위안소에서 쫓겨나 산 속 동굴에서 살아간다. 한편 강제징용당해 천황의 어소御所를 짓던 조선인 노동자는 탈출해 변기 속으로 숨어든다. 거기서 갓난아이와 만나 천황 흉내를 내는 놀이를 한다. 그러다가 아이를 버린 어머니가 똥으로 범벅이 된 조선인 노동자를 만난다. 어머니는 그 노동자를 천황이라고 착각해 "갓난아이를 돌려 주세요"라고 직소한다. 노동자는 천황의 말버릇을 흉내 내며 대꾸한다. 조선인에게 천황 역을 맡긴 문제작이었다. 2장으로 넘어가면 변소에 버려진 갓난아이가 돼지의 도움을 받아 여행을 개시한다. 이 연극은 『아사히신문』이 꼽은 '20세기 일본의 연극 열편'으로 선정되었다.

다시 사쿠라이 씨는 1994년에 〈야전의 달〉을 꾸렸다. 1999년 「EXODUS出核害記」라는 연극을 타이완에서 상연하며 거점을 타이완으로 넓혔다. 그 연극은 낙생원樂生院이라는 타이완의 한센병 요양소 해체를 반대하는 운동이 계기가 되었다. 한센병자는 사회성을 박탈당한 존재다. 호적에서 빠지고 사회 바깥으로 추방되어 숨어 지낸다. 그가 타이완에서 공연을 기도한 까닭은 그 소멸당한 존재를 사회 안에 등장시키기 위해서였다. 일본 최고의 극작가로 알려진 그는 타이완의 국립극장을 대관했다. 먼저 요양소에서 공연을 한 뒤 국립극장에서 공연을 하며 객석으로 한센병자들을 초대했다. '국립극장'에서 타이완 관객들은 눈앞의 부조리극을 몸 옆의 한센병자와 함께 관람해야 했다. 그렇듯 부조리한 사건을 만들어 그는 부조리한 사회를 고발했던 것이다.

2008년에는 베이징에서 공연을 성사시켰다. 타이완에서 공연한 「변환·부스럼딱지성」을 반 년 뒤 베이징에서 재상연했다. 그에게 같은 연극을 반복하는 경우는 드물지만, 타이완과 중국 사이의 분단선을 두고 반복한다면 그 행위는 도전일 수밖에 없었다. 그 연극은 모래시계 이야기로 희망과 절망을 다루고 있다. 우리는 모래시계 속에 있는 한 알 한 알의 모래다. 모래시계가 뒤집히면 우리는 시간의 누적을 표시하며 그저 떨어진다. 모래시계는 체제다. 모래시계가 표시하는 시간은 우리 자신의 시간이 아니다. 체제의 시간 속에서 우리 삶은 내버려지고 있다. 이것은 절망이다.

그러나 모래알은 떨어지면서 서로 스친다. 스치며 모래입자가 변한다. 우리의 신체가 바뀐다. 그것은 아픔을 동반한다. 그 스침만이 우리의 시간이며, 곁에 있는 존재와의 마찰 속에서만 희망을 사고할 수 있다. 그는 연극에 이런 메시지를 담았다.

술자리에서 그가 이런 말을 한 적이 있다. "언젠가 극단과 함께 북한에 가서 텐트를 세우겠다." 나는 북한을 그런 식으로 미래의 내 작업과 결부해 생각해본 일이 없다. 또한 이런 말을 한 적도 있다. "한국에서 조선이 점차 지워지고 있다. 그래서 내가 서있을 곳도 사라지고 있다." 나는 그의 '조센'이라는 발음을 접할 때면 그것이 나의 조선과 어디서 만나는지를 생각하게 된다.

그는 동아시아적 인간이다. 그는 복잡하게 깔린 동아시아의 분단선을 넘어 그곳의 흙 위에 텐트를 세운다. 그의 텐트 안에서는 동아시아 지역의 뒤틀린 역사관계, 상이한 시간성이 형상화된다. 거기에는 근대 시민의 고민이 아니라 동아시아 근대에서 식민화된 존재, 주변화된 존재,

패배한 존재, 시민권을 상실한 존재의 저항과 외침이 담긴다. 그는 내게 어떤 동아시아다.

## 역사는 연소되어 기억으로 떠돈다

작년에 사쿠라이 씨는 동료들과 함께 서울에 텐트를 세우기로 했지만 3·11로 성사되지 못했다. 그리고 1년 만에, 3·11의 1주년에서 한 달 뒤인 4월 11일에 광화문에 텐트가 세워지게 되었다. 그 1년을 거치는 동안 시나리오는 크게 바뀌었다. 이번 공연에는 후쿠시마가 등장한다.

이번 공연은 사쿠라이 씨만의 공연이 아니다. 그의 극단 〈야전의 달〉과 함께 이케우치 분페이 씨 등이 활동하는 〈독화성〉이 연출을 맡았다. 시나리오는 이케우치 분페이 씨가 작성했다. 그리고 주로 일본에서 텐트연극을 하는 그들은 한국의 마당극단 〈신명〉과 만난다. 〈신명〉은 광주에서 30년간 마당을 펼쳐왔다. 따라서 그들의 만남은 마당과 텐트의 만남이자 서로가 각기 축적해온 수십 년'들'의 만남이다.

그런데 그들의 만남은 좀 더 오래된 연원을 갖고 있는지 모른다. 그들의 출현에 앞서 그들의 만남이 먼저 존재했는지 모른다. 〈야전의 달〉처럼 〈독화성〉도 1982년에 결성된 〈바람의 여단〉의 후신이다. 사쿠라이 씨를 비롯한 〈바람의 여단〉의 주요 멤버는 1980년 광주를 현장에서 겪었다. 〈야전의 달〉과 〈독화성〉은 그 기원에 광주의 체험을 간직하고 있으며 그들은 텐트를 짊어지고 전전하며 텐트를 매개해 광주의 기억을 일본으로 들이고자 했다. 그처럼 〈야전의 달〉과 〈독화성〉은 멀어져가는 광주를 쥐고 있었기에 광주라는 흙에서 자라난 〈신명〉과 만날 수 있었다.

그리고 올해 그들은 함께 「들불」을 지핀다. 작품 「들불」은 기억으로의 여행에 관한 이야기다. 그 여행은 멀리 거슬러 올라가 1948년 팔레스타인에 이른다. 그리고 팔레스타인의 시간이 1980년 광주와 겹쳐지며, 광주의 시간은 다시 2011년 후쿠시마와 포개진다. 이처럼 격리된/되었던/될 땅인 팔레스타인, 광주, 후쿠시마가 서로를 부르자 반세기의 역사가 뒤틀리고 접혀 기이한 공간을 이룬다. 그것이 바로 2012년의 텐트다.

그 텐트가 광화문에 세워진다. 도시 한복판에 세워질 텐트는 낯설 것이다. 그 안에서의 연극도 생경할 것이다. 어쩌면 텐트 안으로 들어가 본들 그 실체가 무엇인지 알지 못한 채 돌아갈지도 모른다. 왜냐하면 텐트는 형체가 불분명한 '들불' 같을 것이기 때문이다. '들불'은 텐트 속 공연의 이름이지만 동시에 텐트 속 사건의 이미지이기도 한 것이다.

텐트가 마당과 만난다. 마당이 역사의 '들'이라면, 텐트는 그 들에서 타오르는 기억의 '불'이다. 불타는 들에서는 다른 시간, 다른 공간에 속한 사건들이 출현하고 사라진다. 국적을 달리하는 인간들이 부딪치고 어울린다. 다른 언어로 터져나오는 목소리들이 뒤엉키고 충돌하고 갈라진다. 그동안 팔레스타인과 광주와 후쿠시마는, 너의 역사와 나의 기억은 불꽃의 움직임처럼 서로 섞이려 할 것이다. 그동안 텐트는 하나의 생명처럼 부풀어 오르고 또 오그라들며 호흡하려 할 것이다.

그러나 공연은 끝난다. 텐트는 걷힌다. 사람들은 흩어진다.

이질적인 것들의 역사가 불꽃처럼 타올라 거리를 떠돌 기억으로 연소된 후에.


## 몰락으로의 초대

광화문에 세워질 텐트에는 방사능이 묻어 있을 것이다. 3·11 이후 그들은 텐트를 짊어지고 재해지를 전전했다.

희망希望의 희希는 바라다는 뜻과 함께 드물다는 뜻도 담고 있다. 어쩌면 절망은 희망의 반대말이 아니라 희망을 구해 나서야 할 토양인지 모른다. 절망은 나아갈 길이 끊긴 상태다. 그들은 절망에서만 가능한 길을 내려 하고 있으며, 그 길이 있음을 실증해 보이고자 텐트를 메고 전전하는 중이다.

얼마 전 사쿠라이 씨를 만났다. 그에게 재해지에서 텐트연극을 한 경험을 물어봤다. 사쿠라이 씨는 재해민이 모여든 텐트 안에서 이렇게 공연을 시작했다고 한다. "오메데토 고자이마스(축하합니다)." 사쿠라이 씨는 그 말을 꺼내려고 공연을 기획했다고 말했다. 함께 우는 일은 차라리 쉬웠다. 그러나 삶이 파괴된 그곳에서, 전력이 끊겨 어둠 속에 잠긴 그곳에서 굳이 그는 "축하합니다"라며 공연을 시작했다.

나는 그에게 재해민들 앞에서 왜 '축하합니다'라고 말했는지를 물었다. 그가 답했다. "재해지에서 우리는 인간의 생존과 근대 자본주의가 대결하는 원점으로 돌아갈 수 있었고, 싸울 대상을 만났고, 성장할 수 있는 기회를 얻었다."

그리고 그는 이어서 말했다. "일본으로 와라. 일본은 소비사회이고 관리사회이고 대중문화사회로서 현대에서 전형적인 장소였다. 그게 부서지고 있다. 모두들 동요하고 있다. 그리고 일본은 세계사가 새롭게 쓰여질 장소가 되고 있다. 너는 쓰는 인간으로서 그것을 봐라. 와서 그것을 겪어라. 그리고 사상적 전환점으로 삼아라. 거기서 같이 몰락하자."

그는 나를 몰락으로 초대했다. 몰락으로의 초대는 희망 섞인 제안보다 강렬하다. 그리고 이번의 강렬함은 피할 수 없다.

오랫동안 찾아다녔지만 엇갈렸던 텐트연극이 내게로 왔다.

3·11을 겪으며 나는 그와 함께해야 할 맥락을 비로소 얻게 되었다.

원폭과 원전

이케가미 요시히코 | 윤여일

후쿠시마의 원전 사고로부터 1년이 지났다. 지금 우리는 흩뿌려진 방사성 물질이 우리 몸을 해칠까봐 두려워하고 있다. 방사성 물질이 체내에 축적되는 게 가장 걱정스럽다.

체내에 축적된 방사성 물질은 $\alpha$ 선으로 불리는 방사선을 몹시 한정된 범위에서 지속적으로 방출한다. 그리하여 결국 주위의 세포를 암상태로 만들거나 파괴하여 신체 기능을 서서히 저하시킨다. 그게 어떤 증상으로 나타날지는 몸 안에 들어온 방사성 물질에 따라 달라진다. 짧게는 수년, 길게는 이삼십 년이 지나야 뚜렷한 증상이 나타난다. 길고긴 세월 동안 우리는 건강을 걱정하며 살아가야 한다.

방사성 물질로 인해 두고두고 불안에 떨어야 한다는 사실을 우리는 최근에야 알게 되었다. 작년 3월 11일 이후였던 것이다. 작년 가을, 나는 일본의 원전 사고를 설명하러 뉴욕의 여러 곳을 다녔다. 한 곳에서는 다큐멘터리를 상영했다. 그 다큐멘터리는 히로시마 원폭으로 60년이 넘도록 시달려온 환자를 맡은 의사의 증언을 담고 있다. 미국 관객들은 원폭이 투하된 후로도 여러 사람이 살아남았으며, 또한 그들이 원폭 후유증으로 고통을 겪은 뒤 수십 년이 지나고 나서 차례로 죽어갔다는 사실을 가장 놀라워했다. 미국인은 대체로 원폭으로 인한 사망자는 원폭이 투하되었을 때 발생한다고 생각해 왔던 것이다.

원폭은 대량살상무기의 정점을 차지하는 병기로서 순식간에 떼죽음을 부른다. 이게 일반적 인식이다. 그러나 직접 피폭 당한 사람도 수년 혹은 수십 년을 살아남곤 한다. 나아가 간접 피폭자도 많다. 그들은 원폭 투하 다음날이나 며칠이 지난 후에 히로시마 시내로 들어갔다가 잔류한 방사성 물질로부터 방사선을 쐬던가, 혹은 방사성 물질을 체내에 받아들여 내부피폭을 당해 차츰 쇠약해지고 있는 것이다.

의사들은 1980년대에 이르러서야 내부피폭의 메커니즘에 관한 공동의 인식을 마련할 수 있었다. 그때까지 내부피폭의 메커니즘은 분명하게 인지되지 않았던 것이다. 어떤 환자는 격한 통증을 호소하지만, 왠지 모르게 몸이 나른해지고 기능이 저하되는 환자도 있었다. 그런 증상은 부라부라병ぶらぶら病이라 불렸는데, 오랫동안 아니 지금도 원폭의 후유증으로 받아들여지지 않았다. 환자는 그저 게으르다고 핀잔받기 일쑤였다. 원자력은 한순간에 많은 목숨을 거둬가는 병기인 동시에 오랜 시간에 걸쳐 신체기능을 손상시키는 물질이기도 한 것이다.

그러나 많은 일본인이 그 사실을 자각하지 못한 채 지내왔다. 장기에 걸친 방사성 물질의 영향과 내부피폭이라는 용어도 2011년 3월 11일 이후에야 알게 되었다. 바로 원전 사태가 우리에게 알려줬다. 일본은 유일하게 원폭이 투하된 나라인데도 이제껏 피해를 애매하게 묻어왔다는 사실을 우리는 새삼스레 반성해야 했다.

원전과 원폭은 동전의 양면이다. 원폭 개발 기술을 그대로 민간이용해서 만든 것이 원전이다. 차이는 핵분열을 한순간에 일으킬 것인지, 완만하게 통제할 것인지에 있을 뿐이다. 하지만 원전과 원폭의 논리는 다르고 또한 복잡하다.

히로시마의 원폭 투하는 제2차 세계대전의 논리, 즉 연합국 대 추축국이라는 맥락에서 이뤄졌다. 미국은 추축국 가운데서 아시아 국가를 골랐으며 이는 인종차별적 색채가 농후했다. 아무튼 미국은 전쟁을 조기에 종결하고자 원폭을 투하했으며, 2주 후에 일본의 무조건항복을 이끌어냈다. 그리고 일본제국의 붕괴는 아시아의 해방을 가져왔다.

그런데 히로시마에 원폭을 투하한 지 불과 사흘 뒤에 나가사키에도 플루토늄 원폭이 투하되었다. 두 번째 원폭 투하의 논리는 복잡하다. 나가사키에 떨어뜨린 원폭은 히로시마 투하의 연장선상에 있는 동시에 제2차 세계대전 종결 후의 냉전을 겨냥한 것이었다. 히로시마에 원폭이 투하된 직후 원폭의 사상적 배경이 극적으로 전환된 것이다.

히로시마, 나가사키의 원폭 실태는 전후에 비밀에 부쳐졌다. 7년이 지나고 나서야 실태가 드러났다. 그런데 거의 동시기인 1954년에 태평양의 비키니 환초에서 행해진 미국의 수폭실험으로 어선에 타고 있던 일본인 어부 수백 명이 피폭당하는 사건이 발생했다. 그리하여 반핵운동이 갑작스럽게 고조되었다. 그러나 반핵운동이 한창이던 그 시기에 '평화적 이용'이라는 미명 아래 원전 도입이 결정되었다.

원자력의 '평화적 이용'이란 소련이 예상보다 원폭을 빨리 개발하자 미국이 취한 냉전전략이었으며, 아울러 일본에 신에너지를 풍부하게 공급해 일본의 공산화를 막으려는 노림수도 있었다. 일본은 패전과 동시에 파시즘 국가에서 미국의 속국으로 변모했는데, 그 전환축에 바로 원자력이 존재했던 것이다.

원자력에 힘입어 이처럼 급격한 전환이 이루어지자 일본에서는 원폭 투하의 이유를 들추기가 어려워졌다. 누구나 미국이 원폭을 투하했다는 사실을 알고 있었지만, 그 사실을 소리 높여 비판하는 자는 기이할 만큼 적었다. 마치 자연현상처럼 하늘로부터 원폭이 내려왔다는 식으로 묘사되곤 했다. 미국은 원폭을 투하한 주체이자 동시에 원전을 들여온 장본인이지만, 주어가 애매해진 채로 핵의 경험이 구전되었다. 피폭자의 말을 들어보면 너무도 가혹한 경험인지라 조리선 이야기를 하지 못하는 경우가 있다. 피해자들은 데이터만을 원할 뿐 치료에는 전혀 관심이 없는 미국을 향해 분노하지만, 그들의 분노에 진지하게 귀 기울이는 환경이 일본에는 조성되어 있지 않다. 일순의 죽음 혹은 장기에 걸친 괴로움을 큰 틀에서 이해하는 회로가 마련되지 못한 채 세월이 쌓여왔다.

그건 동시에 히로시마에서 원폭이 투하되었던 논리, 즉 일본제국주의의 책임을 흐지부지하게 만들었으며, 거기에 이어진 나가사키 원폭 투하와 '평화적 이용'이라는 명목으로 원전을 도입하게 된 기원도 애매하게 만들었다. 물론 적지 않은 사람이 이 모순을 알아차리고 연구를 벌이고 활동을 이어왔다. 그러나 많은 사람이 공유하는 인식이 되지는 못했다. 또한 정합성을 결여한 역사적 설명은 원폭과 원전을 전혀 별개의 것으로 간주하고 있다.

일본은 핵무장국이 아니다. 1950년대부터 1960년대에 걸쳐 미국이 막강한 무력에 기반한 외교에 나서자 소련, 영국, 프랑스 그리고 중국은 핵개발을 실시하고 핵무장했다. 일본은 그렇지 않았다. 대신 일본은 미국의 핵보호 속으로 들어갔다. 그리하여 두 차례의 핵이 일본인의 의식 속에서 희미해져갔다. 원폭은 역사적 맥락에서 유리되어 그저 과거의 비참한 사건으로 다뤄졌으며, 원전은 '평화적 이용'으로 여겨져 그것이 가동되고 있다는 사실조차 거의 의식하지 못한 채 지내왔다.

원전은 1970년대부터 본격적으로 건설되었으며, 그 무렵부터 전기 사용이 거의 강제적으로 장려되었다. 또한 1970년대에는 오일쇼크가 일어나 포스트포디즘으로 접어들었는데 이후로 생활은 점차 원자력에 의존하게 되었다.

그리고 2011년 3월 11일, 후쿠시마 제1원전의 네 기가 멜트다운되었다. 그때 비로소 많은 사람은 원자력의 본질을 알아차렸다. 그리고 원자력이 우리의 일상을 얼마나 단단히 움켜쥐고 있었는지를 깨달았다. 전기 사용만을 두고서 하는 이야기가 아니다. 사람들은 60년이 넘도록 시달려온 원폭증을 의식하게 되었다. 그게 결코 과거일이 아니라 자신의 미래 모습일지도 모른다는 사실을 이해하기 시작했다.

원전은 원폭과 기술적인 의미에서만 이어져있는 게 아니다. 원전과 원폭은 내부피폭도 공유한다. 다행히도 이번 원전사고로 대량의 인명피해는 발생하지 않았다. 그러나 우리는 원폭이 순간적인 대량살상 무기만이 아닌 걸 알고 있다. 원폭으로 실로 많은 사람이 죽었지만 절멸한 것은 아니었다. 사람들은 원자폭탄하면 절멸을 떠올린다. 하지만 실제로는 많은 사람이 살아남는다. 그리고 죽어간다. 이게 원전과 원폭을 함께 꿰뚫는 본질인 것이다.

2011년 가을 무렵부터 이란의 핵의혹을 둘러싸고 이란과 이스라엘 간의 전쟁 분위기가 고조되었다. 이란의 핵의혹을 제기한 것은 IAEA다. IAEA는 원전 사고 때도 등장했다. 많은 사람은 IAEA가 자신들과 견해가 다르다는 사실을 이해했다. 일본 정부와 도쿄전력처럼 IAEA도 사태를 과소평가했던 것이다.

본래 IAEA는 '평화적 이용'이 되어야 할 원자력의 핵병기 전용을 사찰하는 이른바 핵비확산과 아울러 군축을 임무로 맡았다. 그러나 냉전 이후, 특히 제1차 걸프전쟁을 거치면서 IAEA의 임무는 변질되었다. 냉전의 세력균형 가운데서 활동하던 IAEA는 더블스탠더드를 본질로 하는 미국의 파수꾼으로 변모한 것이다.

1990년대부터 IAEA는 핵비확산을 구실로 내세워 이라크, 북한, 인도, 파키스탄에서 체제전환을 꾀하는 사찰을 빈번히 행했다. 당연히 이스라엘의 핵은 한 차례도 문제 삼은 적이 없다. 인도는 한 차례 문제되었지만, 아시아에서 미국의 새로운 파트너를 키워내고자 IAEA는 인도의 핵을 간단히 승인했다. 이러한 나라들은 모두 아시아에 있다.

핵병기를 둘러싼 상황은 변화하고 있다. 그리고 꿈쩍하지 않을 것 같았던 원전의 상황도 다름 아닌 일본의 사고로 변화할 조짐이 보이기 시작했다. 물론 아직 귀추는 불분명하다.

원전은 위험할 뿐 아니라 우리의 신체와 사고를 속박해왔다. 세계는 이제 그 사실을 깨닫고 있다. 평화적 이용과 그 근저에 놓인 핵병기의 관련성을 파고들지 못하도록 사고가 구속되어 왔다. 풍부한 에너지는 핵병기를 대가로 치르고 있었던 것이다.

그것들을 연결하는 열쇠가 내부피폭이다. 그러나 그 관련성을 알아차리는 데서 그치지 않고 병기와 평화적 이용을 모두 문제 삼고 폐기하려면 역사와 마주해야 한다. 원폭이 투하된 이유, 원전을 받아들인 역사적 경위를 사고해야 하는 것이다.

원폭과 원전의 관계는 애매해져버려 우리 자신도 설명하기가 쉽지 않다. 그러나 이제 우리는 뒤얽힌 역사의 논리를 자신의 신체 속에서 사고할 기회를 얻었다. 이건 분명히 불행한 경험이다. 하지만 이 불행한 경험을 기회로 삼지 않는다면, 이 경험에 의미를 부여할 수 없다. 희망은 거기에 있다.

# 저선량 피폭지대로부터[6]

시빌 바이오 소사이어티?

이케가미 요시히코 | 신지영

후쿠시마 원자력 발전소의 옥내 대피 지역 밖인 40km 부근에 이타테무라飯館村라는 마을이 있다. 이 마을에서는 한때 체르노빌 근방과 같은 수준의 방사능 오염이 관측되었다. 3월 30일 IAEA는 이 마을에 들어가 방사능을 측정했고 기준량의 2백 만 배에 달하는 수치를 검출했다. IAEA는 마을 사람들을 피난시켜야만 한다고 권고했다. 그러나 정부는 IAEA의 측정방법이 불충분하며, 신빙성이 없다고 넌지시 암시했다. 또한 IAEA가 측정한 양보다 훨씬 낮은 수치였던, 일본측이 측정한 측정치가 정확하다고 주장하면서 마을은 절대로 안전하며 마을 사람들의 피난은 필요 없다고 선언했다. 그 이틀 뒤, IAEA는 이유도 없이 갑자기, 그 어떤 근거도 제시하지 않은 채 자신들이 측정했던 수치가 틀렸다고 슬그머니 발표했다.

도쿄를 포함한 칸토 지방의 직접적인 관심사는 우선 첫 번째로 원자력 발전소 그 자체의 추이이다. 멜트다운meltdown, 플루토늄plutonium의 확산飛散이라는 최악의 사태가 벌어질 것인가? 혹은 사태는 진정되어 갈 것인가? 이것은 현실적으로 말해 완전히 불명확하다고밖에 말할 수 없다. 그러나 근거가 완전히 불명확한데도 정부는 진정되어 가고 있다는 보도를 계속하고 있고, 매스컴은 어용학자를 동원해 사태가 좋은 방향을 향해 가고 있다는 견해를 연일 되풀이하여 보도하고 있다. 반면 주로 인터넷을 통해 흘러나오는 민간 연구소 혹은 전문가, 저널리스트가 발표하는 정보에서는 최악의 경우에 대비하자는 권고가 계속되고 있다.

다음으로 관심이 쏠리는 것은 당연 음료수, 특히 수돗물과 원자력 발전소 주변의 농산물 오염도이다. 도쿄의 많은 수도원, 그리고 대도시의 야채를 비롯한 많은 식료품은 이 지방에 의지하고 있다. 정부는 비상시의 잠정적 수치라고 말하면서 WHO 기준치의 10~100배에 달하는 수치를 최저 수치로 정했다. 즉 상당한 수준의 오염이 아니라면 오염이라고 인정할 수 없다는 기준에 따라 물과 야채의 위험도를 판정하고 있다. 그 [먹거리의] 대부분에서 상당한 수치의 방사선량이 측정되고 있음에도 '안전하며 먹어도 아무런 문제도 없다'고 하면서 [그 먹거리들을] 경고 대상에서 제외시키고 있다. 그리고 어느 정도 이하는 (이하라고 해도 WHO 기준의 열 배 정도) 아무것도 검출되지 않은 셈 치고 있다(실제로는 검출되고 있을 것이다). 우리들은 매일 수돗물과 야채 등의 수치를 텔레비전이나 인터넷에서 확인하고, 하루의 생활을 생각해야 하는 상황에 처해 있다.

정부는 자신들이 발표한 수치나 해석 이외에는 유언비어라고 치부해 버리면서, '번성하고 있는 유언비어를 믿지 않도록'이라는 말을 반복하고 있다. 더욱이 〈광고공공기구〉 AC, ADVERTISING COUNCIL JAPAN라고 칭하는 단체는 유언비어를 믿지 말라, 사재기를 멈추자라는 광고를 빈번하게 내보내고 있다. (이 단체의 대표는 도쿄 전력 사장이다.) 또한 뉴스 등에서도 이 메시지는 전문가의 견해를 통해서 빈번히 반복된다.

이것이 저선량피폭지대低線量被爆地帶 7에 사는 우리들이 벌이는 매일 매일의 공방전이다. 사태는 심리전쟁의 양상을 드러내고 있다. 심리 전쟁이란 냉전 시대를 상징하는 전략이다. 당시 공산주의(에 대한 전략)는 관념적이고 가상적인 심리전이었지만, 이번 사태의 특징은 방사능이라는 보이지 않는 그러나 실체인 그것을 둘러싼 정보 및 해석을 둘러싼 신경전이다. 그러나 그렇다면 무엇이 적인가? 반복해서 안전을 말하면 할수록 사람들의 불안은 더욱 커져 간다. 국가는 컨트롤 불능의 사태를 막연히 두려워하고 있다.

수돗물의 오염도가 높아지면 정부는 우선 1세 미만의 유아는 섭취를 금하라고 보도한다. 2세 이상은 괜찮다는 근거는 일절 제시되지 않는다. 그러나 신문지상에서는 더욱 놀랄 만한 기사가 나온다. 오염된 물을 섭취할 때의 위험보다, 물 마시는 것을 극도로 두려워해서 물을 마시지 않아 탈수 증세에 빠졌을 때의 위험 쪽이 크기 때문에, 마셔도 상관없다고 소아과 학회에서 발표하는 것이다. 그 자체로는 반드시 틀렸다고 할 수 없는 내용을 이러한 타이밍에 발표하는 것이다. 어찌하면 좋을까? 문자 그대로 신체에 축적되어 가는 방사선 물질을 둘러싼, 신체 그 자체의, 즉 생명의 정보전이다.

이 긴장을 우리들은 얼마나 견딜 수 있을까? 잠정적으로 볼 때 이미 방사선량 기준치를 상당한 정도로 웃돌았던 야채이므로, 그 방사선 수치가 조금 내려갔다는 정도로 [안심해서] 그 야채를 호락호락하게 사거나 하지 않는 것, 이것이 우리들이 할 수 있는 최소한의 방어이며 저항이다. 그러나 요즘 들어 '기준치가 조금이라도 내려간 야채를 적극적으로 사자, 먹자'는 캠페인이 역시 매스컴을 중심으로 전개되고 있다. 개인적으로 괜찮다고 판단해서 먹는 것은 각자 판단이지만, 이것을 캠페인으로까지 진행하는 것은 어찌된 일일까? 이 사태는 생산자를 지원한다는 정의의 이름하에 이루어지고 있다. 이 캠페인은 연일 빈번하게 선전되고 있음에도 불구하고 아직 지배적인 분위기가 되고 있지는 않은 듯하다. 그러나 이러한 선전은 다음과 같은 점을 암묵적으로 전제하고 있다. 지금과 같은 사태에, 정부가 안전하다고 선언한 것에 대해서 의문을 갖는다는 것은 도덕적으로 옳지 못하다고 여겨지는 것이다. 또한 기상학회에서는 회장의 명령에 따라 날아올 방사능 물질에 대한 예측을 금하자는 통지가 내려지고 있다. 불안을 쓸데없이 부추긴다는 것이 그 통지의 이유이다.

이러한 자발적 복종은 뭐라고 불러야 좋을까? 일반적으로 또한 일찍이 대일본 제국을 체험했던 일본에서는 거국일치擧国一致하여 사태에 대처한다는 내셔널리즘에는 극도로 민감하다. 이러한 위기에 대처했던 내셔널리즘을 경계하는 목소리는 상당수 있다. 그러나 이러한 자발적인, 즉 일견 도덕적으로 보이는 태도는 내셔널리즘과는 다른 것이다. 그들은 국가를 위해서라고 말하는 것도 아니고, 예전처럼 천황을 위해서라고 말하는 것도 아니며, 이에 따르지 않는 것을 비국민이라고 하는 것도 아니다. 현재, 이 저선량 피폭지대에서 내셔널리즘은 효과가 없다. 적은 밖에 있지 않다.

그러나 도덕적인 적이 안에 있을지 모른다고 보는 세력이, 서서히지만 대두할 징후가 나타나고 있다. 신체적인 것에 근거를 두고 심리적 갈등에서 태어난 이 도덕moral은 통상적인 파시즘적 상식과는 다르게, 오염을 받아들이는 신체에 그 근거를 두고 있다. 나는 이 사태를, 그다지 좋은 표현은 아니지만, 시빌 바이오 소사이어티라고 부르기로 한다. 이 기분 나쁜 사회가 이번 사태가 발생한 뒤에 갑자기 생긴 것은 아니다. 일본에서는 1990년대부터 서서히 형성되어 왔던 것이다. 그러한 경향이 이번 사태를 계기로 명확한 위치를 점해가고 있다. 그러나 현재 시점에서 이 경향은 아직 어디까지나 징후의 단계에 머물고 있어서, 아직은 사회의 주류가 되고 있지는 않다. 이러한 징후는 일본사회의 특질 때문에 그러한 형태를 취하게 된 것일까, 아니면 어느 정도 보편적인 것일까? 지금 시점에서는 판별할 수 없다. 원자력 발전 사고로부터 3주간, 우리들은 현재, 이 위치에 있다.

# 흙과 농민 [8]

이케가미 요시히코 | 윤여일

사고가 발생한지 1백 일이 넘게 지나려 하고 있다. 민중의 훌륭한 활동에 힘입어 후쿠시마현 및 도쿄를 포함한 간토 지역의 방사능 오염상황이 조금씩이나마 밝혀지고 있다. 물론 개개인의 생활권 구석구석까지 방사선량을 계측해야 하기에 이 운동은 여전히 불충분하다. 그러나 방사능 측정기를 지참한 개인은 지금부터 비약적으로 늘어날 테고 미흡하나마 자치체도 마지못해 계측을 시작했다. 각지의 방사선량이 각 개인의 블로그, 홈페이지에 공개되어 나날이 우리가 행동할 때 지침이 되고 있다. 우리는 전진하고 있는 것이다.

그러나 이상은 외부피폭의 이야기다. 또 한 가지 중요한, 아니 보다 심각한 피폭에 우리는 노출되어 있다. 그건 말할 것도 없이 내부피폭이다. 우리는 날마다 숨 쉬면서 방사성 물질을 몸속으로 빨아들이고 음식으로도 방사능 물질을 섭취하고 있다. 음식의 방사능 오염 정도는 현재 매우 심각한 상태다. 국가는 "잠정적"이라면서 국제기준치의 10배에서 20배의 수치로 오염된 음식, 특히 야채를 유통시키고 있다. "잠정적"이라는 일시적 조치가 대체 언제까지인지는 전혀 불분명하다. 그리고 이런 기준치는 가혹하다. 가령 허용치에 가까운 수치의 야채를 1년간 먹는다면 외부피폭을 당하고 호흡하고 고기를 먹어 유입된 것을 포함해 연간 50밀리시베르트에 이르지만 그 정도는 괜찮다고 설정된 값이다.

우리는 그런 야채를 계속 먹을 수 없으며 구매해서도 안 된다. 구입할 때 신중할 수밖에 없다. 그런데 판단 기준이란 게 마땅치 않다. 야채마다 방사능 값이 표기되어 있지 않는 이상 산지가 어디인지를 확인하는 수밖에 없다. 즉 오염되었다고 추정되는 산지의 물건이라면 피해야 한다. 농림수산성의 홈페이지에 가보면 야채 오염 정도에 관한 매일의 샘플링 값을 얻을 수 있다. 하지만 그건 하나의 기준에 불과하다. 야채를 구입하는 일은 실로 중요한 나날의 투쟁인 것이다.

국가는 안이한 기준치를 고칠 생각이 없을 뿐더러 음식을 구매하지 않는 소비자를 도덕적으로 비난하는 전략을 취하고 있다. 더구나 사지 않고 저항하는 우리의 운동에 맞서 산지 표시를 되도록 모호하게 만들려고 획책하고 있다. 또한 물로 씻겨 흘러들어간 방사성 물질은 도랑 등에 괴어 진흙으로 퇴적해간다. 그런 진흙은 농업용 비료로 쓰이는데, 이번 사고로 인해 고농도로 오염된 진흙은 지금껏 그래왔듯 야채 등의 비료로 가공되어 전국으로 뿌려지고 있다. 전국토가 방사능으로 오염되어 갈 것이다.

국가는 물건을 구매하지 않으려는 소비자를 어떻게 도

덕적으로 비난하는 전략을 취할 수 있을까. 바로 농민의 존재 때문이다. 국가는 생산자인 농민의 이익을 위한다며 농민을 구실로 삼아 도덕적인 존재인 양 행세한다. 그래서 농민은 두텁게 보호받는 것처럼 보인다. 그런데 정말로 그러한가. 사고의 초기에는 그나마 들려왔던 농민의 목소리가 지금은 거의 들리지 않는다. 농민은 지금 무엇을 생각하고 있는 것일까.

사고 직후 원자력 발전소로부터 간토 전역에 방사성 물질이 흩뿌려져 농지는 순식간에 오염되었다. 대지가 더럽혀졌다. 그러나 처음에는 눈치 채지 못했다. 야채에서 옥소, 세슘 등의 방사성 물질이 검출되어 비로소 알아차렸다. 농민은 오염된 토지를 멍하니 바라보며 정성을 들여 재배한 야채를 출하할 수 없다는 사실을, 그렇게 살아가는 현실을 한탄하고 있다. 농민에게는 땅이 무엇보다 소중하다. 살아가는 기초이자 생존의 근거다. 그런데 땅이 오염되어 사용할 수 없게 되었다. 농민의 한탄과 원전에 대한 분노는 몇 번이나 뉴스로 보도되었다. 우리는 그 분함을 몇 번이라도 공유해야 한다.

그리고 원전의 작업원에 이어 농민들의 피폭량이 높다는 사실을 잊어서는 안 된다. 흙에서 가장 가까이 일하기에 그리고 방사성 물질은 흙에 쉽게 퇴적되기에 도시에서 생활하는 사람에 비해 수십 배로 피폭당하고 있을 것이다. 가장 먼저 피난가야 할 자들인 것이다.

공식적으로는 사고 이후 직접적인 방사능 피해로 사망한 자는 아직까지 없다. 그러나 농민 가운데서 이미 사망자가 나왔다. 보도된 것만으로도 몇 사람이 자살했다. 토양이 오염되어 이제껏 기른 야채를 팔 수 없고 앞으로도 나아질 전망이 전혀 보이지 않기 때문이다. 우리는 가뭄과 자연재해로 농민이 낭패를 봐서 죽어가는 장면을 이제껏 상상으로만 그려왔다. 그러나 이제 눈앞에서 비극적 장면이 전개되고 있다.

그런 와중에 체르노빌 사고 25주년인 4월 26일, 도쿄의 마루노우치에 있는 도쿄전력 본사 앞에서 농민들이 항의시위를 했다. 그들은 자신들이 재배한, 그러나 시장에 내놓을 수 없는 야채를 들고 왔다. 무엇보다 그들이 소를 데리고 온 장면에 감동했다. 하이테크 설비를 자랑하는 세계의 유수한 메가시티인 도쿄 한복판에 소가 출현한 것이다.

소는 농민에게 친구 이상의 존재다. 소는 농민에게 아이와 같고, 함께 살아가고, 함께 한탄하는 존재다. 과거 농민이 봉기하며 손에 들었던 무시로기와 함께 소와 농민이 글로벌시티의 한복판을 천천히 행진하는 모습은 교과서로만 알았던 중세가 그대로 부활한 것 같았다. 소의 울음소리는 도쿄의 하늘을 울리고 우리는 수 백 년의 역사 속에 있다. 이번 사고는 역사의 고층古層을 흔들고 파냈던 것이다.

그러나 사태 초기에는 들려오던 농민의 목소리가 끊기고 있다. 농산물 구매의 시비를 둘러싼 논의의 그림자가 농민의 모습을 지우고 있다. 무엇이 실질적으로 진행되고 있는지를 묻기가 어려워졌다.

지금 방사선량 계측운동은 주로 도시에서 번져가고 있다. 농촌의 방사선량을 측정하고 토양의 오염 상황을 구석구석까지 조사하지 않으면 안 된다. 모든 보증은 재검토되어야 한다. 흙도 갈아야 할 것이다. 아울러 지역에 따라서는 피난도 계획해야 한다. 이미 일부 지역에서는 시작하려 하고 있다. 그저 입 다물고 상황을 받아들이고 있어서는 안 된다.

원자력 식민지 체제의 침묵은 과학적으로 타파되어야 한다. 계측운동을 일컬어 야베 시로는 새로운 공중위생학, 기상학이라고 불렀다. 새로운 지층학이 개시되지 않으면 안 된다. 소득의 가을을 맞이하기 전에.

# 「은폐의 메커니즘 속의 색깔들」에 대한 소개[9]

『아이오비스 삼부작』[10] 중 제3권 영구전쟁

앤 월드먼 | 조정환

이 25개년 계획에 다음 몇 년 동안 기입해 넣어야 할 면plan('plahn' 혹은 'plaint')이 있다. 그것은 시대에 뒤떨어지지 않게 만가挽歌 곡조를 유지하는 것이며 일상의 심리습관을 지속하는 것이다. 만가dirge는 오 주, 나의 신이여 우리를 이끌어 주소서Dirige, Domine, Deus meus에서 나왔다.

앞으로, 뒤로 빛을 비춰보며 사건들의 중심으로 나아가 보자. 9·11로부터 뻗어 나오고 있는, 혼잡한 행동주의의 십년. 여기서 이끌어 낼 수 있는 사실은, 우리가 더 높은 지대로 이동할 것이라는 점이다. 이것은 [분명], 사람이 사는 환경을 더욱 무시무시하게dire (만가처럼dirge) 만들진 않을 것인가. 지구의 다급한 긴급사태에 대한 무지한 기각. 기후변화. 행성이 자가 면역 결핍을 앓고 있다는 것은 우리가 오래 전부터 이야기해 온 것이다. (아마도 카미kami라고 불리는) 기본적인 힘들, 그러니까 산, 강, 바람, 번개, 바위 등의 본질인 신도神道11의 정령은 산업화와 핵분열을 좋아하지 않으며, 토양과 물 위로 가해지는 유독성 폭력을 반기지 않는다. 신도 우주론에 의하면, 본래 창으로 물을 휘저어 들어 올렸을 때, 그 창에서 물방울이 일본의 지도 위로 떨어져 완벽한 여덟 개의 섬으로 되었다. 이러한 상상적 시각 속에서, 죽은 자들은 요미yomi라고 불리는 음울한 지하로 내려간다. 오빠와 사이가 좋지 않던 태양의 여신 아마테라쓰Amateratsu는 속임수에 넘어가 자신의 은신처를 빼앗긴다. 그래서 [태양의] 빛은 우주로 돌아갔다. 그녀는 하늘에 더 훌륭한 여신이 있다는 이야기를 들었다! 그녀의 허영심은 고조되었다.

우리는 어류 및 야생생물(핵분열에 노출된 야생생물) 관리국에게 그들이 사용하는 유해한 독성의 방식들을 고치라고 외친다. '적(대기업)과의 동침을 멈춰라, 더 많은 치명적인 핵폐기물 폐기장을 건설하기를 멈춰라'라고 외친다. 콜로라도 주州, 로키 플래츠Colorado Rocky Flats의 흙 속에 있는 플루토늄Plutonium은 작고 순진한 동물들에 의해 꾸준히 유출되고 있다. 그곳에 자연 보존지역을 만들지 말라! 지구인들이여, 우리의 보호 프로젝트에 함께 하자. 후쿠시마는 어쩌면 우리가 정신 차릴 수 있는 마지막 기회일지도 모른다.

어떤 종결부가, 급진적인 시詩를 "끊임없이 괴롭힐" 미래에 대한 어떤 상상이 여기에서 마음으로부터 귀로 흘러넘칠 것인가? 『아이오비스 삼부작』에 어떤 전진적 실천이 있었다면 그것은, 성 구분을 제대로 진전시키려는 시도였다. 그리고 그것은 점점 빠른 속도로 작은 공간이 되었다. 당신은 "제대로 된 의식儀式"을 치르려고 노력했겠지만, 당신의 문명에 대한 회복 불가능한, 망가진 마음에 대면했을 때, 아마 좌절하지 않을 수 없었을 것이다. 그리고 금세기에 백인남성이 주도하는 자멸적 전쟁은 더욱 대규모화하고 있고, 그 전쟁을 통해, 인류의 요람들 중의 하나였던 나라, 티그리스-유프라테스 문명의 요람에서 어떤 사람들은 더 많은 돈을 벌 수 있다. 그 전쟁은 핼리버튼Halliburton이라 불리는 작은 제국12의 사주를 받았다. Xe라는 이름의 발음도 하기 어려운 기업13 뒤에 숨어서 이 전쟁숭배는 암처럼 계속해서 전이된다. 그것은 이름이자 게임이며, 암 같은 그림자정부이다. 심해에 뚫린 구멍을 세멘트로 바르는 일을 담당하고 있는 핼리버튼은, "마콘도14는 불안정해질 거야"라고, 그들 스스로 예측했다. 『아이오비스 삼부작』의 제3권은 이제 호된 시련을 겪고 있는 원유매장소로 깊이 파들어 갈 것이다.

하지만 현장시인의 마음이 지금 더 영묘하게 나이를 먹어 ("가라, 천국의 손님, 영묘한 전령이여" — 밀턴) 그 기업을 무너뜨리는 것은 아마 불가능할 것이다. 영구 전쟁의 째깍거리는 시계소리, 매일매일의 포격은 시詩의 시간의 증가와 병행한다. 당신은 당신을 둘러싼 디스토피아들을 해체하며 내공으로 작업한다. 나는 통렌tonglen의 주고받음의 수행15을 다시 추천한다. 왜냐하면 그것은 이 프로젝트의 핵심 부분이기 때문이다. 부정적인 것을 자신에게 받아들이고 효험있는 것을 내뿜어라. 모든 것에 대한 공감을 실천하라. 큰 뜻을 품고 플루토늄의 반감기에 비례하여 당신의 시간을 나눠 바치라.

악당들에게 책임을 물어라. 나라 전체가 무너져 내리는 것을 본 이상, 폭정에 대한 선처는 있을 수 없다. 시를 당신의 큰 뜻으로, 위험에 처해 있지만 그것을 지키기 위해 싸우기를 마다해서는 안 될 큰 뜻으로 받아들여라. 시를 당신 자신의 마음-시간의 본성을 이해할 안내자로 받아들여라. 우리는, 언어적 의식이나 인지적 통찰의 의식을 가지고만 살아나갈 수 있다.

당신은 여성주의 어머니 시학에 호소한다. 이 시학에서 어머니는 남성일 수도 있고 여성일 수도 있으며, 또는 그 자신에게 이름을 붙이고자 하는, 그리고 모든 포유동물 영역에서 인정되는 다른 어떤 것일 수도 있다.

어떠한 형태들이 전달가능할 것인가? 이를테면 뱀 같은 비非인간적 신진대사 원리와 조우하는 것을 신뢰하라. 그리고 자주 "저승으로" 가버리는, 당신 친구들의 꿈-의식과 조우하는 것을 신뢰하라. 그들을 애도하고, 친구들과 함께 그들의 시를 크게 읽어라. 당신은 당신의 아이를 위해 이 모든 것을 적고 있다. 그 아이와 협력하라. 점균粘菌들이 이 지구를 어떻게 상속받을 것인가에 관해 농담을 주고받으라. 불협화음의 시간의 작은 그물망 속에 있는 수많은 증언들의 기록보관소에 정신을 집중하라. 그리하여 미래의 시인들이, 우리가 단지 사람들을 학살하기만 한 것이 아님을 알 수 있도록 흔적을 남기라. 그리고 투쟁하다 다친 저 수많은 이름 없는 사람들에 대해 슬퍼하라. 홍수에 떠내려온 퉁퉁 불은 시신들. 조그마한 아기들은 바다로 쓸려 내려갔고, 쓰나미의 의식意識은, 집으로 돌아올 몸이 없어, 삶과 죽음 사이의 간극에 걸려 있다. "어떤 경고도 없이" 찾아온 가장 친한 친구의 죽음이 주는 충격. 여기 불교 스승으로부터 들은 만트라mantra가 있다 : "죽음은 나의 친구요, 절대로 나를 버리지 않을 가장 진실한 친구다. 죽음은 항상 날 기다리고 있다. 죽음의 그림자는 내 생의 모든 순간에 어른거린다. 그러나 죽음은 고통스럽고 끔찍한 생이 계속되도록 내버려 둔다. 내가 이 미묘한 진실을 받아들여도 좋을까."

추도사, 비가悲歌, 아침 예배, 애가哀歌. 우리는 어쩌면 인간에 대한 공포 속에서 사는 지도 모른다.

도시는 어떻게 고립되었는가
그녀는 어째서 과부로 되었는가
그녀는 밤중에 오열을 했다
그녀는 비통함에 젖어있다. 억류되었다.

오 유다Judah여! 우리는 문명의 공유물인 우리가 사는 세상, 즉 "oecume"에 대해 곰곰이 생각하고 있다. 우리는 죽은 자들을 애도하고 있는가 아니면 생존자들인 우리 자신을 위로하고 있는가. 우리는 분쟁지역인 시아첸Siachen (인도북부의 카슈미르) 빙하水河의 어딘가에 앉아 있다. 군대 = 시장. 그리고 글로벌 호크 무인정찰항공기, 합동 감시 및 표적 공격 레이더 시스템J-stars, 개량 U-2 정찰기, 리벳 조인트Rivet Joint 도청항공기 등을 통해 벌어들일 큰 돈. 혹은 미래의 합동 공대지 장거리 미사일, 전자기 요원차단 작전, 사일런트 가디언Silent Guardian 16, 공수 레이저, 그리고 폭풍의 위력을 강화하고 연장하거나, 특정 목표물에 홍수나 가뭄을 일으킴으로써, 기상 시스템을 무기로 발전시키고 있는 고출력 고주파 위상배열 무선송신기HAARP, High Frequency Active Auroral Research Program 등을 통해 벌어들일 큰 돈.

그리고 일본에서 바다로 새어나간 방사능 유출은 1천 밀리시버트를 초과했다.

내가 속해 있는 이 사회의 구성원들을, 어떤 살인적 비용을 치르고서라도 지배하기 위해서는 끊임없이 요동치는 전쟁기계를 통한 경제적, 정치적 통제가 필요하게 된다. 우리가 자식을 낳아 번식하기 위해서는, 탐욕과 편집증에 기반한 맞물림의 관계들을 얼마나 많이 생각해야 하는가?

이것이 우리가 기다려 온 알레고리인가?

나는 최근에 평온했던 델로스17에 갔었다. 그 여행에 대해 생각해 본다. 델로스는 아폴로Apollo와 아르테미스Artemis의 출생지이며 돌고래의 집Hous of Dolphins과 헤라Hera와 아이시스Isis의 신전이 있는 곳이다. 당신은 "그 누구도 여기서 죽거나 출산을 해서는 안 된다."는 경구에 놀란다. 사자들Lions이 있는 돌단, 거대한 디오니소스의 남근, 윤이 나는 검은 표범을 타고 있는 신들. 델로스동맹을 생각해 보라. 이것은, 5세기에 페르시아 제국과의 전쟁을 영속시키기 위해 아테네가 주도하여 만든 그리스 도시국가들의 연합체다. 이 동맹이 펠로폰네소스 전쟁 이후 어떻게 망하게 되었는가를 생각해 보라. 전쟁, 전쟁, 전쟁, 전쟁, 전쟁……. 

그것은 망했다.

신탁과도 같은 나의 무아지경의 춤과 함께 여기 있으라. 나는 느려져야 할 것을 빠르게 만든다. 데르비시dervish 18가 그렇듯이, 미쳐 몰아지경이 되는 원환적인 춤. 하지만 나는, 홈패인 부채를 흔들면서, 또 부름종을 울리면서 내 마음을 붙들 수 있는 모든 것(이 생에 영향을 준 모든 존재들)을 포함한, 우주의 모든 방향들에 절을 한다.

# 당신은 후쿠시마에서 아무것도 보지 못했소[19]

일본인 친구에게 보내는 편지[20]

다니엘 드 룰레 | 서창현

안녕하세요, 가요코, 당신으로부터 소식을 듣고 싶군요. 당신이 있는 그곳 날씨는 달라지고 있겠지요. 도쿄는 일주일 내내 후쿠시마에서 날아 온 구름으로 뒤덮여 있을 것만 같습니다. 도쿄의 3천 5백만 명의 주민들은 무엇을 하려고 할까요? 당신은 무엇을 하려고 할까요? 보호 의복을 입고 틀어박혀 있어야 할까요? 대피 명령은 제 때에 받았나요? 당신의 이메일 주소 두 곳으로 메일을 보내봤을 뿐, 이 안전한 프랑스 교외에 있는 나 자신을 안심시키려고 당신 휴대폰으로 전화는 못하겠군요. 당신이 겪고 있는 그 광기에 내 넋 나감까지 더하고 싶지는 않습니다. 나는 그 근심이 사라지도록 도움을 줄 유일한 일을 하고 있을 따름입니다. 나는 지금 편지를 쓰고 있습니다. 내가 당신을 얼마나 많이 생각하고 있는지 알려주기 위해 나는 이 편지를 직접 영어로 옮길 겁니다.

그날 저녁 7시, 당신이 나를 집으로 초대해 준 지 딱 1년째가 되는 날이었습니다. 도쿄는 바야흐로 봄이 한창이었지요. 벚나무들은 잎사귀 하나 없이 밤새 검은 봉오리에서 하얀 꽃잎들이 피어나고 있었습니다. 그날 우리는 당신이 일하고 있는 은행 근처에서 만나기로 했었지요. 나는, 당신을 어떻게 찾아야 할지 자세하게 설명하고 있는 이메일을 다시 읽고 있었습니다. "신주쿠新宿 방향으로 녹색 지하철을 타고 가다 시부야<sup>渋谷</sup> 21에서 내린 뒤 긴자<sup>銀座</sup> 22행 황색 열차를 타고 첫 번째 정류장 오모테산도<sup>表参道</sup> 23 역에서 내리세요. B4 출구로 나가, 거리가 나오는 계단에서 미즈호 은행을 마주보고 서 있으세요. 7시에 봐요." 이게 나와의 만남을 준비하는 당신의 — 아니 일본인의 꼼꼼한 — 방식이었지요. 나는 말을 잃은 누군가에게서 온 편지를 훑어보듯이, 조용히 이 편지를 되뇌어보고 있습니다. 하지만 당신은 내가 전에 보낸 메시지에 답장을 쓰고 있겠지요? 지금 이 시각, 당신이 있는 곳은 밤이겠군요. 하지만 깨어 있다면 내게 편지를 해 주세요.

뉴욕에서 지낸 이후 우리는 서로 만나지 못했습니다. 그때 당신은 두 달 동안 내 위층에서 살았고, 밤이면 나는 일본에서 걸려온 전화 벨 소리를 들을 수 있었습니다. 나는 당신 글들 중 하나를 불어로 옮기고 있었습니다. 아들을 잃은 여성에 관한 글이었지요. 애틋한 슬픔이 묻어나는 글이었었지요. 그때 당신은, 작가로서의 당신의 작업에서 가장 중요한 것이 무엇인지를, 당신의 내면을 들여다 볼 수 있게 해 주었습니다. 치유하고 싶은 당신의 숨겨진 상처들을 볼 수 있도록 말입니다.

은행 앞에 도착하자 곧바로 만면에 웃음을 띠고 당신이 나타났습니다. 뉴요커처럼 화장을 하고, 일본 공주처럼 차려 입고 있었지요. 저녁을 즐기러 나온 밀집한 군중 속에서 당신은 내 팔을 잡고 왼쪽 오른쪽을 헤치며 빠져나갔지요. 이윽고 당신은 종업원들이 큰소리로 맞이하는 지하실로 나를 이끌었지요. 그곳에선 요리사들이 머리에 두른 수건으로 땀을 닦고 있었습니다. 당신은 바bar에서 두 자리를 겨우 구했지요. 우리는 거기 도쿄에서, 여느 때처럼 편안하게, 데이트를 즐겼습니다.

그곳을 다시 찾아갈 수 없을 것 같지만, 당신이 먹어보라고 건네 준 음식들과 우리가 농담 반 진담 반으로 나누었던 모든 것들은 [생생히] 기억납니다. 나중에 호텔에서 끼적였던 것을 찾아냈습니다. "가요코와 함께 아주 작은 공간에서 맥주를 마시고 쇠고기, 상어, 참치를 먹다. 사양할 수 없었다. 그리고 그녀는 나를 데리고 나갔다. 나는 그녀의 어머니보다 나이가 많다. 그녀의 두 눈은 코 바로 옆에서 시작되지 않는다. 그 사이엔 넉넉한 공간이 있다. 눈물을 위한 자리? 목덜미, 손목, 발목 들은 기모노를 입은 여인의 피부가, 한 남성을 황홀하게 만드는 장소들이다." 이 마지막 주석이 당신이 한 말인지, 아니면 기모노를 입은 다른 여인을 보고 떠오른 생각인지는 확실하지 않습니다.

어쩌면 당신의 손목이나 발목을 볼 수 있었을 텐데, 당신은 짙은 검은 머리칼로 목덜미를 숨겼지요. 우리는 더 이상 은행이 아닌 미국 대학에서 문학을 가르치는 당신의 두 번째 직업에 대해 이야기를 나누었지요. 오늘 수업을 했나요? 보도에 따르면, 도쿄에서의 삶은 거의 평상시처럼 이루어지고, 지하철은 붐비고, 바$^{bar}$도 붐비고, 단지 신주쿠 앞에 있는 빌딩의 네온만이 줄었다고 하더군요.

예전에 한 번도 먹어 보지 못했던 요리들이 제공되고 있는 동안 당신은 제2차 세계대전 중에 정글에서 실종된, 군의관이었던 당신 할아버지의 최후에 대해 이야기했지요. 다음날 나는 당신이 알려준 대로 르 코르뷔지에[24]가 디자인한 미술 박물관에 갔습니다. 후지타$^{Fousita}$ 같은 종군 화가들이 그린 전시戰時 회화들을 보기 위해서였습니다. [그곳에는] 마치 보스[25]가 묘사한 지옥처럼 나폴레옹 취향의 비참한 전시의 신민臣民들, 학살당한 수천의 군인들이 그려져 있었습니다. 기억나시지요? 하시모토 야오지가 1944년에 그린 〈뉴기니아 캠페인〉 말이에요. 당신은 실종된 조상에 대한 이야기를 어디에서 알게 되었나요? 당신은 제2차 세계대전의 공포들 속에서 무엇을 찾고 있었나요? 내가 전날 밤에 내 출판 대리인 모리와 만났다는 얘기를 했지요? 그는 내 소설 『가미가제 모차르트』에 대해 이야기하면서 일본인들이 자신들의 역사에 대해 외국인들이 이러쿵저러쿵 이야기하는 것을 좋아하지 않는다고 설명하더군요. 내가 카미카제의 최후에 대해 참견해서는 안 된다는 것이지요. 당신은 그의 시각을 지지했습니다. 우리의 불행은 당신과는 상관없잖아요, 라고 당신은 말했습니다. 나는, 당신이 거칠어지고 있다고 생각했어요. 그런데 당신의 불행이 정말 나와 무관한 것일까요? 당신이 그렇다고 얘기한다 하더라도 말이에요. 후쿠시마의 [원전] 시설에 고용된 저 사람들이 카미카제처럼, 원자력 사무라이처럼 행동하고 있지 않나요? 체르노빌 원전의 노동자들의 것과 같은 영웅주의. 이 영웅들은, 너무 높은 수치의 방사능에 노출되어, 향후 수백 년 동안 계속해서 냉각되어야 할 납관에 묻혀야 했습니다. 여러 글에서 찬양된 그 영웅들을 나는 바로 여기 내 앞으로 호출합니다. '원자력의 영웅들에게 영광 있으라. 원자로는 정복되었다. 체르노빌, 독특한 착취의 장소여.'

지진해일[쓰나미]의 재앙 앞에서, 영광의 현장에서 스러진 소방관들의 죽음 앞에서, 자의건 타의건 목숨을 내놓은 엔지니어들의 죽음 앞에서, 나는 일본인 배우와 영화를 찍기 위해 이곳으로 온 프랑스 사람에 지나지 않습니다. 그 일본인 배우는 반복해서 이렇게 얘기합니다. '당신은 히로시마에서 아무것도 보지 못했소.' 그도 역시 사람들이 자신의 불행에 참견하는 것을 원하지 않았습니다. 마치 〈히로시마 내 사랑〉에서의 엠마뉘엘 리바처럼 말이지요. 닷새 동안 컴퓨터를 켤 때마다 나는 후쿠시마의 여러 이미지들과 마주했습니다. 버섯구름, 바싹 마른 수조에 헬리콥터가 물을 떨어뜨리는 모습, 균열이 간 원자로들을 말입니다. 그리고 당신이 이렇게 얘기하는 걸 듣습니다. '당신은 후쿠시마에서 아무것도 보지 못했소.' 당신 말이 맞습니다. 나는 [일본과] 수천 킬로미터 떨어진, 바다에서 멀리 떨어진, 지진이 일어나지 않는 곳에 있습니다. 그리고 사람들은 내게, 프랑스 기자들이 떠나고 있다고, 유럽 정부들이 파견한 방사선 방호 전문가들이 사건 현장에서 수백 킬로미터 떨어진 곳에 머물고 있다고, 또 그들이 이런 식으로 도망치고 있다고 얘기합니다. 나는 전문가들이 보여주는 이런 비겁함을 유감스럽게 생각하지만, 나는 무엇을 하려고 했던가요? 만약 당신이 작년 3월 18일이 아니라 오늘 나와 만날 약속을 했더라면? 그 지하 바$^{bar}$에서 당신은 나에게, 서빙을 받는 동안 사기 술잔을 들어 올려 건배$^{乾杯}$를 하는 색다른 방법들을 알려주었지요. [그것은] 롤랑 바르트의 섬들26에서 이루어진 심도 깊은 탐험이었지요. 그래요, 그것이 바로 내가 당신의 마을에서 즐거움을 누렸던 것이었습니다. 도시의 모든 곳에서 떨어져 내리는 벚꽃들의 우아함. 그리고 말들 또한 그랬지요. 나에게 후쿠시마는 맥주를 먹인 쇠고기처럼 혀에서 [제대로 발음되지 않고] 사라져 버리는 이름들 중의 하나가 되었습니다. 물론 당신은 각각의 음절을 분명하게 발음할 수 있고, 뜻을 밝혀 쓸 수 있겠지요. 후쿠시마福島는 '행복의 섬'이라는 뜻이라지요. 신들이 실수를 저지른 게 분명합니다.

고베에서 지진이 일어나고[27] 얼마 지나지 않은 어느 날 나는, 그곳에서 몇 명의 학생들을 만나 그들에게 세계여행을 하고 있는 일본인 청년이 등장하는 소설 두 장을 프랑스어로 읽어 주었습니다. [소설에서] '나'는 그 일본인 청년으로 하여금 피폭을 당한 할머니 얘기를 하게 했습니다. 그는 매일 저녁 일기장에 자신의 생각을 적고 있었거든요. 나는 이 젊은 학생들에게 물었습니다. 유럽인이 여러분들의 동포들 중의 한 사람[소설 속에 등장하는 일본인 청년]의 처지에 놓이게 된다면 어떤지, 이게 사실적인지 아니면 그저 이국異國 취미에 지나지 않는 것인지 물었습니다. 아첨하듯 인사하는 공손한 칭찬만 들었을 뿐입니다. 방 뒤편에 있던 수줍음을 타는 한 젊은이가 발언권을 얻어 냉각된 침묵을 깨고 자신의 언어[일본어]로 몇 개의 문장을 말하기 전까지는 말입니다. 그가 말을 마쳤을 때, 나는 통역사에게 왜 [불어로] 번역하지 않았는지 물었습니다. 마침내 그는 부드러운 목소리로 자신의 소임을 다했습니다. 그는 이렇게 말했습니다.

소설 속에서 히로시마를 환기시키는 유럽인은, 일본인이 아우슈비츠 화장터를 기반으로 한 비디오 게임을 만드는 것과 마찬가지의 사악한 취미를 일삼는 죄를 범하는 것이라고 말이지요. 나는 뭐라고 대답해야 할지 몰랐습니다. 수년이 지나고 나서야 나는 이 말을 이해할 수 있었습니다. 그래서 오늘날까지 나는 그 때 느꼈던 부끄러움을 다른 사람들과 나누기 위해 이 이야기를 하곤 합니다. 나는 있는 그대로의 진실에 대면하기 위해 여전히 애쓰고 있는 일본인 삼대의 소설을 쓰기 위해 매달려 왔습니다.

나에게 아우슈비츠는 공포의 정수精髓입니다. 그것은 그곳에 둘러쳐 있는 전류가 흐르는 가시철조망 때문만은 아닙니다. 또한 수용소 입구 위에 나붙은 '노동이 자유롭게 하리라'Arbeit macht frei라는 문구나 부모들을 빼앗긴 아이들 때문도 아닙니다. 나를 두려움에 떨게 하는 것은, 그러한 사태의 산업적 속성quality, 군중 관리, 공정에 대한 통제, 공장의 심장부로 곧바로 연결되어 있는 철도들입니다. 나는 열다섯 살의 네 명의 젊은이들과 그곳에 가 보았습니다. 우리는 그곳에 천천히 도착하기 위해 유럽을 횡단하는 열차를 이용했습니다. 그들 방학의 일주일이 지나갔지요. 이것은, 비행기나 택시를 타고 가서 희생자들을 생각하며 오열을 터뜨리는 사람들과는 다른 방식이었습니다. 우리는 며칠 동안 계속해서 목이 조여 왔지만 아무도 울지 않았습니다. 우리가 거기에 간 것은 [울기 위해서가 아니라] 이해하기 위해서이니까요.

그런데, 당신과 내가 여기까지 왔으므로 — 가요코, 나는 영어로 'tu'라고 말하는 게 어떨지 몰라 'vous'라고 말합니다 — 이제 나는 다소 엉뚱한 고백을 하려고 합니다. 난 플루토늄이 대량으로 생산되는 미국 북서부의 핸퍼드28에 있는 발전소를 방문한 적이 있습니다. 1946년 초반 그곳에 사는 원주민들이 갑자기 방사능에 노출된 적이 있다는 거 아세요? 방사능에 노출되면 어떤 일이 일어나는지 알아보기 위해서 말이지요. 1979년 3월 참사가 일어나 저주받은 섬이 되어버린 스리마일 섬29에서도 같은 일이 일어났습니다. 그리고 아프리카 대륙에서 유일한 원자력 설비인 남아프리카공화국 케이프 근처의 퀘베르그30도 있지요. 인종주의 체제는, 이곳에서, 스위스 발전소로부터 제공받는 풍부한 우라늄에 힘입어 원자탄 탄두를 생산했습니다. 나는 이 거대한 원자로들에 당황했습니다. 구름을, 봉쇄지역들을, 원자가 분열을 일으키고 있는 이 강철 벽들을 관통하는 냉각탑들에 당황했습니다. 나는 이 두 개의 완벽한 기계들을 보면서 작센하우젠31, 다카우32, 아우슈비츠에서 보았던 인간의 광기에 대한, 균형상실에 대한 느낌을 똑같이 받았습니다. 이 강제수용소들이 20세기 전반기의 광기의 기념물들임에 반해, 원전들은 20세기 후반기의 포학暴虐의 기념물들이라고 말하는 게 다소 억지스러운 면이 있다는 걸 알고 있습니다. 하지만 바로 이것이 이 건축물들의 질서와 합리성에도 불구하고 — 아니 바로 그렇기 때문에 — 내가 느끼고 있는 것입니다.

나는 스위스의 발전소에서 일한 적이 있습니다. 우리에게 주어진 임무는, 고장이 날 경우 순회 직원에게 경고 신호를 보낼 수 있도록 통제실에서 컴퓨터를 프로그래밍하는 것이었습니다. 통제실에 들어가려면 어떤 작업장을 지나야 하는데, 그곳은 유쾌한 무질서가 가득 차 있었습니다. 시멘트 소란小欄 반자와 건설 중인 벽들은 다소 외설스러운 낙서[그래피티]로 뒤덮여 있었습니다. 다른 것들도 있었는데, 그것은 노골적인 저항, 여러 언어들로 된 엉뚱한 질문들, 모욕들 등이었습니다. 그 중엔 이런 유명한 것도 있었지요. '원자력, 이 머저리 종양'(원자력, 어떤 머저리든 죽게 된다는 것과 같은 뜻입니다). 나는 원전을 짓는 데 고용된 사람들이 자신들이 하고 있는 일에 대해 거의 아무런 의미를 찾지 못하고 있는 것을 알고 놀랐습니다. 사실을 말하자면, 나도 똑같은 처지에 놓여 있었습니다. 내가 하고 있던 일이 사고가 일어날 경우 무언가 도움이 될 거라고 생각하면서 말이지요.

이후 나는 이 원전이 가동되기 바로 전에, 이 원전 정문 앞에서 다섯 살 난 아들을 목말태우고 수천 명의 반전 활동가들과 함께 시위를 했습니다. 우리는 경찰이 쏜 물대포를 직방으로 맞았으며, 경찰이 던진 최루탄에 숨이 막힐 지경이었습니다. 다행히도 나는 그곳의 지형[배치]을 알고 있었고, 당황하고 있던 몇몇 가족들을 데리고 안전한 퇴로를 찾아 피할 수 있었습니다.

나는 가끔, 나치를 위해 나무판자들을 설계하고 어느 날 슈트르트호프 수용소에서 자신이 설계한 나무판자로 만든 막사에 감금되어 버린 유대인 보관함 제작자 생각이 납니다. 우리는 우리 자신이 만든 함정에 포획되어 있습니다. 우리는 알다시피 잔혹한 죽음을 불러오는 체계에 협력하고 있었습니다. 그리고 우리는 아주 가끔씩만 우리 자신의 이상에 부합하는 용기를 발견할 뿐입니다. 나는 배반자들에 대해 이야기하고 있는 게 아닙니다. 세계가 작동하는 방식에 대한 우리의 무관심, 즉 과학기술적 기회주의에 대해 이야기하고 있는 것입니다.

나는 어디에 있었을까요? 나는 오늘 아침 모니터 앞에 앉아 다시 일을 시작했지만, 아침 뉴스가 실린 페이지를 열기가 꺼려지더군요. 당신이 있는 곳은 오후 네 시겠지요. 새로운 시신이 발견되어 원전 근처에서 쓰나미로 인한 파괴 속에서 희생된 사람들의 숫자가 다시 올라가겠네요. 나는 [아무것도 할 수 없다는] 나의 무력감을 느끼게 될 순간을, 내가 당신에게서 답장을 받을, 마침내 당신이 무사하다는 소식을 듣게 될 순간을 미루고 있습니다.

어제 저녁 북아프리카의 한 음식점(쿠스쿠스33와 따진34을 파는데 언젠가 당신에게 꼭 사 줄게요)에서 있었던 일이에요. 동양인 눈을 가진 가족이 들어왔어요. 그들은 들어와서 튀니지인, 이집트인, 리비아인 들과 자리를 함께 했습니다. 그들은 이 음식점에서 모든 고통을 함께 나누었어요. 집으로 돌아오는 길에 나는 잘 지내고 있다는 테츠오의 메시지를 받았습니다. 후쿠시마의 원자로와 관련해서 그는 다음과 같이 덧붙였습니다. '원자로는 쓰나미와 별로 관계가 없어요. 그건 인간의 손에 의해 야기된 것이지요. 인재人災입니다.' 이어서 그는 도쿄에서의 방사능 수준— 물론 상승하고 있는— 에 대해 이야기를 합니다. 하지만 그는 방사능 수치가 자신과 가족에게 치명적일 정도로는 올라가지 않을 거라고 장담하고 있습니다. 그람시라면 아마도 재빠르게 이렇게 얘기할지도 모르겠습니다. 비관주의는 이성으로부터 생겨나고 낙관주의는 욕망으로부터 생겨난다. 테츠오는 또한 국제 미디어와 현장을 관장하는 것을 자신의 업무로 하는 사람들 사이에서 벌어지고 있는 이해관계의 충돌에 대해서도 언급하고 있습니다. 그에 따르면, 극우 대중추수주의자들과 그들의 블로거들이 이러한 충돌로부터 잽싸게 이득을 챙기고 있다고 합니다. 그는 또한 우라늄 가격의 폭락을 걱정하고 있습니다. 호주의 광산들이 자신들의 광석을 팔아먹을 수 있는 새로운 군사 고객들을 찾고 있다고 하더군요. 이것이 [우리가 처한] 위험입니다. 그는 지난 이틀 동안 영화를 보러 가지 못했다는 불평으로 메시지를 끝맺고 있습니다.

나는 이메일 여는 것과 일본으로부터의 소식을 듣는 것을 그만 두려 합니다. 나는 당신이 안전하다고 확신합니다. 그 밖의 것은 생각할 수 없습니다. 그리고 당신이 당신 일에나 신경 쓰라고 정중하게 말할 것이라고 확신합니다. 서방에 살고 있는 우리에게 원자력 에너지와 관련해서 문제가 생긴다면 그것은 이론에서일 뿐입니다. 하지만 히로시마, 나가사키와 관련해서 당신에게 원자력 문제는 이 단계에서 이미 과거의 일입니다. 나는 히로시마에 두 번 갔는데, 갈 때마다 가지고 갔던 메모들을 찾기 위해 공책을 뒤적거려 보았습니다. 그 메모들은 고통스럽다는 식의 진부한 말이 전혀 아니었습니다. 나는 1992년 원자탄이 떨어졌던 나가사키의 폭심지爆心地를 방문한 뒤, 부풀어 오른

아기들, 머리에 한 올의 머리카락도 남아 있지 않은 여인들, 불에 타서 돌이 되어버린 살점들, 어떤 할아버지의 피부 속으로 녹아들어간 무늬 박힌 은종 들이 전시되어 있는 공포의 박물관에 들렀습니다. 그런데 그날 운젠35 화산이 분출하기 시작했습니다. 여행객들은 도망치고 있었습니다. 낙하하는 뜨거운 화산재로부터 자신을 보호하기 위해 석면으로 된 원뿔 모양의 모자를 쓰고 있는 학생들을 안심시키려고 천황이 왔습니다. 나가사키는 이미 제2의 재앙으로 넘어간 것입니다.

나의 불안에 대해, 원자력과 관련한 나의 양심의 가책에 대해 내가 너무 많이 떠들고 있군요. 내가 어리석은 논쟁에 휘말려 끌려 들어가고 있다는 점에서 말입니다. 격변론자36와 맞서면 원자력 지지자들이 항상 옳습니다. 격변론자들은 이렇게 이야기합니다. '내가 말하지 않았습니까, 세상의 종말이 다가왔다고. 당신들이 저지른 일들을 보세요.' 그리고 위기에 편승한 원자력 지지자들은 항상 다음과 같이 응대합니다. '원자로를 멈출 더 좋은 생각이 있나요? 헬리콥터 있어요? 3천 5백만 명의 도쿄 주민들을 살리기 위해 자신의 목숨을 기꺼이 내놓을 자원봉사자가 있나요? 아니죠? 그럼 입 다물고 계세요.' 그래서 격변론자들은 본의 아니게, 원자력 지지자들이 거짓말을 그만 두도록 다음 번에는 사태가 더 악화되었으면 하고 바라면서 주머니 속에서 주먹을 불끈 쥐고 맙니다. 우리가 대안 에너지들을 찾아 나선 지 벌써 40년이 지나갔습니다.

나는 오랫동안 소설들을 써 오고 있습니다. 이 소설들에서 원자력 지지자들은 우세를 점하지 못하고 있지요. 그래서 그들에게서 모욕을 받은 적이 있습니다. IAEA(국제원자력기구)의 의장에게 어떤 저널이 칼럼을 쓰게 했는데, 거기에서 그는 내 글이 '오류투성이며 비열'하다고 썼습니다. 지금이야말로 당신이 겪고 있는 위기 속에서 이 흉악범들의 개인적 책임에 대해 공개적으로 이야기해야 할 최적의 시기인 것 같습니다. 당분간 그들은 저자세를 취할 것입니다. 나중에 계속해서 자신들의 독극물을 주입할 더 좋은 때를 기다리면서 말이지요. 바로 체르노빌 사건 때 그랬습니다. 그들은, 원자구름이 국경을 넘지 못했다며 우리에게 원자로를 팔아먹으려고 했습니다. 결국은 이 사람들의 냉소주의 ─ 그들이 오염 폐기물 저장 문제를 부인하는 걸 들어보세요 ─ 는, 과학과 진보가 매일 우리에게 제공하는 수많은 경이들에 우리가 황홀해 하는 것에 상응하는 것일 뿐입니다. 소모된 방사성 원료가 가라앉는 못pond의 밝은 청색 ─ 믿을 수 없을 정도의 청색, 체렌코프 효과[37], 원자력 활성이 일어나고 있다는 신호 ─ 은 도무지 미학적 체험으로는 특징화할 수 없는 어떤 것을 느끼도록 해 줍니다.

물론 나는 과학이 더 이상, 우리가 찬양할 만한 경이로운 지식만을 주는 것이 아님을 알고 있습니다. 마리 퀴리, 그리고 이후의 리제 마이트너[38]가 히로시마와 후쿠시마로 이어질 기반을 놓았을 때, 그들은 거대한 파리식 대로大路를 뚫은 오스만 남작[39]처럼 졸렬하게 연관된 이론들의 난맥亂脈에 이르는 길을 열어놓은 것입니다. 우리는 조금씩 원자, 핵분열, 핵융합에 대해 알아나가고 있습니다. 다른 사람들은 이러한 것들을 파스칼 계산기[40]를 가지고 전개시키고, 전화電化시키며, 몇 개의 칩들로 축소시킵니다. 이것은 영원한 경이驚異로서, 계몽주의Enlightenment의 반세기가 아니라 전광석화의 반세기, 플래시 메모리의 반세기이며, 수천 개의 네온사인이 더 나은 삶을 위해 번쩍이는 신주쿠의 밤처럼 영원한 조명[계몽]illumination입니다. 가요코, 당신이 믿고 싶어 하지 않았던 그 이야기 생각나나요? 우리가 만나기 일주일 전 나는 도쿄의 남쪽으로 내려가 가마쿠라[41]의 거대한 절들을 방문했었습니다. 그곳엔 장대한 계단들과 특히 은행나무가 있었습니다. 이 은행나무는 일본에서 가장 장수한 것으로 수령이 최소한 천 년이 된다고 했습니다. 해마다 은행나무는 소생蘇生했습니다. 그런데 내가 은행나무의 최후의 모습을 사진에 담은 것 같아요. 왜냐하면 그날 밤 끔찍한 바람이 불었고, 수 세기 동안 저항해왔던 그 바람에 그 은행나무가 뽑히고 부러지고 결국은 죽고 말았습니다. 모든 일본인들이 그걸 보고 울음을 터뜨리면서 이건 나쁜 징조라고 이야기했습니다. 당신은 내가 보여준 작은 화면 구석에 찍힌 날짜를 확인하기 전까지 내 말을 믿으려 하지 않았었지요. 당신은 평생 일어날 것 같지 않은 사건의 목격자였습니다. 이곳이 바로 우리가 있는 곳, 사람들이 불가능하다고 말했던 바로 그 파국 catastrophe 입니다. 여러 날 동안 우리에게 각인된 이름이지요. 그리고 우리는 결코 파국을 잊을 수 없습니다. 파국은 주민들이 무언가 나쁜 것을 떠올리지 않고 매일 이야기했던 이름이었지요. 마치 이렇게 이야기하는 것처럼 말이에요. '당신은 체르노빌에서 꽃양배추를 꺾으려 하고 있어요. 후쿠시마 다이이치에 있는 우체국에 들르는 거 잊지 마세요.' 일전에 누가 센다이仙臺42이라는 이름을 말하는 것을 들었습니다. 이곳은 후쿠시마의 북쪽에 있는 대도시이지요. 어시장 여행, 그리고 아들과 함께 묵었던 하숙집이 떠올랐습니다. 담황색 머리카락을 지닌 이 녀석은 논을 가로질러 해안선을 도는 동안 자전거 뒷좌석에 꼼짝없이 앉아 있어야 했지요. 그날 아침 식사로는 집 주인이 밤에 낚시한 성게 요리가 나왔습니다. 센다이 해변에 있는 전원적인 가족이 있던 곳, 그곳은 이제 후쿠시마로 불리고 있으며 보이는 것이라곤 온통 대지에서 피어오르는 하얗고 우울한 버섯구름뿐입니다.

92세 된 어머니 또한, '격분해야 할 때인 것 같구나'라고 전화로 말씀하셨습니다. 어머니는 앞이 안 보이시고 버섯구름을 본 적이 없으시지만, 다섯 살이었던 어느 날 저녁 탁자 아래에 숨어서 몇몇 어른들이 심각한 언쟁을 벌이는 것을 들은 적이 있다고 말씀해 주셨습니다. 그때가 1923년이었는데, 이곳에 어머니의 삼촌이 계셨다고 해요. 그 분은 일본에서 지진이 일어났을 때 실종되었다가 가까스로 살아 돌아오셨다고 합니다. 그 분은 당시의 상황을 부드러운 목소리로 여러 어른들에게 이야기하고 있었다고 합니다. 앞에서 활활 타오르는 불꽃을 벗어나려고 애쓰고 있던 사람들이 불행하게도 불을 피해 연못의 물속으로 뛰어들었지만, 용암의 흐름이 그들을 덮쳤습니다. 그들은 결국 삶아져 죽고 말았습니다. 그것은 쓰나미도 아니었고 원자로가 녹은 것도 아니었습니다. 그것은 물과 불이 동시에 작용한 것이었습니다. 그 분의 말씀에 따르면, 그 농민들의 시체는 찜통 속 채소처럼 데쳐져 있었다고 합니다. 어머니는 그걸 마치 바로 어제의 일처럼 기억해서 내게 말씀해 주십니다.

가요코, 나는 당신이 건강하기를, 그리고 함께 살고 있는 당신의 어머니가 건강하기를 기원합니다. 당신은 내 신념에도 불구하고 내가 참치를 먹도록 했었지요. '나는 고래 고기도 잘 먹는 걸요'라고 당신이 말했었지요. 그건 잘못입니다. 당신이 그 사실을 완벽하게 잘 알고 있습니다. 그것이 어디에 있건 모든 핵 원자로가 잘못인 것과 꼭 마찬가지로 말입니다.

그저께 나는 벨포르[43]의 그라니트[44] 독서 모임에 초대받았습니다. 이곳은 열핵 산업이 수많은 일자리를 제공하는 도시로서, 후쿠시마에 원전을 세웠던 제너럴일렉트릭이 이곳에 유럽 본부를 두고 있습니다. 원자력 화재 때문에 나는 프로그램을 변경하기로 결심했습니다. 나는 곧 출간할 소설인 『핵융합』의 몇몇 쪽수들을 읽었습니다. 이 소설은 자신이 나가사키 원폭의 피해자이기도 한 일본인 전문가가 체르노빌에서 IAEA 사절단 활동을 하다 돌아온 체험을 들려줍니다. 독서 모임은 정오에 시작되었습니다. 출입이 자유로웠고 샌드위치가 제공되었습니다. 장 누벨[45]이 새롭게 손을 본 이탈리아식 홀 안을 사람들이 드나들었습니다. 레닌 원자로에 너무 가까이 다가가는 바람에 거의 죽음에 노출되었던 원전 노동자들을 다룬 부분을 읽자 방 안에서 들리던 포장지 소리와 씹는 소리 등 모든 소리가 멈추었습니다. 이 광기의 기억으로 인해, 포기[희생]하는 것외에 어떠한 삶의 목적도 갖지 못하는 인간 이하의 존재가 되어버린 사람들에 대한 기억으로 인해 2백여 명의 경청자들은 자극을 받았습니다. 노심의 용해[溶解]에 맞서 헬로트들[46]을 제물로 바치기로 결정되었던 것일까요? 그리고 그러한 교활한 악마에 맞서 이 소설 텍스트가 무엇을 할 수 있을까요?

비탈 미샬롱[47]이라는 이름의 31세의 과학자가 떠오르는군요. 1960년대에 그는 걸어서 네팔을 찾아갔습니다. 그는 이스라엘의 키부츠[집단농장]에 살았었는데, 그르노블[48]의 원자력 연구소에서 인턴 생활을 했습니다. 자신의 폭넓은 지식을 확신한 그는 고속 증식로가 미친 짓이라고 생각하고 1977년 7월 말빌[49]에서 우리와 합류했습니다. 예비역 장교로서 폭발물에 대해 잘 알고 있던 그는, 경찰청장이 '독일 침략자를 소탕할' 심산으로 깔때기 모양으로 시위대를 압박했을 때 시위의 최전선에 있었습니다. 우리는 물론 100km도 떨어져 있지 않은 제네바에서 왔을 뿐입니다. 비탈은 수류탄들을 확인하고서는 우리에게 목숨을 유지할 수 있도록, 그리고 고막을 다치지 않을 수 있도록 우리에게 설명을 해 주었습니다. 별안간 우리는 그가 울타리에서 튕겨 오르더니 몸을 접고 배를 움켜쥐는 걸 보았습니다. 그때 경찰관 두 명이 그를 에워싸고 누워 있는 그에게 총을 겨누었습니다. 그들은 가슴에 직경 6센티미터의 구멍이 뚫린 그를 내버려 둔 채 떠나버렸습니다. 검시 결과 그의 허파는 [폭탄에 의해] 터진 것으로 드러났습니다. 끔찍한 일이었습니다. 우리 숫자는 6천 명이 되었는데, 그들은 군사 작전을 벌이듯이 우리를 두드려 팼습니다. 그리고 말빌 원전은 피가 흘러넘쳤던 바로 그 대지 위에 세워졌습니다.

가요코, 나는 그때를 생각하고 있습니다. 우리는 영웅이 되고자 했지요. 아이들이 있는 사람들은 우리가 아이들을 위해 이 일을 하고 있다고 말했습니다. 언젠가 아이들이 눈 똑바로 뜨고 그들을 볼 수 있도록 말이에요. 하지만 우리는 싸움에 졌습니다. 40년 동안 우리는 강과 바다를 따라 원전들이 세워지는 걸 목격해야 했습니다. 이 외딴 야영지들[원전들]은 라하그[50]에서처럼 지대공 미사일의 포대들로 보호되고 있습니다.

반핵운동의 패배는 테크노사이언스[51]의 오만을 부채질했습니다. 원자력 에너지 위원회는 정색하고 우리에게 20세기 말까지 50개의 고속 증식로를 세우겠다고 약속했습니다. 테크노사이언스는 파죽지세로 우리에게 콩코드, 말빌, 그리고 맨해튼의 트윈타워를 선보였습니다. 기뻐하라! 이런 광기 앞에서 어떤 사람들은 집결했고, 어떤 사람들은 무리에서 벗어나 살아나기 위해 줄행랑을 쳤습니다.

그렇지만 어떤 사람들은 영화를 제작하고 음악을 만들고 소설을 쓰기 시작했습니다. 그 의미를 알아내기 위해서, 전체주의 체제 내에서 살아가지만 그것과 전혀 관계없이 — 틀림없이 불찬성론자로 — 살아갈 수 있는 방법을 이해하기 위해서 말이지요. 가요코도 알겠지만, 체제 안에서 살아간다는 것은 어려운 일입니다.

며칠 전 나는 브란그Brangues에 갔었습니다. 로느에서 그리 멀리 떨어져 있지 않은 곳에 펼쳐져 있는, 이세르의 평화로운 작은 마을이지요. 이와 같은 지방에서는 정말 길이 어디로 이어져 있는지 알 수가 없답니다. 이곳에는 스탕달을 기리는 시골을 통과하는 꾸불꾸불한 길들이 많이 있습니다. 1827년 마을 교회에서 젊은 신학생이 시장의 부인인 전前 교장 미슈Michoud 여사를 쏘았습니다. 교회는 부수어진 뒤 재건립되었습니다. 스탕달은 그가 베리에르라고 부르는 또 다른 곳에 교회를 새로 지었습니다. 마을은 1834년 『적과 흑』이 출간되고 나서 조금씩 바뀌었습니다. 2008년까지 시장은 여전히 미슈 씨였습니다. 어쩌면 한때 상사병을 앓았던 신학생의 희생자의 후손인지도 모르지요. 브란그는 다음과 같은 또 하나의 에피소드 덕분에 과거를 어떻게 효과적으로 활용할지 알아냈습니다. 어느 시인이 기도를 드릴 만한 교회를 찾아 이곳에 와서 20년 동안 오후를 보냈습니다. 숲 한 쪽에서 그의 비석을 발견했습니다. 그는 폴 클로델52이었습니다.

브란그에서 멀지 않은 곳에 있는 또 다른 빈 교회가 없었다면 이것은 오직 문학적 관심에 지나지 않았을 것입니다. 정말 전원적인 산책로가 나 있고, 지난 세기로부터 이어져 내려오는, 앞으로 20년 뒤 완공을 목표로 작업이 진행되고 있는, 8미터 높이의 둥근 지붕[돔]을 갖춘 대성당이 있습니다. 이 거대한 작업은 25억 유로의 비용이 들 예정입니다. 말빌에 있는 고속 증식로는 겨우 18개월 동안만 작동되었습니다. 자기가 생산할 수 있는 최소한의 전기만을 다 소비하고 말입니다. 이 고속 증식로는 자신의 약속을 이행할 수 없었습니다. 이때껏 수행된 가장 대담한 산업적 건축물이었음에도 말입니다. 오펜하이머53와 사하로프54의 원자탄조차 노력이 덜 들었[을 정도]지요. 불행하게도 1997년 6월 19일, 당시 집권하고 있던 수상은 다음과 같은 중대한 발표를 했습니다. "슈퍼-피닉스55로 알려진 고속 증식로는 폐기될 것입니다." 그때 이후 말빌은 브란그의 교회가 철거되어야 했던 것처럼 해체되고 있습니다. 현장에는 수백 명의 EDF(프랑스 전기) 직원들과 최소 세 명의 서비스 제공자들, 하청을 받은 하도급자들이 있었습니다. 이들은 자주 순환하는데, 그것은 전이선[방사선]에 노출되어 직접 영향을 받는 사람들에 관한 프랑스 조례 때문입니다. 이들 방사선에 노출된 지원자들은 그 지역에 살고 있으며, 종종 브란그의 교회에서 멀지 않은 곳에 주차된 트레일러에 묵고 있습니다. 판사가 쥘리엥 소렐[56]에게 한 대사를 인용하면서 EDF의 전前 직원이 한 말에 따르면, 말빌은 그해 뒤통수를 맞았습니다. 브란그는, 가벼운 와인과 칵테일 소시지, 그리고 공통의 이유로 함께 묶인 두 위대한 작가들의 회고를 곁들인 멋진 도서 관련 모임을 조직한 지역 그룹 덕분에 다시 자신의 문학적 역사를 팔 수 있었습니다.

일반적으로 문학은 쾌락과 취향에 관련되는 반면, 원자 과학은 위험 속에 그리고 거대한 것 속에 존재합니다. 스탕달이나 클로델을 읽는 사람들은 원자로의 수조 속에 356도로 비축되어 있는 5천 톤 가량의 나트륨이 야기할 위험에 대해 거의 모르고 있습니다. '다진 고기'mincer로 알려진 입구 통로를 — 옷들을 벗고 노출계와 '멘탈 코드'를 반드시 걸치고 — 매일 열을 지어 지나가는 사람들은 사랑에 빠진 신학생의 문학적인 심리 상태에 대해 거의 신경을 쓰지 않습니다.

한쪽은 소설, 다른 한쪽은 테크노사이언스. 공유할 게 없을까요? 잡초가 웃자란 말빌의 전류가 흐르는 가시철조망을 따라 걸으면서 나는 갑자기, 어느 땐가 폴란드의 도심에 갔다가 아우슈비츠의 담장에서 떨어진 검게 그을린 애자碍子를 주워 친구에게 다시 되돌려주었을 때 가졌던 것과 똑같은 느낌이 들었습니다. 인간의 오만 — 그리스어로 휴브리스hubris 57 — 은 앞으로도 오랫동안 우리와 함께 할 거라는 생각이 들었습니다. 그것은 원자로의 노심보다 훨씬 더 많은 것들을 해체하는 것과 관계되는 것이며, 이것을 하는 데에 문학이 부적절하지는 않을 것입니다.

가요코, 어제 당신에게서 아무 소식이 없어서 당신 홈페이지를 방문했었습니다. 아름다운 누드 사진 몇 장과 당신이 쓴 글 몇 편이 있더군요. 그리고 당신의 약력 옆에 있는 당신의 가늘고 긴 눈을 들여다보았습니다. 그리고 인용할 만한 다음과 같은 문장을 발견했습니다. "우리는 떠나온 곳으로 더 이상 가까이 갈 수 없다." 노심을 해체하는 것과 관련해서 이 말이 딱 어울리는 것 같습니다.

원자력에서 벗어나는 길이 봄철이 시작된 저녁 신주쿠를 산책하는 것과는 같지 않을 것입니다. 그것은 첫째, 우리가 쉽사리 받아들이게 될 논쟁들이 있기 때문입니다. 전 지구적인 기후 재앙이 그 하나입니다. 고백하건대 나는 경솔하게 그런 무서운 추산에 동의한 적이 있었습니다. 사람들은 이러한 추산을 통해, 훨씬 더 거대한 위험, 즉 인류의 실종이라는 이름으로 앞으로 1백 년 동안의 원자력 고수를 정당화했습니다. 이것은 곧바로, 파워포인트 슬라이드 속의 사망자 숫자가 늘어나는 것으로 귀결됩니다. 그리고 다음으로, 모두가 이야기하는 것이 상대적인 전력 자립일 때 국가의 에너지 독립에 대해 이야기하는 민족주의자들의 주장들이 있습니다. 그렇게 되면 우리는 가장 최신의 하드웨어를 보게 될 것입니다. 이것들은 바로 그 디자인으로 인해 소위 무결점의 기계일 것입니다. 혼합핵연료[58]라 불리는 새로운 연료를 사용하여 작동되기 때문에 특히 관련이 있을 것입니다. 이것은 미국에서 금지된 우라늄보다 더 위험할 수 있는 흥미로운 특성이 있습니다만, 그 플루토늄 함유량으로 인해 재처리될 수 없습니다. 후쿠시마의 제3원자로는 이제 매장되는 것이 가장 좋습니다. 이 원자로는 혼합핵연료를 산출할 필요가 없을 것입니다. 결국 우리는 산업을 경영하는 사람들의 웃음과 대면할 수 있어야 할 것입니다. "재앙이 아닌" 그 사건이 터지고 3일 뒤에 아레바[59]의 CEO가 텔레비전에 나와서, 쓰나미가 일어나고 한 시간도 안 되어 자기 나라[프랑스] 기술자들이 뒤도 돌아보지 않고 후쿠시마에서 도망친 것은 잊고서, "공포를 활용하는" 사람들을 호되게 비판했습니다. 카다피에게 배달될 수 없었던 원자로의 수익 손실과 관련하여 불평이 있을 것입니다. 원자력이 자연스러운 것이라고 속여 넘기려 하는 논의들, 구름을 오염시키는 풍력 터빈들의 후류$_{後流}$에 관한 사이비과학기술적 논의들이 있습니다. 절충을 하려는 시도들이 있을 것입니다. 재생 가능한 에너지가 바닥이 난다면, 사람들은 분명 핵전기적 원자로를 수용할 것입니다. 그때에는 논란도 있을 것이고 행동들도 있을 것입니다. 후쿠시마 역시 하나의 행동입니다. 그리고 또 다른 재앙이 일어나기 전에 탈출하기 위해서는, 원전을 운전하는 기술자들이 작업장에서의 자살 행위를 멈추어야 할 것입니다. 그들이 희망을 가져야 할 다른 이유들을 갖도록 하는 게 필요할 것입니다. 왜냐하면 1월 1일부터 12월 31일까지 우리의 달력에는 끔찍한 규모라고 기록될 또 다른 사고가 일어나지 않는 날이 더 이상 없기 때문입니다. 이제 우리는 그것이 무엇에 대한 것인지 알고 있습니다. 우리의 격변론은 분명하게 드러났습니다. 수동성은 패배했습니다. 그것은 끝났습니다. 우리는 화석 연료를 포기하는 방법을 배워야 하는 세상에 살고 있습니다.

조만간 젊은이들이 포장된 보도를 뒤덮을 푸른 방수포를 가지고 공원으로 향할 예정입니다. 각각의 그룹은 담요, 돗자리, 래커칠을 한 도시락, 맥주 캔 등으로 공간을 확보합니다. 그리고 등을 대고 누워 흰 벚꽃 사이로 별을 바라봅니다. 나는 이렇게 수천 명의 사람들이 춘분에 자연에 귀를 기울이며 밤에 돌아다니는 것을 좋아했습니다. 아직 도쿄로 역풍이 불지는 않았습니다. 나는 정말 이 봄 축제를 몹시 즐기고 싶습니다. 벚꽃 아래에 촛불과 섬광이 어우러지는 밤이 다시 가능해졌으면 좋겠습니다. 나는 진심을 담아 당신이 이것을 누리길 기원합니다. 당신을 마지막으로 보았던 날 밤, 당신이 했던 것처럼 나도 당신을 포옹할 수 있기를 기원합니다. 당신 앞에서 지하철 문이 닫히고, 창을 통해 당신이 저에게 입맞춤을 해 주었었지요.

당신으로부터 곧 답장을 받기 바랍니다.

프라스너-레-묄리에르에서
다니엘

추신 : 지금 막 별일 없다는 당신의 메시지를 열었습니다. 정말 기분이 좋습니다. 서구 미디어가 일본 미디어보다 더 끔찍하다구요. 네, 나는 당신이 당신의 불행에 상관하지 말라고 말할 줄 알았습니다. 그것이 마치 일어나지도 않았던 것처럼 말입니다. 당신 말이 맞다면 [얼마나 좋을까요].

# 2부
# 비판하는 후쿠시마

인지자본주의와 재난자본주의 사이에서　조정환
3·11 이후의 지구적 아나키즘　코소 이와사부로 | 윤여일
녹색 속에 감추어져 있는 송곳니들　코소 이와사부로 | 조정환
리가 그들의 개미집을 재건해야만 하는가?　실비아 페데리치 · 조지 카펜치스 | 조정환 · 문지영
무기력함 속에서 감지하는 우리 자신의 힘　존 홀러웨이 | 조정환

# 인지자본주의와 재난자본주의 사이에서

'후쿠시마'라는 이름

조정환

## 카타스트로피와 죽음의 정치

3·11로부터 9개월이 지났을 때에야 나는 일본을 방문할 수 있었다. 일본대학에서 열린 〈접속의 정치학··2〉 워크샵에서 '2011년 혁명'을 주제로 발표를 하도록 되어 있었기 때문이다. 워크샵 전날 저녁 식사 자리에서 고영란 선생은 "도쿄가 어둡죠?"라고 말문을 열었다. 밖을 내다보니 식당에서 내려다 보이는 신주쿠 시내가 정말로 어두워 보였다. 나는 "그렇군요."라고 대답했다. 처음에는 그때가 밤이라 그렇게 말하는 것으로 생각했는데, 3·11 이후로 전기 공급이 부족하여 밤이 되어도 시내에 불을 켜지 않는 곳이 너무 많다고 덧붙이는 것을 듣고서야 그 '어둠'이 물리적 어둠이 아니라 정치적 어둠을 의미한다는 것을 깨달았다. 다음날인 12월 8일 워크샵에서 금융위기, 월스트리트 점거, 페미니즘 등 다양한 주제가 거론되었는데도 강당을 메운 일본인 참석자들의 관심과 질문은 역시 후쿠시마 사태, 원자력 에너지, 대안과 실천과제 등에 집중되었다. 후쿠시마가 마치 '검은' 구멍(블랙홀)처럼 모든 문제를 흡수하고 있는 것 같았다.

그로부터 약 3개월 뒤인 2012년 2월 26일, 〈다중지성의 정원〉에서는 『유체도시를 구축하라!』(서울리다리티 옮김, 갈무리, 2012)의 저자이며 일본의 탈원전 활동가들과 함께 jfissures.org 사이트를 운영하고 있는 사부 코소Sabu Kohso의 출간기념강연이 열렸다. 사부는 준비한 강의개요에서 이 책이 씌어진 2007년 이후 도시에서 일어난 변형의 경향을 세 가지 개념으로 정의했다. 팽창expansion, 정보화informatization, 그리고 불안정화precarization가 그것이다. 그리고 그는 이 변형경향의 구체적 맥락이 2011년에 일어난 예상치 못한 두 가지 사건들에 의해 주어지고 있다고 했는데 그 하나는 북아프리카에서 시작되어 뉴욕으로 이어진 전지구적 혁명이고 또 하나는 일본 후쿠시마에서 폭발한 3·11 핵재앙이다.

나는 『인지자본주의』(갈무리, 2011) 원고를 아랍혁명이 시작되기 훨씬 전에 시작하여 후쿠시마 사건이 발생한 이후인 4월 6일에 완성했다. 한편에서는 오랫동안 억압되어 온 '암흑'의 세계가 각성하여 일어서고 있었고 다른 한쪽에서는 최첨단 문명의 세계가 '암흑'의 이미지, 파국의 이미지를 만들어 내고 있었던 시기가 이 기간 속에 포함되어 있다. 노동의 인지화에 따른 지배의 인지화를 자본주의의 재구성이라는 관점에서 분석한 이 책에서 나는, 2011년 1월에 폭발한 아랍혁명에 대해서는 한 장(「13장 21세기 혁명과 인지적인 것」)을 할애하여 분석할 수 있었지만, 그해 3월에 발생한 후쿠시마 진재震災에 대해서는 그렇게 할 여유가 없었다. 그래서 나는, 항상 집필과정의 끝에 쓰게 되는 '책머리에'에서 이 사건을 간단히 언급하는 데 그쳤다. 그 부분을 지금 다시 읽어보니 2011년에 폭발한 혁명과 3·11 진재를 인지자본주의가, 생명권력을 통해 불러낸 힘들(다중과 핵력)을, 그 자신이 더 이상 통제할 수 없게 된 '통제불가능의 상황'을 강조하는 데에 초점을 맞추고 있다.

사부 코소도 노동의 정보화, 정동화, 비물질화와 같은 인지화 경향을 (『뉴욕열전』(김향수 옮김, 갈무리, 2010)이나 『유체도시를 구축하라!』와 같은 책에서 강조했을 뿐만 아니라) 그날의 강의에서도 역점을 두어 설명했다. 하지만 그는, 어쩐 일인지 노동의 인지화와 사회의 정보적·정동적 재편이라는 현상을 삶권력biopower과, 즉 '살게 하고 죽게 내버려 두는 권력'(푸코)과 연결시키지 않았다. 그는 오히려, 도시의 인지적 재편에 수반되는 젠트리피케이션이 파괴와 죽음을 가져온다는 점을 강조했고, 그것을 3·11의 재앙과 중첩시켰으며 다시 그것을 9·11과 연결시켰다. 그는 9·11에서 3·11로 이어지는 10년을 '카타스트로피의 행진'이라고 부르며, 자본주의적 발전이 도시적 삶에 가져오는 파괴와 파국을 전례 없이 강조했다. 자본의 정치가 생명의 정치가 아니라 죽음의 정치로 되고 있음을 드러내는 데 이론적 에너지를 집중한 것이다.

나는 강연 후 이어진 뒤풀이 자리에서 일본인 친구들과 대화를 나누다가 사부의 이러한 생각이 이들의 감성적 호응을 얻고 있음을 느낄 수 있었다. 일본에서 탈원전 운동을 하고 있다고 소개한 어떤 친구는 3·11 이후의 상황을 질 들뢰즈의 이미지론을 빌어 '피폭-이미지'라고 표현했다. 그는, 사부가 말한 것과 똑같이, 포스트포드주의 이후 국가관리체제가 '죽음의 정치'로 표현되고 있다고 말했다. 눈에 보이지 않는 방사능에 피폭되고 있다는 느낌은, 무기력을 조장하는 죽음의 이미지로서 어떠한 행동도 (국가를 살리기 위해 모두 힘내 협력하자는 국가주의적 행동도, 핵에너지 체제가 아닌 대안에너지 체제를 만들자는 대안관리적 행동도) 불가능하게 만드는 것이라고 말했다. 나는 아득해지는 느낌을 떨칠 수 없었다. 그래서 나는 그에게, 방사능에 의한 피폭이 제국, 국가, 자본으로부터 강제되는 반복되는 피폭被暴들, 예컨대 전쟁, 감금, 억압, 감시, 통제, 강제, 빈곤, 신용불량 등과 질적으로 어떻게 구분될 수 있는 것인가, 방사능에 의한 피폭은 다른 것과는 질적으로 다른 어떤 절대적 피폭인가라고 묻지 않을 수 없었다.

미루어 보건대, 3·11이 일본인들에게 미친 충격은 내가 『인지자본주의』의 '책머리에'에서 서술한 것보다 훨씬 더 크고 또 더 깊은 것이었음이 분명하다. 이런 의미에서 그것은 확실히 특수하고 어떤 의미에서는 절대적인 것으로 체험되고 있다고 해도 좋을 것이다. 내가 3·11을 '인지자본주의의 통제불가능성'의 징후로서 사례화하는 객관적 태도를 취했다면, 그것을 몸과 마음으로 뼈저리게 겪고 있으며 한 시도 그 충격에서 벗어날 수 없는 현지의 사람들에게 그것은 결코 객관적으로 사례화될 수 없는 것이었다. 그것은 지금 당장의 절대 절명의 문제일 뿐만 아니라 앞으로도 수만 년, 수십 만 년을 두고 지속될, 거의 해결이 불가능해 보이는 난제로 체험되고 있기 때문이다. 이럴 때 그것이, 수많은 사람들의 생명을 소멸시킬 뿐만 아니라 지금까지의 모든 인지양식까지 무효화하면서 우리를 물리적 정신적 파국에 이르게 하는 영점$^{zero\ point}$으로 인식되는 것은 지극히 자연스러운 것으로 여겨진다. 강의와 뒤풀이 자리에서 여러 번 되풀이된 재앙, 파괴, 죽음 등의 용어들이 그것을 시사하는데, 이러한 감각방식으로 인하여 3·11 재앙의 피폭-이미지가 과거와 미래 시간 전체를 투시하는 하나의 관점으로 자리잡은 것이 아닌가 느껴질 정도였다.

『유체도시를 구축하라!』를 한국어로 번역한 역자 중의 한 사람인 하지메도 그날 참석해서 한일간의 소통을 도와주었다. 책을 번역할 때, 그는 젠트리피케이션이 수반하는 '카타스트로피'$^{catastrophe}$를 '파괴' 혹은 '파국'으로 옮기지 않고 '돌연변이'라고 옮겼다. 그런데 만약 그날 강연에서 사부가 사용한 '카타스트로피'라는 말을 '돌연변이'로 통역했다면 아마도 맥락과 잘 어울리지 않는다는 느낌을 주었을 것이다. 그날 그것은 명시적으로 파괴, 파국을 의미하는 용어로 사용되었기 때문이다. 2007년의 '돌연변이'와 2012년의 '파국' 사이의 이 간극이 무엇을 의미하는 것일까? 3·11 이전의 사부의 생각에서 젠트리피케이션은 '파괴'보다는 '변이'로 읽힐 수 있는 용어였을 것이다. 그런데 3·11 이후의 사부에게서 젠트리피케이션이 수반하는 바의 바로 그 카타스트로피는 글자 그대로 '파국'으로서 이해되며, 변이의 이미지보다는 재앙의 이미지와 더 깊이 연결된다. 그가 9·11에서 3·11에 이르는 시간을 '변이의 행진'보다는 '파괴의 행진'으로 묘사하게 된 것은 이 때문이 아닐까?

그렇다면 우리는 이제 더 이상 현대 자본주의 권력을, '사람들을 살게 하면서 착취하는 권력'으로, 생명관리권력으로서의 '삶권력'으로 부를 수 없게 된 것인가? 그것은 이제 사람들을 죽음으로 몰아넣는 '죽음의 권력'으로 바뀐 것인가?[60] 그것은 더 이상 사람들의 감각, 감정, 상상, 발명, 행동 등을 촉발하는 권력이 아닌 것인가? 만약 9·11에서 3·11로 이어진 시대의 권력이 적나라한 죽음의 권력이라면, 그래서 죽음을 생산함으로써 연명하는 자본주의라면 우리는 '삶-이미지'를 현대의 권력이나 자본에게 더 이상 부여하지 말아야 할 것이다. 즉 자본의 권력을 생명권력으로 묘사하거나 그것의 정치를 생명정치로 부르지 말아야 할 것이다.

## 인지자본주의와 삶정치에서 재난과 죽음의 문제

내가 이 글에서 이야기하고 싶은 것은, 죽음의 권력, 죽음의 정치에 대한 이러한 표상방식이 내가 『인지자본주의』에서 표현한 생명권력, 생명의 정치에 대한 생각과 맺는 관계, 특히 그것과 맺는 갈등적이고 긴장된 관계에 관한 것이다. 나는 인지자본주의를 이미 지나간 과거형으로 서술한 것이 아니라 현재 진행중인 것으로 서술했다. 내가 서술한 바에 따르면, 인지자본주의를 추동하는 주요한 힘은 자본에게 있다기보다 사람들의 삶과 거의 동의어가 되어 가고 있는 노동 자체에 있다. 나는, 사람들의 감각, 욕망, 지성, 소통, 상호연결, 협동 등이 사회적 삶을 추동하고 변형시키며 구성하는 근본적 힘이라고 보았다. 이 구성적 운동들에는 파괴, 거부, 탈주, 패러디, 이동, 역행 등의 행위양식들이 포함되지만 그것은 살, 사람, 사랑 등으로 변주되는 삶의 힘의 다양한 실천적 표현형태 중의 일부로 이

해될 수 있는 것들이다. 자본-권력은 삶의 이 운동을 뒤따르면서 때로 그것을 고무하고 때로는 그것을 제한하며 그것에 개입하여 그것을 관리하는 힘으로 등장한다. 자본-권력은 삶의 이 특이하고 독립적인 운동을 포획하여 그것을 자신의 종속물로 전환시킨다. 더 이상 내재적 에너지를 동력으로 삼지 못하고 자본의 포획망에 걸린 삶, 삶의 폭발력이 감축되어 관성으로 굳어진 삶, 그것은 물질쪽으로 끌려가 그것에 적응된 삶이다. 물질에 적응된 삶은, 생명력의 축소를, 곧 죽음을 의미한다.

이런 의미에서 인지자본주의의 권력은 분명 삶/생명과 관계한다는 점에서 생명권력이다. 하지만 그 권력 속에서 '살게 함'과 '죽게 함'은 분리되지 않고 연결되며 배제하기보다 공존하는 것처럼 보인다. 전자에 주목하면 삶권력으로, 후자를 주목하면 죽음권력으로 나타나는 것이 생명권력인 것처럼 보이게 된다. 위험사회, 재난자본주의, 죽음의 정치 등은 후자에 강조점을 두면서 현대자본주의 권력을 표상하는 방식일 것이다. 실제로 위험은 도처에 편재한다. 도로들, 가스관들, 기업들, 인간관계들, 정보망들, 금융권, 정치권 등 우리가 속해 있는 모든 공간, 우리가 살아가는 모든 시간이 위험으로 가득 차 있다. 그 위험은 재난으로 폭발한다. 교통사고, 가스폭발, 착취, 살인, 프라이버

시침해, 사기, 폭행, 전쟁 등이 그것들이다. 자연재해조차도 순수한 자연재해로 머무는 법이 없다. 홍수가 도시를 집어삼키고 난 후, 우리는 그곳에서 치수관리를 둘러싼 뇌물수수, 불량자재나 중고자재 사용, 임무방기와 책임전가 등을 거의 반드시 발견한다. 인간들 사이의 적대가 재난을 가져오고 재난은 죽음을 불러오는 것이다. 죽음은 삶의 곁에서, 아니 그 한 가운데에서 삶을 포획하며 삶과 함께 나아가고 있다. 내가 『인지자본주의』에서 분석한 공포, 두려움, 조증과 울증, 불안 등은 우리의 생명력이 침식되어 생명이 물질화되어 가고 있는 경향들을 표현한 것이다.

3·11은 이미 수많은 사람들과 동식물들을, 즉 생명체들을 죽음에 이르게 했을 뿐만 아니라 향후 천문학적인 시간 동안 누출될 방사능으로 생명체들의 대규모 죽음을 예비하고 있다. 이 점에서 3·11은 분명히 현대 자본주의가 품고 있던 위험, 재난, 죽음의 경향의 분명한 현현이며 구체화이다. 우리가 히로시마와 나가사키에서 보았던 피폭-이미지는 생명의 정지, 운동의 정지뿐만 아니라 시간도 정지되는 한 순간의 이미지를 또렷이 드러내준다. 그런데 후쿠시마에서의 피폭은, 히로시마/나가사키에서의 피폭과는 달리 일순간의 폭발적 정지와 죽음이 아니라 서서히 진행되는 영구적인 죽음의 이미지를 떠오르게 한다. 접근금

지구역 선포, 방향을 잃은 이주행렬, 곳곳에 나뒹구는 시체들, 황폐해진 마을과 황량한 벌판, 쓰러져 신음하는 동물들, 초점을 잃은 허망한 눈빛 ……, '무기력'이란 바로 이런 것을 표현하기 위한 말일 것이다.[61] 그것은 행동할 능력의 축소와 상실을 표현한다. 스피노자는 행동할 능력의 증가를 기쁨의 정동이라고 부르면서, 그와 반대의 것, 즉 행동할 능력의 감소를 슬픔의 정동이라고 불렀다. 무기력은 행동할 능력의 축소로서 슬픔이 고조된 상태를 지칭한다. 무기력함, 그것은 우리가 생명력을 상실해 가고 있다는 증거이며 물질화되어 가고 있다는 증거이다. 무기력함은 죽음의 정치가 효과를 드러내는 방식이다.

일본에서 온 친구들은 후쿠시마 제1원전에서의 방사능 누출을 막을 방법은 없다고 말했다. 그것은 수 만 년을 두고 지속될 것이며 이 긴 시간동안 죽음은 지속된다는 것이다. 도쿄에서 열리는 반/탈원전 시위에 참가하면서도 이들은 이미 사고는 발생했고 그것을 "아무도 멈추게 할 수 없는데 원전반대가 어떤 의미를 갖는지 혼란스러웠다"고 술회했다. 이것은, 방사능의 죽음-이미지가 후쿠시마를 덮쳤을 뿐만 아니라 살아남은 우리들의 마음까지도 덮쳐 행동할 능력을 축소시키고 있음을 보여준다. 3·11은 물질적 재앙만이 아니라 정신적이고 심리적인 재앙까지 불러오고 있다. 행동할 능력을 축소시키고 무기력과 동요를 강화한다.

이 재앙의 상황에서, 권력은 사람들을 특정한 충동 속으로 끌고 들어가기 위해 재빨리 손을 쓰고 있다. 국가주의의 강화가 그것이다. 자위대를 복구현장에 파견하여 군대에 대한 존경과 신뢰를 높이는 것. 부흥은 군대로부터 시작되고 국가가 그것을 주도한다는 이미지를 확산시키는 것. 이렇게 함으로써 일본 정부는 이 재앙을 국가주의적 발전의 기회로 역전시키기 위해 분투한다. 아마도 그것은, 〈평화헌법〉 9조의 폐기와 독자적 군대보유, 그리고 무장력의 해외파병으로 이어지는 길을 열기 위한, 오래 지속되어온 노력의 연속일 것이다. 이와 달리 좌파는 이 재앙을, 핵발전을 억제하면서 태양광, 풍력 등의 대안에너지 개발을 통한 자본주의적 발전의 가능성을 선전하며, 원자력 중심의 발전정책 대신에 재생가능 에너지를 중심으로 하는 새로운 녹색 발전정책을 제시하는 기회로 삼는다. 이 두 가지 정치행동들에서 우리는, 재앙을 다른 충동적 행동을 자극하기 위한 조건으로 삼는 감각운동적 메커니즘을 발견한다. 이것이야말로 나오미 클라인이, '위기와 재난을 멋진 기회로 여기는 자본주의', 즉 '재난자본주의'라고 불렀던 바로 그것이 아닌가?[62]

자본주의가 위기와 재앙과 죽음을 축적의 기회로 삼는

다는 재난자본주의론의 사례는, 자본주의가 다중의 생명활동과 인지활동을 축적기회로 삼는다는 인지자본주의론의 주장을 부인할 수 있을 정도로, 그래서 인지자본주의가 아니라 재난자본주의가 현대 자본주의의 실제적 경향이라고 말하는 것이 합당하게 느껴질 정도로 거대하게 쌓여가고 있는 것처럼 보인다. 일본정부가 후쿠시마 재앙을 국가주의 부활의 기회로 사용하고 있을 뿐만 아니라, 한국 정부는 후쿠시마 재앙을 원전 수출 확대의 기회로 활용한다.[63] 2008년의 금융위기는 은행의 손실을 수많은 다중의 어깨위로 떠넘기고 거대한 부를 다시 거대은행의 수중으로 집중시키는 기회로 이용되었다. 2005년 뉴올리언스를 강타한 카트리나 재해는 공립학교를 민영화하는 기회로 이용되었다. 2004년의 스리랑카 쓰나미는 호텔업자들이 어민들로부터 아름다운 해변을 빼앗는 기회로 활용되었다. 2001년의 9·11은, 문명충돌의 이미지를 사용하면서 테러에 대한 전쟁을 개시한 부시정부에 의해 대안세계화 운동을 잠재우고 민주주의 운동을 억압할 절호의 기회로 이용되었다. 아프가니스탄과 이라크에서의 충격과 공포의 전쟁은, 석유매장지와 가스수송로, 그리고 주권에 대한 통제권을 미국의 수중으로 옮기는 기회로 이용되었다. 1997년의 동아시아경제위기는 신자유주의를 동아시아 사회의 밑바닥에까지 깊숙이 이식하는 기회로 이용되었다.

이처럼 기존 사회에 닥친 파괴와 폭력을 자본주의에 활기를 불어넣는 기회로 이용하는 방식을 나오미 클라인은 '쇼크 독트린'으로 부른다. 그녀는, 이것을 고문 기술의 정치경제적 채용이라고 말해 두는 것을 잊지 않는다. 고문은, 죄수에게 폭력적 조치를 취함으로써, 그가 익숙했던 주변세계가 폭발하거나 그 속에서 자신의 이미지가 무너지는 느낌을 창출하는 것이며 이렇게 함으로써 그의 저항 행동을 정지시키고 심리적 마비를 가져오는 기술이다. 그것의 목적은 전적으로 죄수를 심문관에게 순응하도록 만드는 데 있다. 더 이상 저항할 수 없고 행동할 수 없다는 느낌으로서의 무기력이 바로 고문 기술이 죄수의 내면에 조성하고자 하는 바로 그 심리상태인 것이다.

그런데 여기서 인지자본주의론과 대립하고 또 그것을 부정하는 것처럼 보였던 재난자본주의론은, 인지자본주의론과 연결되며 오히려 인지자본주의론을 강화하는 것으로 나타난다. 고문을 통한 공포와 무기력의 조장이 착취와 지배의 방법이 된다는 것이 그것이다. 재난 자본주의는 재난 그 자체를 이용하는 것이 아니라 재난/재앙이 산 사람들의 마음속에 불러일으키는 정동을 이용한다. 나는 『인지자본주의』 5장에서 노동의 인지화에 따른 지배의 인지화를 분석한 바 있다. 공포, 조울증, 불안, 불편 등을 통한 정동적 지배는 그것의 방법이다. 무기력은 공황감의 일종으로서, '작은 악을 통해 큰 악을 피하려고 하는 욕망조차 방해당하는 일반화되고 대규모화된 두려움'이 표현되는 방식이다. 인지자본주의는 사람들의 인지활동을 통제하고 관리함으로써, 기존의 것과는 다른 인지양식을 조성함으로써 사람들을 지배한다. 재앙과 죽음은 인지활동이 아니다. 하지만 그것에 대한 반응으로서의 공포나 무기력은 인지활동이며 인지의 특정한 양식이다. 자본주의는, 재앙과 죽음이 불러일으키는 부정적인 인지적 반응들(무기력, 공포, 공황, 두려움 등)에 충동-이미지들(애국심, 인종주의, 순종적 태도 등)을 부여하고 그것을 특정한 방향의 행동으로 이끈다. 그렇기 때문에 재난자본주의가 이용하는 것은, 사람들의 인지적 생명활동이지 파괴나 죽음, 재난 그 자체가 아니다. 이런 의미에서 재난자본주의는 인지자본주의의 한 양상이다.

그러므로 나는 3·11이 갖고 있는 분명한 재난자본주의적 요소도 인지자본주의의 관점에서 파악되어야 한다고 생각하지 않을 수 없다. 핵/원자력, 핵물질에서 누출되는 방사능, 방사선, 방사성 등이 지진, 쓰나미, 태풍, 홍수 등과 같은 자연재해들과 다르고 또 가스폭발, 전쟁 등과 같은 인재와도 다른 측면이 있다는 것은 분명하다. 재난의 완화나 극복에 수만 년, 수십만 년이라는 천문학적 시간이 걸린다는 점, 방사능의 위험을 지적으로는 알고 있지만 그것이 눈에 보이지 않기 때문에 구체적으로 식별되는 위험의 대상으로 되지는 않는다는 점, 방사능이 어느 곳으로나 이동할 수 있고 어디에나 무차별적으로 침투하여 오염시킬 수 있다는 점 등이 그러하다. 방사능은 분명한 원인을 갖는다는 점에서는 공포의 감정을 조장한다고 할 수 있지만 구체적이고 실제적인 대상을 발견하기 어려운, 편재하는 일반적 위험이라는 점에서, 그것이 조장하는 감정은 공포보다는 두려움에 더 가깝다. 어느 재일 한국인 교수는 도쿄에서 자신이 하루하루 마루타의 삶을 사는 것 같다고 토로했는데, 그것은 아마도 물리적 차원만이 아니라 심리적 차원까지 포함한 의미에서일 것이다. 3·11 이후 일본에서 산다는 것은 매일매일 끊임없는 인지적 조정과 단련을, 인지적이고 윤리적인 일상실천으로서의 삶을 요구한다고 할 수 있다.

핵, 원자력, 방사능의 이 특수성 때문에 사람들은, 3·11에 대해 사유하기를 어려워하고 지금까지의 모든 인지적 프레임이 무효화된다는 느낌을 받는다. 우리는 3·11을 다룬 글들에서 종종 지금까지의 행동양식과 사유양식들의 완전한 백지화가 도래했다는 생각을 발견하곤 하며, 3·11의 카타스트로피를 현대 문명의 아포칼립스로 느끼는 경향을 발견하곤 한다. 이 속에서 우리는 행동의 중지만이 아니라 사유의 중지까지 강제하는, 깊은 무기력의 정동을 읽는다. 그렇다면 3·11은 정말로 지금까지의 모든 패러다임의 종말을 의미하며 또 그래야 하는가?

## 원자력 재난과 인지자본주의

얼핏 보면 3·11이 재난자본주의와 죽음의 정치의 한 극점을 보여주는 것처럼 보이는 것은 사실이다. 어디로나 확산되는 방사능이 모든 것을 백지로 만들어 자본주의의 낡은 패러다임을 지우고 그 위에 뭔가 다른 패러다임을 써넣을 수 있는 호기를 제공하는 것처럼 보이기 때문이다. 대중의 무기력을 틈타 정부와 자본은 실제로 그런 목적을 달성하기 위해 움직이고 있다. 이 재난자본주의적 대응을 우리는, 인지자본주의적 삶권력의 통치방식으로도 이해할 수 있다. 앞서 언급한 〈접속의 정치학·2〉 워크숍에서 나는 인지자본주의적 갈등의 정동적 성격이 핵위기에서도 주어진다는 점을 강조한 바 있다.[64] 핵방사능은 계급을 가리지 않고 누구에게나 침투하지만 핵에 대한 지각과 체험의 양식은 철저히 계급적이다. 극소수의 부자들은 핵에서 권력과 생산력을 지각하고 안전, 안심, 평화를 경험한다. 반면, 대다수의 가난한 사람들은 핵에서 폭력을 지각하고 공포와 불안을 경험한다. 또 핵은 예속을 생산하는 인지정치적 무기로 사용된다. 달러패권과 채무경제가 화폐권력의 집중을 통해 채무자를 생산하는 공정이라면, 핵은 폭력의 집중을 통해 예속자를 생산하는 공정이 된다. 채권-채무 관계를 통해 채무노예로 된 대중을 주권에 감시당하는 예속자로 만드는 것은 핵/원자력 체제이다. 이러 전제 위에서 나는 그 체제의 메커니즘을 다섯 가지 명제로 요약했다.

우선 기술적으로, 원자력은 중성자를 이용해 핵력으로 결합되어 있는 양성자들을 분열시킬 때 나오는 거대한 핵분열 에너지를 이용해 발전을 한다. 원자력은 나무나 석탄, 석유와 같은 자연에너지원과는 다르다. 그것은 자연자원인 우라늄/플루토늄을 과학기술로 가공해서 생산해 내는 유도에너지이다. 이 가공을 위한 장치로 원자로가 사용된다. 경수로에서는 우라늄 235(천연 우라늄의 0.7%)를 핵분열 물질로 사용해 왔지만 실험중인 고속증식로에서는 천연우라늄의 99.3%를 차지하는 우라늄 238까지 이용가능하다. 고속증식로가 우라늄 238을 플로토늄 239로 만들어주고 이것이 핵분열물질로 사용되기 때문이다. 원자로는 자연물질이 갖는 잠재력(핵력)을 에너지로 현실화시키는 장치로서, 자원 그 자체보다도 과학기술을 에너지 생산원으로 전환시킨 것이다. 이런 의미에서 원자력은 인지자본주의를 준비하고 뒷받침했으며 인지자본주의에 적합한 에너지로 발전되어 왔다.

둘째 경제적으로, 원자력은 무한성장의 환상을 제공한다. 석유, 석탄 등이 유한한, 그것도 수십 년 내에 고갈될 가능성을 갖고 있는 자원임에 반해 고속증식로에서 우라늄 238을 활용할 때 에너지 확보는 이론적으로 만년 이상 가능한 것으로 계산되기 때문이다. 인지자본주의는 원자력을 통해서 자신의 에너지를 거의 무한대로 확보할 수 있다는 환상을 갖게 된다. 이 환상이 주는 매력 때문에, 물을 냉각제로 쓰는 경수로와 달리 나트륨을 냉각제로 쓰는 고속증식로가 나트륨의 활성으로 인해 경수로보다도 훨씬 더 큰 위험을 갖고 있다는 사실은 감춰진다.

셋째 환경적으로, 원자력은, 온난화를 가져오는 온실가스를 배출하지 않는다. 하지만 원자력은, 인체와 생물체에 치명적인 방사능을 길게는 수십억 년에 걸쳐 배출한다. 원전 지지자들은, 이것을 기술적으로 관리할 수 있다고 주장하곤 하지만 스리마일, 체르노빌, 후쿠시마를 비롯한 대형사고는 말할 것도 없고 소형사고들, 그리고 알려지지 않은 수많은 은폐사고들까지 포함하면 원자력에 의한 방사능 누출 관리는 사실상 불가능한 것으로 입증되었다. 만약 가능한 관리가 있다면, 흑사병이나 전쟁이나 마녀사냥 등이 인구관리의 정상형태로 간주되었듯이, 누대累代에 걸친 대량살상까지도 정상적 관리의 일부로 간주하는 관리일 것이다. 게다가 핵폐기물에 대한 안전한 관리 대책은 아직까지 실제적으로는 물론이고 이론적으로조차 제시된 바가 없다. 반감, 반감의 반감, 반감의 반감의 반감…… 에 걸리는 수만, 수억, 수십억 년의 시간을 누가 어떻게 안전하게 관리할 수 있을 것인가? 인지자본주의가 예찬하는 에너지원은 이렇듯 불안정한 상태에 놓여 있다.

넷째 사회적으로, 원자력은 찬성과 반대의 첨예한 분열을 가져왔다. 정치적 수준에서의 찬반은 차치하고라도, 핵발전소와 핵폐기물처리장 건설 문제는 주민분열을 초래하여 사회적 갈등의 진원지가 된다. 이 분열은, 보상금, 지원금 등의 금품이나 일자리 제공 약속, 영업권 보장 등 선별적 유인책에 의해 초래된다. 인지자본주의의 에너지는 이렇게 사람들을 증오의 감정에 빠뜨리고 서로 분열시키면서 발전해 간다.

다섯째 군사적으로, 원자력은 핵무기 생산의 배후기지이다. 히로시마 이후 주권은 핵무기를 통해 보호되고 있다. 핵 보유 국가는 말할 것도 없고 비보유 국가도 핵우산을 통해 국가주권을 유지하기 때문이다. 물론 핵우산 체제는 국가주권을 상대화시키고 제국적 주권을 가져온다. 핵이 주권의 군사적 토대인 한에서 원자력은 그것의 사회적 기초이다. 오늘날 인지자본주의에서 국가와 주권은 원자력/핵 없이 유지될 수 없다. 이것이 핵무기 개발을 자극하는 국제정치적 조건이다. 원자력 발전은, 그것에 대한 찬성 논리가 허구적이고 작위적인 만큼, 많은 비판자들을 감시와 통제의 대상으로 만들지 않을 수 없고, 그것이 갖는 위험성이 큰 만큼, 노동자들 모두를 촘촘한 감시의 대상으로 만들지 않을 수 없다. 정보지배로 인해 파놉티콘Panopticon의 길로 들어선 인지자본주의는 원자력을 지키기 위해 빅 브라더Big Brother적 감시에 의존하게 된다.

핵에너지가 자연에서 주어지는 에너지가 아니라 인지적으로 유도된 에너지라는 점, 원자력 에너지가 사람들에게 무한성장의 욕망을 조성하고 그것을 보장하겠다는 약속에 의해 사회적으로 지탱된다는 점, 깨끗하다(청정에너지)는 이미지로 그것이 갖고 있는 위험성을 은폐해 왔다는 점, 원자력의 발전이 다중을 분열시키면서 그 증오의 감정을 지배의 동력으로 삼는다는 점, 그리고 이 환상적 에너지의 안전을 위해 파놉티콘적이고 빅브라더적인 정보지배를 정당화한다는 점 등에서 핵체제는 인지자본주의가 도달한 최근의 단계라고 할 수 있다. 인지자본주의는 지식, 욕망, 환상, 감정, 정보 등으로 조직된 권력복합체로서, 안전에 대한 갈망만이 아니라 죽음에 대한 공포조차도, 발전이 가져다주는 풍요만이 아니라 그것으로 인한 재난조차도 이미 발전의 동력으로 이용해 오고 있었다. 여기에 우리는, 3·11 이후에 방사능이 신체에 미치는 영향에 대한 과학 논쟁, 후쿠시마에서 누출된 방사능의 양에 대한 정보전쟁, 그리고 후쿠시마 외부로 확산된 방사선량에 대한 정보전쟁, 방사능에 피폭된 사람들의 수를 둘러싼 통계전쟁 등이 국가와 시민 사이에서 벌어지고 있다는 것을, 그리고 사고와 방사능에 대해 어떤 태도를 취할 것인가를 놓고 격렬한 대응과 대안의 전쟁이 벌어지고 있다는 것을 추가해야 할 것이다.

그러므로 핵무기 개발프로그램인 맨해튼 프로젝트는 히로시마와 나가사키를 파괴시킨 후 1946년에 종결되었다고 볼 수 없다. 핵실험은 미·소를 중심으로 세계 주요 강대국에서 계속되었다. 1954년 미국의 핵실험에서 나온 방사능에 피폭되어 일본어선 오룡호의 선원이 죽게 된 사건을, 그리고 이를 계기로 핵무기와 핵실험에 대한 비판 여론이 들끓기 시작한 상황을 미국은, '원자력의 평화적 이용'이라는 새로운 맨해튼 프로젝트를 시작하는 기회로 활용했다. 이후 세계 여러 나라에 '산업'을 위한다는 명분으로 건설된 원자력 발전소들은 이 프로젝트의 구체화이다. 스리마일, 체르노빌, 후쿠시마에 이르는 일련의 확산된 재앙은 이 인지자본주의적 프로젝트에 이미 내재되어 있던 위험이 현실화된 것들에 다름 아니다. 이런 의미에서, 후쿠시마는 제2의 체르노빌이라기보다 제3의 히로시마/나가사키라고 말하는 것이 사태를 더 정확하게 표현하는 것인지도 모른다. 핵은, 군사적인가 산업적인가를 불문하고, 절대적 폭력의 집중된 축적을 통해 사람들의 생명적 특이성을 무력화시키고 자본주의적 발전체제에 순응하게 만드는 에너지체제이다. 그리고 오늘날의 인지자본주의는 이 폭력의 체제를, 사람들의 삶의 가능성이 전개되는 장으로 만들면서 동시에 그것을 제한하는 틀로 부과하고 있다.

그러므로 우리는 다시 한 번, 재난자본주의는 인지자본주의와 대립하는 것이 아니며 죽음의 정치가 삶의 정치에 대립하는 것도 아니라고 말해야 한다. 우리가 발견하는 것은, 재난자본주의는 인지자본주의의 최상층에서 지배적 층위로서 작동한다는 것이다. 그것은 우리를 무기력함과 행위불가능성의 상태로 몰아넣는 공포의 정동을 통해 지배한다. 삶권력은 무기력과 공포로 인한 정동적 백지상태 위에 국가주의적 충동이나 더 고도의 강력한 발전주의적 충동을 새겨 넣음으로써 사람들이 자본을 위한 삶을 살도록 자극하며 이들의 삶에 자본주의적 형태를 부과한다. 그러나 이 형태는 인지자본주의의 하층에서 전개되는 사람들의 삶, 창조하고 발명하고 욕망하고 소통하고 협력하는 삶에 의존한다. 죽음의 층위가 지배적이지만 지배적인 것이 근본적인 것은 아니다. 근본적인 것은 오히려 이 생명의 층위이다. 인지자본주의는 사람들의 삶이라는 실재에 의존하면서 그것에 자본주의적 형태를 부여하는 체제일 뿐이다. 이 체제에게 재난, 떼죽음, 무한정 지속될 공포는 결코 돌발적이고 우연적인 것이 아니다. 그것들은 그 체제에 내재적인 것이다. 생명의 이미지들이 이 체제의 근저에서 체제를 가동시키는 동력이라면 이 죽음의 이미지들은 그 체제의 한계를 규정하는 조건이다. 우리가 무기력을 체제로부터 벗어나는 정동이라고 말하지 않고 그 체제를 구성하는 정동이라고 말하는 것은 이 때문이다.

## 죽음-이미지를 넘어 삶-이미지로

〈히로시마 내 사랑〉(알랭 레네)은 두 개의 절대적으로 분리된 기억들의 얽힘에서 시작된다. 평화를 위한 영화를 촬영하기 위해 일본에 온 배우인 '그녀'는 일본인 건축가

'그'를 만난다. '하룻밤 사랑'을 나누고 있는 두 사람 사이를 통약불가능한 기억들이 가로막고 있다. 그 신체들 위로 회색 낙진이 한 없이 떨어져 내린다. 프랑스인인 '그녀'는 느베르에서 적국인 독일의 병사를 사랑했지만 그것을 수치스럽게 생각한 아버지는 그녀의 머리카락을 자르고 지하실에 오래 감금했다. 그리고 그녀의 독일인 연인은 사살당한다. 그 누구에게도 말하지 못하고 억압당했던 그녀의 저 '피폭'의 기억이 원자폭탄에 피폭된 히로시마의 참상과 연결되고 이를 통해 그녀는 비로소 그 기억을 떠올려 말할 수 있게 된다. "나는 히로시마에서 모든 것을 보았어요"라고 반복해서 말할 때 그것은 치유의 언어였다. 하지만, 그 말을 들은 '그'는 거듭해서, "당신은 히로시마에서 아무 것도 보지 못했소, 아무 것도"라고 대답할 뿐이다. 오히려 그는 그녀에게, 히로시마에 원자폭탄이 떨어지던 날, "당신들 모두가 쾌재를 불렀다지?"라고 비꼴 뿐이다.[65]

2011년의 3·11은 분명 1945년 8·6의 시간과는 같지 않다. 알랭 레네는 히로시마에 떨어진 원폭으로 9초에 20만 명이 사망했다고 말한다. 영국 일간지 인디펜던트는, 체르노빌에서 누출된 방사능으로 25년 동안에 20만 명이 사망했는데, 후쿠시마 원전에서 누출된 방사선물질의 양은 히로시마 원폭의 168배에 달하는 것으로, 체르노빌 사고로 사망한 사람의 다섯 배, 그러니까 1백만에 달하는 사람들이 사망할 것이라고 예상했다. 후쿠시마는 히로시마나 나가사키와는 달리 인구가 밀집된 도쿄로부터 불과 2백 키로 떨어져 있을 뿐으로, 이케가미에 따르면, 도쿄는 이미 저선량low-level의 피폭위험지역권에 들어가 있다.66 게다가 오염된 식료품의 유통과 섭취로 인한 내부피폭의 가능성도 점점 높아지고 있다.

피폭예상자 수의 차이만이 중요한 것이 아니다. 히로시마의 원폭은 무차별적인 인구를 사망하게 했지만 후쿠시마 사고는 복구작업에 투하된 가난한 비정규직 일용노동자들을 체계적으로 죽음으로 몰아넣는 위로부터의 계급전쟁의 형태를 띠고 있다. 일당은 11~18만원이라지만 그 중 80%를 야쿠자가 뜯어간다고도 한다. 복구작업으로 인한 사망자도 이미 수 천 명을 넘어섰다. 그리고 또 다른 차이는, 히로시마보다도 후쿠시마가 더 통제불가능한 것으로서, 언제든지 재연될 수 있는 소지를 갖고 있는 사고라는 점이다. 일본의 다른 원전도 마찬가지지만 한국과 중국에 이미 가동 중이거나 건설 중인 원자로는 후쿠시마보다 더 큰 위험을 예비하고 있다. 한국의 경우 3·11 이후에 동해안에 원자력 벨트를 조성하고 있을 뿐만 아니라 해외 원자력 수출에 오히려 박차를 가하고 있는 실정이다. 빠르게 산업화하는 중국의 에너지 요구는 원전에 대한 광적 의존성을 불러일으키고 있다. 〈히로시마 내 사랑〉에서 '그'는 '그녀'가 느베르에서 겪은 악몽의 기억을 듣고서야 히로시마와 느베르 사이에 어떤 공통적인 것이 있다는 것을 발견한다. 그리고 그 발견은 '하룻밤 사랑'의 쾌락의 감정을 넘어 '주의깊은 사랑'의 감정으로 발전해 나간다. 그가 어느 순간 그녀에게 문득, "당신을 사랑하는 것 같아!"라고 말하게 되는 것은 이 때문이다. 들뢰즈는 이것이, "기억이 세계가 되고 그들의 인격으로부터 분리되기라도 하는 듯, 각자 자신의 기억을 망각하고 둘 사이에 공통된 과거를 만들어내는 방식"[67]이라고 한다. 그런데 이것은 공통된 과거를 만들어내는 방식에 그치지 않고 공통된 미래를 생산하는 방식일 수도 있지 않을까? 한편에서는 무기력, 다른 한편에서는 쾌재, 이것이야말로 인지자본주의가 생산하려는 적나라하게 분열된 감정형태이다. 쾌재의 감정상태에서 충동적 행동들은 가장 쉽게 생산된다. '배타적 우리'에 의해 추동되는 국가주의 행동, 경쟁하고 또 승리하려는 선민주의 행동, 나는 다 알고 있고 나만이 행할 수 있다는 식의 영웅주의적 위선 등등. 이 충동적 행동들은 우리에게 제2, 제3의 후쿠시마를 가져다 줄 가능성을 높인다. 무기력의 감정도 이와 다르지 않다. 행위할 능력의 박탈 속에서 무기력은 우리를 몽롱한 몽상의 상태로 이끈다. '방사능은 지극히 특유하므로 나는 무기력하다'며 상황을 정당화하고 싶은 생각이 그 몽상의 상태를 덮친다면, 이것은 방사능을 직시하기보다 그것을 신비화함으로써 문제를 회피하는 방식이 될 것이다. 이 회피는 실천적으로는, 대중의 무기력 상태를 이용하여 권력이 뭔가를 꾸밀 시간을 제공하게 된다.

우리가 '무기력-쾌재'의 감정쌍으로 분열되어 있는 것은, 엄밀히 말하면, 방사능에 피폭된 것의 결과라기보다 자본권력에 피폭된 것의 결과이다. 무기력은 충동행동이라는 감각운동적 메커니즘을 벗어날 가능성을 주는 하나의 심리상태이지만, 그것이 몽상과 신비화에 빠진다면 그 가능성은 닫히게 된다. 이럴 때일수록 각자의 특이한 기억들을 불러오면서 그것들이 연결될 수 있는 공통의 장을 창출해 나갈 필요가 있다. 〈히로시마 내 사랑〉에서는 느베르의 아버지의 폭력과 히로시마의 원자폭탄의 폭력이 '그'와 '그녀' 사이에 공통의 기억세계를 만들어 낸다. 원자력의 방사능만이 우리를 피폭시키는 것이 아니다. 인지자본주의적 사회관계망 속에서 제국, 국가, 자본, 남성, 백인, 학교, 교회, 과학, 기술 등 유독물질을 뿜어내는 것은 다양하다. 이런 의미에서 우리는 '일반화된 피폭의 세계'에 살고 있다. 그리고 피폭된 존재들의 이름도 여럿이다. 프롤

레타리아트, 호모 사케르, 프레카리아트, 잉여인간, 쓰레기…… 등. 〈히로시마 내 사랑〉에서 '그'가 이름 없는 '그녀'에게 '느베르'라는 이름을 붙여줄 때, '그녀'는 이름 없는 '그'에게 '히로시마'라는 이름을 붙여준다. 그것은 핵무기와 전쟁에 반대하는 이름이다. 3·11은 핵전쟁의 결과가 아니라 핵의 평화적 이용이 가져온 결과이다. 우리는, 3·11을 겪고 있는 북동부 일본의 주민들, 원전 복구에 투입된 노동자들과 일용노동자들, 주저하며 오염된 음식을 먹지 않을 수 없는 사람들, 저선량의 방사능 밑에서 악몽을 꾸는 후쿠시마 인근 지역의 사람들, 후쿠시마 원전에서 누출된 방사능이 혹은 지금 가동중이거나 건설중인 원자로에서 누출될 수 있는 방사능이 돌고 돌아 언제 자신을 덮칠지 모른다는 피폭의 두려움에 떨고 있는 전 세계의 사람들, 핵국가의 권력에 의해 일상에서 갖가지 방식으로 '피폭'당하고 있는 이름 없는 다중들을, 이제 '후쿠시마'라는 이름으로 부르기 시작한다. 이를 통해 우리는 '후쿠시마'를 어떤 특수한 지역으로 한정하거나 어떤 특수한 체험으로 제한하는 심리를 넘어설 수 있다. 이 공통된 피폭의 이름이 공통된 과거의 이름들이면서도 동시에 공통된 미래를 만드는 창조의 이름이도록 만들 수 없을까?[68] 이 지배적인 죽음–이미지 밑에서 그것을 뚫고 나오는 삶–이미지를 발견할 수는 없을까? 방사능을 신비화하여 회피하지 않고 그것을 직시하는 것, 방사능이 강요하는 무한한 오염의 시간과 그것의 공포를 영원한 창조의 시간과 연대적 사랑으로 역전시키면서 권력이 조절하는 인지회로를 벗어나는 것, 현재적 행동들 위에 그 영원의 시간을 주의 깊게 기입하는 것, 모든 존재가 에너지로($E=mc^2$) 실제로 작용할 수 있는 기술적 관계와 사회적 조건을 창출함으로써, 원자력처럼 권력의 지배의지에 따라 특권화된 에너지에 대한 종속을 벗어나는 것, 그리하여 피폭-이미지를 삶-이미지로 역전시키는 것은 과연 불가능할까?

# 3·11 이후의
지구적 아나키즘[69]

코소 이와사부로 | 윤여일

만약 '발명'되는 것이 실제로는 '우연'을 기호(記號)로서 그리고 호기(好機)로서 여기는 하나의 견해에 불과하다면, 지금이야말로 우리의 전시장을 즉흥으로, 즉 과학과 기술의 '비직접적 생산'인 재해와 (산업적 혹은 그 밖의) 돌연변이로 열어 갈 때이리라. 만약 아리스토텔레스가 말했듯 "우연성이 실체를 개시한다"고 한다면, '실체'의 발명은 곧 '우연성'의 발명이기도 하다. 이렇게 본다면 난파는 배의 미래주의적 발명이며, 추락은 초음속 비행기의 발명이며, 체르노빌의 용해는 원자력 발전소의 발명이다.

― 폴 비릴리오[70]

나는 박두한 하나의 죽음에 낙인 찍혔지만, 그리하여 나는 진정한 죽음이 두렵지 않다.
저것들이 전진하는 무서운 모습, 그것이 안기는 절망을 나는 생생하게 느끼고 있다. 그곳 너머에 영원으로의 길이 열리는 인생의 결절점이 있다. 절망은 거기로까지 미끄러져 간다. 그곳은 곧 영원한 이별이다. 내가 자신을 인간으로 느끼는 저 중심점에서 저것들의 무서운 모습은 그 칼날이 미끄러져 들어와 나의 명석한 현실에 대한 꿈과 나를 이어 주는 생명의 선을 끊는다.

― 앙토냉 아르토[71]

## 3·11의 불가역성

3·11 대재해 이후, 특히 후쿠시마 원전 사고가 터진 이후, 나는 외지인 뉴욕에 있으면서 동료들과 함께 오로지 일본에서 나온 텍스트를 영역하고, 이 사건에 반응하는 영어 텍스트를 일역해 jfissures.org에 게재하는 일에 몰두했다. 일본 현지에서 생활과 투쟁을 공유할 수는 없지만, 이번 사건으로 내 머릿속은 완전히 뒤집혔다. 전에 생각하던 것들을 실감 있게 생각해 낼 수 없을 정도다. 오로지 이 결정적인 단절과 직면하는 것, 그 단절을 내부와 외부의 시좌視座가 교차하는 지점에서 이해하는 것. 이것이 사이트의

주안점이다.

북부 아프리카/아랍 세계의 혁명, 유럽의 봉기와 학생운동, 미국의 노동운동 등 세계변혁의 추세는 우리 대부분을 고무시켰고 지금도 그러하다. 그러나 3·11과 더불어 거기에 완전히 새로운 차원이 더해졌다. 그리고 그 차원은 인류사적 의미에서 불가역적이다. 지금 이 불가역성을 사고하지 않는다면, 세계를 인식하고 세계변혁을 상상하는 것은 불가능하다. 지금부터 쓸 소론은 그 시도를 위한 단서다.

## 그것은 어떤 불가역성인가?

일본이라는 기호는 외부에서 보기에는 지금껏 많든 적든 일종의 선구적 형상을 체현해 왔다. 역사상 유일한 원폭체험, 전후의 기적적 경제부흥, 새로운 기술혁신, 이상적 관리사회, 대중소비사회의 실현, 포스트모더니즘의 한 가지 양상, 애니메이션 등의 대중문화, 10년 이상 지속된 불황 아래서의 사회통제. 그리고 후쿠시마가 도래했다.

후쿠시마는 결정적으로 현대사회의 한 가지 이상형을 내파했다. 원자력 사고를 계기로 가장 선진적인 자본주의 국가가, 그 소비관리사회가 내적 문제와 한계를 더할 나위 없이 묵시록적 형태로 드러냈다. 지금껏 '인류의 진보'로 여겨지던 '장치'72의 한 가지 도달점 — 에너지 공급의 효율화와 생산의 고도화, 정보/과학기술, 그것들과 복합적으로 얽힌 관료기구와 시민사회 — 이 재해를 계기로 자기붕괴하여 자본주의적 발전이 구동한 인간 존재의 아슬아슬한 한계를 지구 내재성과의 관계에서 개시해 버린 것이다.

이 개시는 인류에게 새로운 잔혹을 안겨다 주었다. 민중의 일상생활은 전례 없는 강도의 방사선 피폭에 시달리기 시작했다. 피폭이 일상화되었다. 천문학적 시간이 지나야 잦아들 영향은 모든 영역, 예를 들어 일상생활, 노동, 사회관계, 통치, 투쟁에서 나타나고 그것들을 재규정한다. 그것은 한편에서는 인간과 자연환경의 직접적 관계성을 전례 없이 난해하게 만들었고, 다른 한편에서는 (일본정부의 통치력이 약화됨과 동시에) '세계 원자력 체제'라고도 불러야 할 새로운 통치와 경제 형태를 낳고 있다. 그것은 지금까지의 생산/관리체제를 유지하기 위해 재해로부터 전면적인 부흥을 꾀하지는 않을 것이다. 원자력을 폐기하지도 않을 것이다. 오히려 그것들과 공존하고, 즉 오로지 붕괴로 향하면서, 붕괴의 사실을 알면서도 지연시키는 기구/장치를 인류에게 강제할 것이다. 즉 문제를 해결하는 게 아니라 이윤화와 관리를 도모할 뿐이다. '재해 자본주의'(나오미 클라인)의 궁극적 형태라고도 말할 수 있겠다.[73] 이 체제는 자기붕괴를 향한 무제한적 행정을 인류에게 밀어붙이기 시작했다.

한편 여전히 여진이 이어지고 또다시 찾아올 대지진이 우려되는 일본열도, 특히 동부에서는 이제까지의 방식으로 경제를 운영하고 사회질서를 유지하기가 어려워졌다. 이른바 전후 '55년 체제'에 큰 구멍이 나기 시작한 것이다. 그 상황을 감당할 명확한 주체성은 형성되지 않았지만, 사회변동이 도래했다는 실감은 주민층에게 폭넓게 공유되고 있다.

하지만 방사선 피폭을 수반한 기구/장치의 자기붕괴는 동시에 '재해 자본주의'와 쌍을 이루는 듯이 제기된 레베카 솔닛의 '재해 유토피아'에 새로운 도전장을 던지고 있다.[74] 달리 말하자면 회복할 수 없는 재해, 즉 피폭의 일상화는 다른 세계를 창조하려는 '희망의 원리'(에른스트 블로흐)에 새로운 질곡을 안겼다. 피폭의 가능성은 유토피아적 사고의 시간 개념(사정射程)을 무제한화하고, 공간 개념(장소)을 극히 제약한다. 그것은 '아직/없는 의식'에 의한 '아직/없는 존재'의 실천에 지금껏 없었던 무거운 짐을 지운다.[75]

물론 우리는 '희망의 원리'를 저버릴 수 없다. 그렇게 할 수는 없다. 하지만 그러려면 바야흐로 어떤 결정적 우회가 요청된다. 그 대목에서 오늘날 일본에서 가장 격렬한 투쟁의 무대가 되고 있는 '풍문 피해'를 둘러싼 '정보전쟁'을 주목할 필요가 있다. 고도 소비관리사회의 체면을 유지하려는 체제는 애매한 정보를 추잡하게 흘리고, 어용학자를 동원해 한편에서는 전국민 일치의 협력체제를 장려하고, 다른 한편에서는 현 상황을 조금씩 타개해 '안전'과 '안정'을 회복하자고 민심을 몰아간다.

거기에 맞서 싸우는 민중은 절망을 얻고 절망을 공유하기 위해 정동의 전략을 전개하고 있다. 이것은 살아남기 위한 투쟁이며, 희망에 다가가기 위한 사실의 인식, 즉 '절망의 공유'를 위한 투쟁이다. 여기서는 '희망의 원리'가 지금껏 직면한 적 없는 난관이 ─ 자기역설이라는 형태로 ─ 가로막고 있다. 즉 싸우는 민중은 성실한 죽음, 병, 절망, 괴로움, 한탄, 슬픔을 공유함으로써만 비로소 희망을 함께 말할 지평을 획득할 수 있는 것이다.

이상의 의미에서 3·11은 불가역적이다.


끝없는 사회전쟁 ─ 그 적은 누구인가?

일본에서 터져 나온 절박한 목소리 가운데 "대체 몇 명의 친구를 잃었는가?"라는 비탄도 들려온다. 이건 정보전쟁이 얼마나 뿌리 깊으며 격렬한 계기를 품고 있는지를 보여 준다. 구 유고슬라비아에서처럼 국민국가의 분해 과정에서 과거의 민족 망령이 부활하여 어제의 이웃이 오늘의 적으로 바뀌지는 않겠지만, 따라서 내전으로 발전하지는 않겠지만, 일본에는 몹시 난해한 사회적 균열이 생기고 있다. 이 균열은 아마도 일본 국민이라는 자기동일성을 해체하고, 거기로부터 새로운 주체화를, 그것을 뛰어넘는 세계변혁으로의 주체화를 형성하는 계기를 품고 있을 것이다.

이 균열/사회적 전쟁이 어떤 행방을 보일 것인지는 현대사회의 여러 영역들에 강제되는 불가역적 변화에 어떻게 대응할 것인지에 달려 있다. 그것을 외면하고 지금까지처럼 계속 생활하는 시늉을 할 것인가, 아니면 그것과 마주할 수 있는 지식과 의식을 길러 모든 걸 다시 시작할 것인가. 앞으로 전개될 투쟁은 이 차이를 둘러싼 정동과 생의 형식을 통째로 휘감을 것이다.

피폭 속에서 살아가는 일상생활(재생산 영역)이란 어떠한 것인가? 어느 시점에서 이것은 일본 열도를 초과해 세계 각지로 비화할 것인가? 앞으로 일상생활에서는 여러 변화가 일어날 것이다. 섣부른 판단은 금물이다. 어쨌든 생의 재생산을 맡는 일상생활의 투쟁은 앞으로 일본 열도에서 발하는 세계변혁운동에 기반을 제공할 것이다. 여기에는 고난과 가능성이 집약되어 있다. 방사선에 노출되자 사람들은 이제까지처럼 자연과 직접 관계하기가 어려워졌다. 또한 무원칙하게 소비하며 생산을 떠받칠 수도 없다. 이 문제에 대응하여 민중들은 길고 긴 사정射程에서 삶의 재생산에 관한 정보를 탈취하고 기술을 개발해 갈 것이다. 민중이 기선을 잡고 생활환경과 먹거리의 안전, 생식, 육아 그리고 피폭치료의 기술을 개발해 가지 않을 수 없다.

그렇다면 여기서는 〈액트업〉ACT UP!의 경험을 하나의 유효한 모델로서 환기할 수 있을지 모른다. 에이즈를 둘러싼 사회전쟁에 직면하여 이 운동은 장례, 간호, 의료 연구, 정보전쟁, 가두 투쟁이라는 폭넓은 영역으로 지평을 넓혀 갔다. 거기서는 한탄과 절망과 분노라는 극한적 정동이 공유되었다. 그러한 정동의 공유에서 출발해 자신들의 다치기 쉬운 삶, 병들고 있는 신체를 무기로 전선을 구축해 갔다. 일본 열도에서는 보다 많은 인구를 대상으로 삼아 (다른 의미에서) 보다 까다로운 병과 마주하는, 보다 긴 사정射程의 투쟁이 일어나야 할 것이다.

후쿠시마 이후의 노동이란 어떠한 것일까? 원전 사고를 처리하는 노동이 다른 모든 노동의 모델이 되어 버리는 것일까? 국민의 이름으로 자신의 모든 것을 희생하는 노동이 찬미되어 그 밖의 생산영역에서도 모범이 되어 가는 것일까? 우선 여기서는 초보적인 의문이 생긴다. 왜 일본 정부와 전력회사는 원전 재해의 현장 처리를 군대, 전문가, 특수부대 혹은 (특히 블랙워터 등의) 엘리트 사설 영리군에게 맡기지 않았을까? 군대란 이럴 때를 위해 존재하는 게 아니던가? 이런 목적을 위해 훈련되고 녹을 받고 있는 게 아니었던가? 왜 정규직만이 아니라 비정규직 노동자도 뒤처리 작업으로 내모는가?

재해지에서 고용된 노동자 가운데는 해일로 가족을 잃은 사람이 많다고 들었다. 이런 이상한 책무를 전통적인 의미의 노동이라고 부를 수 있을까? 이 노동은 오히려 노동 개념의 내파를 고하고 있는 게 아닐까? 재해지의 노동자는 자진해서 일을 하고 있으니 이른바 노예는 아니다. 하지만 책무의 중압감은 너무나 가혹하다. 이것은 오히려 순수 '잔혹'의 자주적 향유다. 따라서 갖가지 미명 아래서 구동된 이 잔혹 노동 자체가 '노동의 폐기'라는 반자본주의적 투쟁의 표적이 되어야만 할 것이다. 그 사정射程이 너무나 길어 우리가 살아 있는 동안에 그 결말을 결코 볼 수 없다고 하더라도 ······ .

어쨌든 이런 일상생활과 노동을 민중에게 강요하는 기구가 존재한다. 그것을 위기에 직면한 자본주의라고 부를 수도 있을 것이다. 또는 자기붕괴의 갈림길에 놓인 자본주의/국민/국가라고 부를 수도 있을 것이다. 하지만 다른 관점에서는 그것들이 주도하는 기술, 전문적 지식, 관료기구, 정보/교통망, 시민사회 등 모든 것을 말려들게 만드는 '기구/장치'라고 생각할 수도 있다. 이러한 '기구/장치'는 그 주체가 불분명한, 즉 책임 소재가 불분명한 망상網狀 조직적 관리체제다. 그리고 후쿠시마란 이 기구/장치의 자기 붕괴이며, 그 과정에서 인적 재해의 사회적 책임 소재 역시 산산조각 나고 있다.

후쿠시마적 잔혹 노동의 인류사적 출현은 이런 착종상태에서 기인한다. 일본정부와 전력회사가 그 기구/장치의 주요한 얼굴, 무대 위의 얼굴임은 분명하다. 그것들은 재해의 뒤치다꺼리를 한 번 쓰고 나서 버릴 노동력에게 강요하고 있다. 하지만 그것들의 통치/관리기능은 점차 약화되고 있다. 대신 조용하게 그러나 확실하게 형성되고 있는 '세계 원자력 체제'로서의 '제국'에 가담함으로써 존속을 꾀하고 있다. 이 신세계 체제는 자신의 얼굴을 전면으로 드러내지 않는다. 일본정부와 도쿄전력의 무능성의, 있는 듯 없는 듯한 보완자로서 행동해 갈 것이다. 그리고 그것을 형성하는 국가/자본은 거꾸로 일본정부의 정보/정동情報/情動 전략을 배우고 점차 답습해 갈 것이다.

자본주의가 구동하는 장치는 현재 세계 민중의 생의 영역으로 보다 넓고 깊숙하게 침투하고 있다. 주체화에 관한 계기를 구하려면 우리는 점점 더 그 당시와 관계해야 할 것이다. 따라서 3·11 이후의 세계변혁 운동이 그 '기구/장치'를 표적으로 삼는다면, 그 투쟁은 우리 자신의 자기해체와 자기재편을 포함하지 않을 수 없다. 그렇게 전면적인 전선을 구축해야만 기구/장치를 해체하고 재편할 수 있을 것이다. 그리고 현재로서는 세계변혁을 향한 일본 열도에서의 투쟁이 도화선 역할을 맡을 것이다. 후쿠시마에서 기구/장치의 자기붕괴가 인류사적으로 개시되었기 때문이다. 또한 기구/장치의 내파가 방사선 피폭이라는 형태로 민중 삶의 영역들을 이보다 잔혹할 수 없게 그리고 불가역적으로 해체하고 있기 때문이다. 나아가 일본 열도에서 적의 복합적인 존재 양태가 지금 윤곽을 드러내려 하기 때문이다. 앞으로 세계의 혁명적 지성은 일본에서 도래해야 할 투쟁을 분석하고 또 배우지 않으면 안 될 것이다.

장치는 몇 가지 발전단계를 거쳐 오늘에 이르렀고, 지금은 자기붕괴를 양식으로 삼아 죽음을 조금씩 연기하려 하고 있다. 달리 표현하면, 이제 할 수 있는 것은 그것뿐이다. 그 몸부림이 인류에게 앞으로 새 희망을 안겨 줄 리는 없다. 만약 앞으로 기술에 미美가 있을 수 있다면, 장치를 해체/재편하는 민중적 투쟁이 주도하는 새로운 발명/사용에서만 가능할 것이다. 적어도 그것만큼은 단언할 수 있다.

지금은 그리운 울림마저 갖는 도시 공간의 젠트리피케이션gentrification을 하나의 가시적 정점으로 삼아 앞으로 장치는 지구의 모든 땅을 도시화로 내몰아 갈 것이다. 그것이 남반구에서 메가 슬럼을 낳고 각지에서 준도시적 공간을 출현시키고 있다. 즉 장치는 보다 넓고 보다 깊게 지구적 신체의 어디든 간에 자신과 일체화하려 든다. 후쿠시마는 그 확장의 전초전에서 벌어진 사고/사건이다. 확장이 진행되면 진행되는 만큼 '선악의 피안'에 있는 지구의 자기 운동과 더욱 격렬하게 마찰할 것이다. 비릴리오가 말하는 '우연성'과 '실체'의 관계가 점점 밀착하고, 장치는 보다 많은 보다 커다란 재해를 '발명'해 나갈 것이다.

3·11 이후 원전 반대 운동의 물결이 더욱 확산되고 있다. 그것은 반길 만한 일이다. 그러나 3·11 이후의 원전 반대 운동은 원전 반대라는 단일 주제에 머무를 수 없다. 이미 밝혔듯 3·11의 불가역성은 너무나도 크고 깊다. 반/탈원자력 발전은 이제 반자본주의/국민/국가이며, 기구/장치의 해체와 재편으로 향하지 않을 수 없다. 현재 일본에서 진행중인 사회 전쟁이 함축하는 모든 것은 주저 없이 그 해체와 재편을 시사하고 있다.

## 세계와 지구의 틈에서

2010년 4월, 15차 기후변화당사국총회COP15에 대항하여 볼리비아의 코차밤바에서 개최된 '기후변화와 어머니 지구의 권리에 관한 세계 민중회의' 이후 자연과 지구의 권리를 둘러싼 논의가 활발해졌다. 거기에 참가한 여러 운동체는 환경에 관한 권리들을 유엔에 인지시키고자 교섭했다. 그 장면에서 중요한 것은 생태적 다양성과 문화적 다양성의 상호관계를 기반으로 살아가는 선주민 집단이 주도적 계기를 마련했다는 사실이다. 그들의 목소리는 환경보호 운동을 넘어 만물의 근원인 지구의 이름에서 자본주의/국민/국가에 대항하고 기구/장치를 해체/재편하는 지향성을 품었다.

2010년 6월, 그 광범한 운동은 물에 관한 인권을 유엔에 인지시켰다. 이것은 중요한 성과다. 하지만 선주민의 애초 동기에 비추어 생각해 본다면, 진정한 문제는 물 자체의 권리가 아닐까. 왜냐하면 모든 인간이 물에 관한 권리를 평등하게 획득하려면 먼저 물 자체가 오염과 사유화로부터 벗어나 커먼common으로서 존재하고 유통되어야 하기 때문이다. 관건은 사람들이 물에 관한 어떠한 권리를 향유하는지 혹은 물과 어떠한 관계를 맺는지이다. 여기서 사유재산의 확장을 꾀하려고 근대국가가 제정한 인간 세계의 법률과 자연/지구의 자기운동이 충돌한다. 인간은 자신이 그 일부인 '비기관적 신체'로서의 자연/지구가 존속해야 존속할 수 있다.[76]

하지만 인간 사회의 법체계는 대체로 자연/지구를 주체성을 결여한 대상으로 간주하며, 일방적으로 소유하고 충당할 수 있는 자원으로 다룬다. 궁극적으로 커먼한 지구적 신체를 어디까지나 개발/상품화하려는 것이다. 법률이란 그 쪼갬의 코드화이며, (국제) 정치란 쪼갬에 혈안이 된 세력들 간의 절충이다. 그런 의미에서 자본주의/국민/국가의 계급적 이해에 근거한 법체계는 커먼으로서의 지구에게는 적이다. 따라서 선주민 그룹이 문제로서 끌어 낸 '어머니인 지구의 권리'를 철저히 인지한다면, 지구에 대한 인간의 일방적 권리 주장을, 즉 사유재산에 근거하는 근대적 개인의 주체성을 해체하지 않을 수 없다. 자본주의와 국가 권력을 타도하는 것, 기구/장치를 해체/재편하는 것은 지금 그러한 차원의 문제다.

만약 앞으로도 '에콜로지'에 의미가 있다고 한다면, 그것은 이상의 의미에서 어디까지나 펠릭스 가타리가 제창한 세 가지 영역(마음, 사회, 환경)을 횡단하는 운동일 때다.[77] 여기에서 볼리비아 선주민 운동과 국제정치의 맥락에서 국부정책을 추진하지 않을 수 없는 (〈모비미엔또 알

소시알리스모) Movimiento al Socialismo가 주도한) 복수複數의 국민국가 볼리비아 사이에서 격화되는 대립은 더욱 중요성을 갖는다. 일본과 볼리비아, 후쿠시마와 코차밤바는 기구/장치를 해체/재편하는 투쟁에서 반대극의 모델이 되어갈 것이다.

이상은 철학적 차원에서 '세계'라는 개념과 '지구'라는 개념의 차이를 보여 준다. 세계란 자본주의와 국가가 통제하는 인간 사회들이 (세계정치, 국법, 국제법과 같은) '구조적 언어'로 통상, 조약, 선전포고라는 상호관계의 연극을 상연하는 무대다. 그것이 세계사의 무대다. 반면 지구란 그런 배우와 무대 그리고 그것들을 떠받치는 환경/상황을 생산하고 재생산하는 공장이다. 하지만 그것은 거기에 전적으로 기반하는 우리의 일상에서 의식되지 않는 (아마도 부정형의) 운동이다. 그것은 구조적 언어가 아니라 '기계적 운동'에 의해 구동된다. 구조적 언어가 집합적 영역에서 의식(세계)을 체현하는 말이라면, 기계는 의식(세계)과 무의식(지구) 사이를 횡단하는 흐름/생산/운동인 것이다.[78]

기구/장치의 지구적 신체로의 확장/일체화는 구조적 언어에 의해서, 다시 말해 세계의식의 무대에서 절충되고 사고되고 발화되지만, 동시에 보다 본질에서는 기계적 영역의 사건이다. 여기에서 자본주의/국민/국가의 무책임과 무능함이 드러난다. 국제정치는 환경오염을 해결하지 못한다. 조정하고 관리할 뿐이다. 확실히 그러한 의미에서 기구/장치의 내파인 후쿠시마는 '세계와 지구의 충돌'이라는 사건이었다. 즉 자연재해라는 형태로 무의식적 지구가 의식적 세계로 부상하고, 지구라는 궁극적인 커먼의 곳곳으로 넓고 깊게 확장하여, 그것과 일체화하려고 해온 기구/장치에 전대미문의 균열을 낸 것이다. 기구/장치의 내파는 그러한 일체화의 전선에서 발생한 사건이다. 그리고 이 충돌의 여진은 바야흐로 인간의 모든 것 — 주체성, 사회성, 역사성, 세계성 — 을 흔들기 시작했다.

세계와 지구의 이러한 충돌은 우리에게 어떤 결정적인 사고의 전환을 요구하고 있다. 집합적 의식으로서의 세계에서는 대립/모순/항쟁과 그 해결인 통합, 즉 세계사가 주된 이야기로서 자리한다. 하지만 일단 우리가 집합적 무의식인 지구의 언어, 즉 기계적 운동에 근거해 사고하기 시작한다면, 우리는 세계의 이야기 아래에 지구의 이야기가 관류하고 있음을 인지하게 될 것이다. 하지만 그렇게 되려면 먼저 자본주의적 개인/주체성을 해체해야 한다.

3·11 이후 일본열도에서 살아가는 민중의 절망, 한탄, 분노는 해체의 급진적 지표다. 그 정동은 먼저 기계적 운동을 각성시켰고, 우리는 '자양滋養의 어머니'인 동시에 '분

노의 여신'인 만물의 근원 — 지구와 함께 존재한다는 숙명을 인지할 수 있었다. 그리고 그것은 또한 국민국가의 대립/모순/항쟁과 통합의 무대인 세계사를 아래로부터 지탱하고 있는 불가피한 공생과 상호부조 그리고 (좋든 싫든 간에) 인간의 집합 신체를 관장하는 '연緣의 윤리를 획득하고 말았다. 나아가 그것은 세계사의 기원에 존재했다고 상정되는 하나의 진리/말을 무화하고 유기적 생과 무기적 생을 아우르는 지구적 운동으로 다가간다. 그것은 기원 없이 진동하는 고원高原, plateau의 이어짐으로서 지구와 함께 생성하는 운동의 각성이다. 이리하여 문자 그대로 '지구의 시대'가 도래한 것이다.[79]

> 다른 '내재성의 평면' 위에서는 문제가 바뀔 것이다. 신의 존재를 믿지 않는 사람이 우위에 서지는 않는다. 왜냐하면 그는 여전히 부정적 운동으로서의 낡은 평면에 속해 있기 때문이다. 새로운 평면에서 바야흐로 문제는 세계를 믿는 사람과 관련된다고 말할 수 있다. 그것은 세계의 존재만이 아니라 그 운동과 강도의 가능성, 즉 동물과 광물에 보다 가까운 새로운 존재를 다시 낳기 위한 세계의 가능성과도 관련되어 있다. 아마도 이 세계를, 이 삶을 믿는다는 것은 우리의 가장 곤란한 사명, 혹은 오늘날 우리의 '내재성의 평면'에서 여전히 찾아나서야 할 존재 양태의 사명인 것이다. 이것은 경험주의자로 전환한다는 것을 의미한다. (우리에게는 인간 세계를 믿을 수 없

는 이유가 수없이 많다. 우리는 약혼자와 신 이상으로 세계를 상실했던 것이다.) 정말로 문제가 바뀌어 버린 것이다.[80]

질 들뢰즈와 펠릭스 가타리는 1991년에 출판한 마지막 공저에서 '세계의 상실'과 '지구적 시대의 도래'를 예견했다. '낡은 평면'에서 기구/장치는 여전히 지리적 확장의 가능성을 맹신하고 있다. 환경 문제는 이미 위기 단계에 들어섰지만 국제정치에서는 어디까지나 '특수 문제'로 다뤄지고 있다. 하지만 2009년의 시점에서 선진국 주도의 환경회의인 기후변화당사국총회COP는 처절하게 파탄 났다. 그리하여 '국제정치'의 무효화 혹은 '세계의 상실'을 말하는 목소리가 등장하기 시작했다. 하지만 3·11 이후 자본주의의 상품화 그리고 도시화의 한계, 즉 기구/장치의 확장의 한계가 방사선 피폭의 일상화를 통해 지구환경과의 폭력적 관계 안에서 백일하에 드러났다. 그리고 주된 전장은 누가 보아도 보다 '동물적'이고 '광물적'인 차원, 즉 '기관적 신체'와 '비기관적 신체'를 아우르는 '지구'로 이행했다.

이런 정세에서 세계 원자력 체제에 맞선 투쟁은 지구적 계급투쟁이 될 것이다. 그것은 자본주의/국민/국가 그리고 기구/장치에 대항하는 폭넓은 의미에서의 '신체'의 투쟁이 될 것이다. 거기서 우리의 '육체'(혹은 기관적 신체)는 한편에서 개체로서 자기붕괴하는 기구/장치에 속하면서도, 다른 한편에서 '비기관적 신체'라는 기계적 접합, 지진과 기상을 포함하는 지구적 운동과의 기계적 접합을 통해 '신체' 측에 속하게 된다. 즉 우리의 육체는 두 가지 의미성을 끌어안는 운동이다. 그것은 한편에서 방사선에 노출되어 죽음과 병에 시달리고, 경우에 따라서는 피할 수 없이 '환경 이민'의 거대한 조류를 형성할 것이다. 또한 그것은 다른 한편에서는 죽음과 병의 가능성을 품으면서도 지구와의 의식적 교감/교류를 통해 근대적 주체성과 자본주의적 개인을 해체하고, 지금껏 각종 기술이 개발해 온 모든 것을 재도입하여 스스로 생존하기 위한 사용법을 고안해 전에 없던 광범위한 전선을 구축할 것이다. 이 양가적 육체는 세계를 능가하는 지구의 일부가 되어 갈 것이다.

그것은 반역하는 육체이며 육체의 반역이다. 여기서 우리는 마지막으로 또 한 사람의 혁명적 인물상을 환기해야 한다. 저주받은 시인/배우/극작가 앙토냉 아르토다. 아르토는 자신의 말과 육체를 통해 정신분열증만이 아니라 그 치료법에서 기인하는 증후와 투쟁했다. 그리고 그 투쟁을 무기 삼아 주체성/개인의 내파를 내걸고 구조적 언어의 표면을 파쇄하면서 자기의 신체와 지구적 신체를 기계적으로 접합시키고자 했다. 그는 굳이 자신의 신체에 자리한 '고통'과 '잔혹'을 방법으로 끌어 낸 것이다. 그리고 그렇게 지리적인 것에 머물지 않는 지도, 즉 강도들의 접합, 기체, 물결과 흐름의 지도를 작성해 갔다.

일본 열도는 세계 지리에서 아시아 대륙의 극동에 위치하고 있다. 그런 의미에서 일본은 아시아에 속한다. 하지만 방사선은 기상과 함께, 기류와 함께 여러 흐름으로 흩어져 갈 것이다. 그것은 새로운 잔혹의 지도를 그려 갈 것이다. 그리고 그것은 지구적 계급투쟁의 지도와 겹쳐지지 않을 수 없을 것이다. 이리하여 3·11 이후의 지구적 계급투쟁의 주체인 '신체'는 자신의 죽음과 병을 소재로 삼아 절망, 한탄, 분노를 무기로 삼아 묵시록적 대지로부터 일어서려 하고 있다.

눈에는 칼을, 입에는 불을, 엉덩이에는 절규를!

# 녹색 속에 감추어져 있는 송곳니들[81]

혁명과 재앙 사이의 세계와 지구

코소 이와사부로 | 조정환

2011년 3월 11일 이후 일본에서 일어나고 있는 것은 극동의 한 민족국가에 특수한 상황으로만 간주될 수는 없다. 불행하게도 그것은 인류사의 새로운 국면, 대재앙을 향한 서막이거나 혹은 총체적 변형이거나 아니면 그 둘 다이다. 그것은, 경제적·환경적 충격이라는 의미에서 보편적 경험일 뿐만 아니라, 근대 세계가 전 지구적 규모에서 건설해 온 기구들의 자기파멸이라는 의미에서도 보편적인 경험이다.

이러한 생각은, 전 지구적 반자본주의 투쟁이라는 관점에 서서, 새로운 역사적 국면과 그것의 함의를 이해하고자 하는 것이다.

3월 11일 이후에 일본은, 발전되고 잘 관리된 소비자사회로부터 전 지구적인 방사선 폭발과 이데올로기 폭발의 불길한 진앙지로 추락했다. 일본정부가 자신의 주권을 유지하기 위하여 필사적으로 노력하는 과정에서, 그 정부는 누적된 문제들을 풀어낼 수 없는 자신의 무능력을 드러낸다. 커다란 그림을 그려보면, 일본정부의 국가영토는 접근 불가능한 지역들의 집거지들enclaves로 분할되고 있으며 국민경제는 심연 속으로 가라앉고 있다. 그리고 이 모든 것들은 근본적인 불균형을 초래할 수 있다.

일본의 테크놀로지는 그 사회와 더불어, 그리고 그 사

회의 관료체제와 더불어 1970년대 이래로 혁신을 위한 세계적 모델을 확립한 것으로 알려졌다. 그리하여 모델로서의 일본은 세계의 기업공동체와 보수적인 정치·문화 부문에 속해 있는 사람들 사이에서 효율성과 탁월한 경영으로 평판이 높았다. 3월 11일 이후에 드러난 것은 원자력에 내재적인 문제들(그것들의 거대함에도 불구하고)만이 아니다. 관료체제, 테크놀로지 그리고 시민사회의 혼합물 속에 뿌리박힌 문제들도 드러났다. 이 혼합물은 근대 산업문명이 도달한 정점들 중의 하나인 일본이라고 불리는 이 장치를 구성하는 것이다.

일본정부가, 위기를 단독으로 다루지 못하는 그 무능력을 보여주고 있는 동안 새로운 전 지구적 체제가 소리 없이 조용하게 형성되고 있다. 최악의 그러나 현존하는 시나리오이다. 나는 이것을 "전 지구적 핵 체제"라고 부르고 싶다. 처음에는 미국 이외에, 프랑스와 이스라엘의 구제단위와 구제기관들이 후쿠시마에 관심을 보였다. 이 집단들은 그 체제의 중심에 자리 잡고 있었다. 전 지구적 자본주의의 이 부문은 원자력을 폐지할 의향을 전혀 갖고 있지 않으며 오히려 원자력을 관리할 테크노크라시를 재조직하기 위해 노력하고 있다. 이 부문은, 사람들로 하여금 다양한 형태와 다양한 강도의 방사선에 익숙해지도록 강제하면서, 핵 재앙을 관리하기 위해 노력하고 있다. 이 점은 명확하다. 이러한 관리는 이윤추구, 지배 그리고 통제를 위해 부상하고 있는 전략이다. 우리는 이러한 실행이 얼마나 위협적인 것인가를 서술할 말들을 전혀 갖고 있지 않다. 감히 말해 본다면, 그것은 핵전쟁의 새로운 형태라고나 해야 할 것이다. 그것은 더 이상 국가들 간의 싸움이 아니다. 그것은, 인간을 포함하는 모든 생명형태들과 전 지구적 핵체제 사이의 싸움이다.

후쿠시마는 생태학적 재앙인가? 어떤 수준에서는 그렇다고 할 수 있다. 그러나 나는 그것을 그렇게 부르기를 주저하지 않을 수 없다. 그것은 분명히 자연적인 재앙이지만 동시에 인공적인 재앙이기 때문이다. 그것이 자본주의에 의해 야기된 재앙이라는 것은 의심의 여지가 없다. 그러나 무엇보다도 그것은 장치의 자기파괴, 자본주의/네이션/스테이트에 의해 운영되는 체제 전체의 자기파괴이다. 우연히 그것이, 지진과 쓰나미에 의해, 지구적 운동의 과정에 의해, 우리가 속해 있는 선악세계를 넘는 과정에 의해 격발되었을 뿐이다.

세계의 다른 부분들에서 혁명적 격동이 일어나고 있는 동안, 극동에서 후쿠시마가 발생했다. 뉴스보도들은 그것들이 서로 무관한 것처럼 취급하지만, 우리의 시점에서 보면 그것들 사이의 연관을, 혁명과 재앙 사이의 연관을 생각하지 않는 것은 불가능하다. 무엇보다도 그것들은 똑같이 자본주의적 착취expropriation에서 유래하며 자본주의 장치들에 전례 없는 위협을 행사한다. 비록 그것들이 서로 다른 존재론(혹은 주체성들)에서 나오긴 하지만 말이다. 하나는 긍정적이고 다른 하나는 부정적이다. 하나는 인식가능하고 다른 하나는 인식불가능하다. 하나는 인간적이고 다른 하나는 비인간적(혹은 대지적大地的)이다. 혁명적 격동은 처음부터 새로운 사회성의 형성을 지향하는 경향이 있다. 일본에서 핵재앙이 아직 혁명적 격동을 형성하는 데 이르지는 못했지만, 그럴 가능성은 있다. 그리고 그렇게 된다면 그것은 그 전모를 예견할 수 없을 정도로 용감하고 포괄적인 것일 것이다. 지금 이야기될 수 있는 것은, 위협들이 결합되어 새로운 지배체제를 형성하기도 하지만 그것만이 아니라 예상치 못한 전 지구적인 혁명적 격동도 가져오리라는 것이다. 이것들이 결합되면, 전 지구적 장치들로 하여금 자신을 해체하고 또 재건하도록 가차 없는 압박을 가하리라는 것이다. 이런 의미에서 그것들은 궁극적 차원에서, 즉 세계와 지구가 충돌하고 상호작용하는 차원에서 하나의 사건이다.

여기에 '인간의 법률 대 자연'이라는 근본적 문제틀이

있다. 인간의 복리가 자연의 복리 없이 주어질 수 없음에도, 인간의 법률들은, 그것이 자본주의/네이션/스테이트의 이익에 기초를 두고 있는 한에서는, 자연을 비주체성으로, 단순한 대상으로, 착취할 단순한 자원으로 간주하려는 인간의 요구에 명백히 기초를 둔다. 인간의 법률들은 자연을 이용하도록, 지구라고 불리는 궁극적 공통재를 전유하고, 사유하고, 분할하도록 설계되어 있다. 예컨대, 만약 우리가 어머니 대지의 권리에 대해 생각하고자 한다면, 우리는 인류의 이 일방적인 권리를 해체하는 것을 필수조건으로 받아들여야 할 것이다.

후쿠시마 3·11은 세계와 지구라는 개념 사이의 괴리 discrepancy에 대해 말하고 있다. 세계는, 인간 사회가 (국제정치나 인간의 법률들 같은) 자신들의 구조적 언어를 가지고 그들의 상호작용의 드라마를 연기하는 무대이다. 지구는, 연기자들과 무대 자체를, 구조적 언어라기보다 (펠릭스 가타리적인 의미에서) 기계적machinic이라고 해야 할 다른 언어를 사용해서 생산하고 재생산하는 공장이다. 그 기계는, 행성적 전체에서 의식적인 것과 무의식적인 것 사이를 관통하고 횡단한다는 의미에서, 구조적인 것과는 다르게 작동한다.

이 엄밀한 의미에서, 후쿠시마라고 불리는 전 지구적

사건, 인간 역사에서 최악의 재앙은, 인식론적으로도 또 존재론적으로도, 세계라는 개념과 적절하게 연결될 수 없다. 왜냐하면 그 사건은, 주로 국민국가들과 자본들의 대표자들로 구성되는, G20, 유엔, 혹은 제국과 같은 전 지구적 거버넌스와 연결되는 모든 개념들의 정당성을 발본적으로 의문에 붙이기 때문이다. 이 대표자들의 목소리는 [세계와 지구의] 괴리의 문제를 해결할 의지를 구체화할 수 없고 오직 그것들을 관리할 의지만을 구체화할 수 있을 뿐이기 때문이다.

그 사건의 성격은 오히려 지구라고 불리는 무의식적인 것의 수준에 놓여 있다. 장치는 그 무의식적인 것 위에 구축되어 있고 우리는 그것에 대해 생각도 하지 않으면서 일상생활을 영위하고 있다. 말하자면, 무의식적인 지구가 자연재앙이라는 형태로 의식적 세계에 출현하여, 점점 더 팽창하고 있던 그리고 행성적 신체와 하나가 될 듯이 더욱더 깊이 그 속으로 삽입되고 있던 장치에 균열fissures을 내기 시작한 것이다. 그 장치의 폭발은 그 융합체의 최전선에서 일어났다. 그곳에서 행성적 무의식의 언어가 이제 인간적인 것, 그것의 자임하는 주체성, 사회, 역사, 그리고 세계 등과 관련한 모든 것을 뒤흔들고 있다.

우리 모두가 지금 알고 있듯이, 우리는, 비록 자본주의/

네이션/스테이트를 추방하는, 즉 그 장치를 해체하는 전지구적 운동으로는 아니라 할지라도, 우리가 친숙해져 있는 모든 것들과 함께, 그리고 3·11 이후의 분위기 속에서 점점 더 비참해지고 억압적으로 되어가고 있는 세계와 함께 자살을 하는 방향으로 치닫고 있다. 그리고 거기에 그러한 도래하는 운동이 있다면, 즉 전 지구적 핵체제nuclear regime와 살아있는 존재들 사이의 궁극적 계급투쟁이 있다면, 주로 그것은 세계정치world politics 속에서 수행되어야만 할 것이다. 그러나 그것의 실제적이고 잠재적인 전장은 행성적 무의식이나 혹은 지구, 보살핌의 어머니, 분노의 여신이라고 불리는 궁극적 공통재에 걸쳐 있을 것이다. 투쟁은 전례 없는 것일 것이다. 그것들이 취할 형태들은 여전히 발견되어야 할 것으로 남아 있다. 단 한 가지 분명한 것은, 그것이 정치라고 불리는 협상과정만이 아니라 우리의 마음, 사회, 환경 등과 관련된 모든 것을 포함하리라는 것이다.

나는 2011년 7월 초에 2주 동안 고국 일본을 방문했다. 그 여행의 주요 목적은, 도쿄와 오사카에서 다양한 반자본주의 기획에 종사하고 있는 나의 동지들을 만나, 그들의 일상생활을 관찰하고 그들의 새로운 투쟁의 전망을 공유하려는 것이었다. 나는, 재앙이 덮친 지역으로 갈 수 없었다(다음 여행에서는 그곳을 방문할 수 있기를 바란다). 어쨌든 많은 보도들이 말해주듯이, 수많은 사람들의 노력에도 불구하고, 방사능을 머금은 쓰나미와 지진이 야기한 손실의 거대함으로 인해, 회복은 거대한 어려움에 직면해 있다. 어떤 목소리는 심지어, 회복될 수 있다는 생각이, 다시 말해, 사람들이 방사선 아래에서 그곳 후쿠시마에 계속 살 수 있다는 생각이 그 자체로 의심스러운 것임을 보여준다. 이 경우에는, 유토피아에 대한 전통적 생각이, 즉 내부로부터 공동체의 자기회복이라는 생각이 대규모의 이민과 다른 곳에서의 새로운 공동체의 구축이라는 생각에 의해 대체되어야만 한다.

후쿠시마 발전소에서의 폭발, 증발, 누출, 용융 등은 북동부 혼슈의 대부분 지역에 영향을 미쳤을 뿐만 아니라 메트로폴리스 도쿄에도 영향을 미쳤다. 주민들은 다양한 형태의 저준위 방사능의 영향 아래에서 그대로 살고 있지만 고도소비사회의 일상적인 정상 풍경에서의 변화는 계속되고 있다. 누구나 쉽사리 상상할 수 있듯이, 수도 도쿄는 모든 기능이 서서히 정지하면서 죽어가고 있다. 그러한 경향이 다양한 장식 때문에 애매하게 가려져 있을 뿐이다. 그것은 초현실적이다.

후쿠시마와 도쿄 사이에 있는 나리타공항은 예전에 비해 훨씬 한산하고 나리타에서 도쿄로 오는 고속도로는 예전보다 훨씬 썰렁하다. 버스 차창으로 보이는 농촌 풍경을 내다보다가 나는 문득, 이 초록색의 것들이 모두 방사능에 오염되었다는 것을 깨달았다. 도쿄에서 산책을 하거나 시위에 참여했을 때 내 친구는 내게, 도시의 어떤 곳들이 방사능 물질을 축적하는 경향이 있는지를 설명했다. 지붕들, 처마들, 하수구들, 나뭇잎들, 공원의 모래상자들 등이 그렇다는 것이다. 우리가 보통 아끼고 즐기는 것들, 즉 어린아이들이 뛰노는 녹색 공원들, 농부들이 경작을 하는 시골 등이 방사능의 관점에서 가장 치명적이라는 사실은 잔인하다. 어머니 같이 자애로운 자원들에 붙는 "녹색의", "자연적인", "유기적인" 등의 형용사들은 더 이상 그것들의 선한 의도를 가지고 우리를 감쌀 수 없다. 오히려 그것들은 보이지 않는 방사능의 위협을 내부화한다. 흡혈귀의 송곳니를 감추고 있는, 인상주의의 자연 풍경화를 상상해 보라.

거기에서 사람들은, 좀 더 안전하게 살려면 먼지를 들이마시거나, 비를 맞거나, 수돗물을 마시거나, 북동부에서 온 식료품을 먹거나 하는 것을 삼가야 한다고 충고했다. 심지어 도쿄 남서부에 위치한 (즉 후쿠시마에서 훨씬 더 먼) 시즈오카 지방에서 나온 유명한 차를 즐기는 것도 삼가야 한다고 이야기했다. 한편 오늘날의 가장 단호한 내셔널리즘은, 후쿠시마에서 온 식품을 용감하게 소비하자는 캠페인의 형태로 나타난다. 어떤 식품점이나 레스토랑은 자신들이 그곳의 생산물을 사용하고 있음을 광고하기를 주저하지 않는다. 그들[후쿠시마 사람들]을 지지하는 의미로 그것들을 즐기라고 고객들에게 고무하면서 말이다. 당신은 그것을 어떻게 생각하는가?

이 모든 것의 가장 어려운 측면은, 신체에 미치는 방사능의 효과가 직접적이지 않다는 것이다. 어떤 시점에 징후들이 나타날 것은 분명하지만 그것들이 나타날 모습은 예측불가능하고 또 가변적이다. 그것들은 3년, 5년, 15년 주기로 나타나는 경향이 있다. 게다가 그것은 개인들의 신체 조건에 따라 다르게 나타난다. 잔인하기 그지없는 것은, 히로시마와 나가사키의 희생자들이 오랜 투쟁 끝에 너무나 잘 알게 되었듯이, 의학적으로 핵 희생자임이 인정되어 보상을 받을 자격을 갖는 것은 극히 어렵다는 것이다. 인정을 둘러싼 정책적 결정은, 시간이 오래 지나 모든 것이 희미해지고, 신체가 당시와는 크게 변화된 조건 속에서 이루어진다. 그래서 정부와 주류 미디어는 다음과 같이 주장할 수 있다: "직접적인 영향은 없다. 당신의 일에나 신경 써라."

매우 가열된 정보전쟁이 일어나고 있다. 당국들에서 나오는 평가, 즉 위험에 대한 저평가를 둘러싸고 일본 시민사회는 양분된 것으로 보인다. 한편에는 일상의 업무를 전과 다름없이 지속할 수 있으리라고 믿는 사람들이 있다. 다른 한편에는, 이것을 의심하면서, 그들 스스로 방사선 상태를 조사해서 자신들의 삶의 진로를 결정하려고 하는 사람들이 있다. 보통 가정에서 보면, 아버지들은 모든 것이 괜찮다고 생각하는 경향이 있으며 자신들의 아내를 피해망상증 환자로 부르는 경향이 있다. 이에 반해 부인들/어머니들은, 정부의 보도를 불신하면서, 아이들을 위해 그들 자신의 주도 하에서 행동하려는 경향이 있다. 어떤 가족들의 경우에는, 아버지는 도쿄에 남아 있고 어머니와 아이들은 서쪽으로 이동한다. 우리는, 그러한 이주가 앞으로, 전통적인 가족통합을 희생시키면서, 증가할 것이라고 예상한다.

지금 가장 강력한 적대적 주체화는, 많은 사람들이 동의하듯이, 어머니들 사이에서, 분노한 어머니들 사이에서 관찰되고 있다. 후쿠시마의 어머니들은 도쿄로 와서 교육, 문화, 체육, 과학, 기술부Ministry of Education, Culture, Sports, Science and Technology를 포위하고 농성을 했다. 그들은 장관에게 20밀리시버트 표준을 폐지하라고 요구했다. 어머니들이 이끄는 일군의 주민들은, 손에 가이거 계수기를 나눠들고서, 도쿄와 그 외 지역의 도시공간 전체의 방사선량을 측정하기 시작했다. 그 행동은, 지방정부와 연방정부로 하여금 공중보건을 위한 책임 있는 조치들을 취하라고 압박하기 위한 것이었다.

6월 11일에는 거대한 '비핵의 날' 행사가 벌어졌다. 세계 전역의 약 140개 지역에서 시위와 집회가 있었다. 도쿄에서만도 신주쿠, 시바, 시부야, 쿠니타치 등 네 곳에서 별개의 행동이 있었다. 나는 신주쿠에서 벌어진 행동에 참가했다. 그 행동에는 7천여 명이 참가했는데, 메트로폴리스에서는 가장 큰 규모였다. 그 행동은 심지어, 널리 알려진, 그리고 규모가 큰 반핵 그룹이 시바 공원에서 조직한 집회(약 3천 명)보다 더 컸다. 우리들의 행동은, 2008년에 토야코에서 열린 G8 정상회담 반대시위에서 함께 싸웠던 많은 반권위주의 그룹들의 연합체에 의해 조직되었다. 적어도 일본에서, 3·11 이후의 반핵운동은 다양한 구성요소로 이루어져 있다. 그 대부분은 원래 반핵집단이 아니었지만 이제, 히로시마, 나가사키, 미나마타 등과 같은 과거의 반핵투쟁과 환경투쟁들로부터 배우고 있다.

우리들 중의 일부는 시위에서 대의경향의 미세한 변화를 관찰했다. 많은 참가자들은 음악에 맞춰 노래하고 춤을 추고 있었다. 그들은, 자신들의 분노를 표현하는 과정에서 쾌활하고 펑크적이며 광대적인 이미지들을 강조했다. 그러나 거기에는 이전에는 없던 새로운 요소들이 있었다. 유령 같은 모습으로 저주를 퍼붓는 기괴함grotesque이 그것이다. 나는 개인적으로, 그것이 어떤 변화를 표현하는 신호임을 깨달았다. 반세계화 운동의 맥락에서 익명의 블랙(블랙 블럭)의 역할을 했던 것이 광대적 이미지였다. 그런데 광대들이 분노의 어머니들이나 샤만으로 바뀌면서, 그 이미지가 이제 점점, 저주를 퍼붓는 유령의 이미지로 대체되고 있는 것이다. 나는, 핵권력과 에너지집약적인 사회적 생산을 주장하는 체제에 대항하는, 더 이상 단순한 분노라고 할 수 없는, 저주의 시대가 도래했다고 상상한다.

행동의 하이라이트는, 시위 이후 집결지인 알타 광장에서 발생했다. 거기에 집결한 시위자들이 경찰의 반복적인 경고에도 불구하고 그곳을 떠나기를 거부한 것이다. 많은 사람들이 여러 시간 동안 노래를 부르고 춤을 췄다. 어떤 사람들은 다음날 아침까지 머물렀다. 우리는 1960년대의 감각을 기억했다. 일정한 수의 사람들(결정적 대중critical mass)이 행동에 가담했을 때, 경찰이, 극단적 조치를 사용하는 결정을 내리지 않고는, 그것을 공격하여 멈추게 하는 것이 불가능하다는 것을 말이다. 그러나 우리 모두는, 그리스, 이집트, 스페인 혹은 오큐파이 월스트리트 등의 투쟁들, 그리고 그에 대응하는 점증하는 투쟁들에 참가한 사람들처럼, 언제쯤 일본의 대중이 그 자리에 무한정

머물고자 할 것인가를 알고 싶다.

참가주체 구성constituency의 측면에서는 문제가 있었다. 연합에 가담한 이벤트 공간이 정치적으로 너무 느슨하게 결합되어 있어서 결과적으로는 인종주의 그룹의 참여를 허용하게 되었다. 그 그룹은 거기에 참가했을 뿐만 아니라 집회에서의 발언까지 요구했다. 그들은 위안부 문제를 부정하는 것으로 악명 높았다. 물론 격렬한 논쟁이 일어났고 그 대표는 발언할 기회를 얻지 못했다. 또 반핵이냐 탈핵이냐 하는 슬로건을 둘러싸고도 문제가 발생했다. 포스트 3·11의 분위기 속에서, 정치, 경제, 문화, 일상생활 등과 관련하여 그것은 무엇을 의미하는가? 파시스트들과 내셔널리스트들은 민족[국민]의 복리를 위하여 '비핵!'이라고 말할 수 있다. 신자유주의 기업들도 자신들의 새로운 이윤창출 수단으로서 대안 에너지를 제안할 수 있다. 정부와 기업은, 사람들이 거기 남아 (방사선과 더불어) 영원히 살도록 고무할 프로젝트를, 즉 재난 지역 복구 프로젝트를 만들 수 있다. 끝으로, 수상조차 탈핵 사회를 제안할 수 있다. 우리는 싸워야 할 수많은 문제들을 갖고 있다.

다른 문제는 시위 자체의 효과에 관한 것이다. 대중 시위는 중요하고 또 계속되어야 한다. 하지만 그 자체가 목표라면, 디스토피아적 상황의 크기를 고려할 때, 너무 무용하고 헛된 것일 뿐이다. 만약 그것이, 정치적 상상력이 구체화할 수 있는 모든 것이라면 그건 너무 슬프다. 하여튼 일본의 민중들은, 일상생활의 문제와 삶의 재생산 문제를 들고 나오면서 이미 그들 자신의 투쟁을 시작했다. 앞에서 언급했듯이, 어머니들은 그들의 투쟁을 수행하고 있다. 전국에 걸쳐서 몇몇 지역 공동체들은, 인근 원자로들이 지속적으로 작동하거나 재개되는 것을 저지하기 위해 정부에 대한 소송을 개시했다. 사가Saga에서 벌어진 논쟁과 같은 어떤 논쟁은, 지역 정부와 주민들 사이의 직접적 대결을 이끌어냈다.

    내가 매우 사랑하는, 동아시아의 민족적 다양성의 도시인 오사카에서, 나는 가까운 친구들과 동지들을 만났다. 나는 그들과 현지 한국 요리와 술을 들면서 진지한 대화를 나누었다. 도쿄보다 후쿠시마에서 더 멀리 떨어진 그 도시에서 내가 더 깊은 휴식을 취할 수 있었음을 인정하지 않을 수 없다. 그렇지만 현지인들은, 방사능의 영향이 거기에도 곧 도착하리라고 예상하고 있었다. 이미 지금 그들 대부분은, 일용노동자들의 고향인 도심지 카마가사키에서 활동했던 네 사람의 활동가들을 위한 감옥연대 활동을 벌이고 있다. 카마가사키는 노동자를 모집하는 장소로서는 가장 큰 곳 중의 하나이며 일자리를 하청계약하는 곳으로 그 지역에서는 가장 큰 일용노동자 게토이다. 사실상, 거기에서 온 많은 수의 노동자들이 핵 원자로를 처리하기 위해 보내졌다. 노동자들이 방사능에 오염되어 치명적인 질병에 걸렸다는 헤아릴 수 없이 많은 이야기들이 있다. 그것은, 전기회사가 그들을 무책임하고 비인간적으로 취급한 것에 기인하는 것이었다. 그들 대부분은 위험이 있음을 통보받지 못했고 그래서 방사능에 노출되는 것에 충분히 주의를 기울이지 않았다. 게다가 건강 보험조차 들지 않은 이 노동자들은, 이런 환경에서는, 잔혹하고 치명적인 결과와 대면하기 쉽다.

이것은, 거주자 증명서에 기초한 사회체제에 의한, 그리고 기업들에 의한, 비공식 노동자에 대한 차별의 명백한 그리고 현존하는 지표이다. 말하자면, 카마가사키의 일용노동자들 및 다른 일용노동자 게토들의 대부분은 엄밀한 의미에서 유동인구들 혹은 방랑일꾼들의 일부이다. 이들은, 집도, 건강보험도, 사회보험도, 투표권도 없이 살아야 하는 사람들이다. 이들은 이 도시에서 저 도시로 떠돌아다닌다. 한 도시 안에서 그들은, 일자리를 얻으면 싸구려 여인숙에서라도 잘 수 있지만 일자리를 잃으면 야외공원에서 잠을 잔다. 원리적으로 방사능은 어떠한 차별도 알지 못한다. 그것은, 도쿄전력 회장에서부터 도쿄대학의 핵과학자들까지, 우리들의 어머니들과 아이들과 길 잃은 개들에 이르기까지, 모든 생명체들에게 침투하여 물어뜯는다. 그러나 대부분의 시간을 야외에서 살아야만 하는 노숙하는 사람들과 일용노동자들은, 이들 가운데서도, 방사능의 송곳니에 가장 취약하다. 최근에, 특히 3·11 이후에, 이들 방랑노동자들의 권리를 위해 싸우고 있는, 노동운동가들에 대한 경찰 억압은 강화되었다. 물론 그것은, 3·11 이후의 분위기 속에서 강화된, 사회적 통제와 정치적 억압의 일부이다.

3·11이란 무엇인가? 일본인들에게 그것은 자신들의 삶과 미래에 관한 것이다. 그것은 또 그들의 현재의 생활 스타일의 의미에 관한 것일 뿐만 아니라 역사 전체의 의미에 관한 것이다. 지금 이것들 모두가 정지 상태에 있다. 나의 많은 친구들은, 이것들이 한꺼번에 발본적으로 의문에 붙여질 필요가 있다고 느낀다. 두 번의 핵공격을 경험한 나라가 지금 핵재앙으로 자살공격을 당하고 있다. 얼마나 큰 아이러니인가! 그곳의 사람들은 자기 나라의 역사에 대해 되돌아보고 있다. 자신들의 나라가, 지진에 취약한 자신들의 열도에, 어떻게 핵원자로를 도입하는 어리석음을 범할 수 있었던가에 관해 생각하고 있다. 이 지점에서 그 물음은, 더 이상 일본에 관한 것이 아니라 전지구적 권력

관계에 관한 것으로 된다.

관용구적으로 전후 "민주주의"라고 불리는, 일본의 전후체제는 미국 헤게모니의 우산 아래에서 번성했다. 일본 열도는 언제나, 전술적으로 적색공포로 가득 찬 아시아 대륙과 대결하기 위한 미국의 세계전략의 이상적 최전선이었다. 미국은, 그 중심요새인 오키나와뿐만 아니라 일본 전역에 자신의 군사기지를 건설했다. 일본의 고기잡이배가 미국의 수소폭탄 실험에서 나온 방사선에 오염되었던 1954년의 오룡 사건82 이후에, 일본에서는 거대한 반핵, 반미 운동이 일어났다. 나라 전체가, 도시들이 폭탄으로 유린되고 두 번의 핵공격을 겪었던 태평양전쟁의 폐허에서 금방이라도 회복될 것처럼 보였다. 혁명적 일본을 창출할 수 있을 사건들의 이러한 도래에 깜짝 놀란 나머지, 미국과 일본의 지배권력들은 번영하는 미래사회의 새로운 이미지를 가지고 "평화를 위한 핵"을 촉진하는 대규모의 미디어 캠페인을 계획했다. 주요 신문(요미우리), 새로 설립된 TV(일본TV)가 여기에 가담했고 몇몇 공공 이벤트들도 포함되어 있었다. (이 캠페인 배후의 주요한 인물은, 미디어 브로커이며 요미우리 재벌의 소유자이자 CIA 스파이인 마쓰타로 쇼리키였다). 일본은 고도경제성장 단계로 상승하면서 점점 그 미끼를 물기 시작했다. 이 모든 과정의 배후에 늘 숨겨져 있는 것은 (1972년까지) 미군의 점령 하에 있었던, 그리고 핵탄두들이 장착되어 있었던 오키나와 섬이었다.

말하자면, 일본에서 핵에너지의 시민적 사용은 언제나 미국에 의한 그것의 군사적 사용과 연관되어 있었다. 반핵 무장이나 반핵력 슬로건은 이 과정 속에 합병되어 버렸다. 결국, 3·11이 보여준 것은, 원자력은, 군사적 기원을 갖든 시민적 기원을 갖든 간에, 그것의 송곳니로 생명체를 무차별적으로 물어뜯는다는 사실이다.

3·11 이후로 모든 사람들은 정부와 (기업들, 은행들, 대리 과학자들 등을 포함하는) 당국들에 대한 믿음을 잃었다. 그들의 무능함과 무책임함이, 그들이 결합하여 구축한 장치에 의해 백일하에 드러났다. 자본주의는, 서로를 소유함으로써 상호연결된 수많은 장치들로 구성되어 있는 세계를 창출했다. 그 속에서는 "책임 있는" 누구도 책임을 지지 않는다. 심지어 그 장치가 붕괴해서 끔찍한 결과가 날지라도 말이다. 그것이 할 수 있고 또 계속해서 하려고 하는 것은, 붕괴의 매 순간을 새로운 집합의 작전을 만들어내는 데 이용하는 것이다. 정치적 억압, 사회적 통제, 이윤 창출 같은 것 말이다. 분명히 일본이라는 국가는 주권과 경제라는 맥락에서 전 지구적 권력들의 가장 약한 고리가 되고 있다. 그렇지만 제국은, 세계에 대한 정치적 지배와

경제적 지배를 지속하기 위해서, 일본이 심연 속으로 가라앉는 것을 보고 싶어 하지 않는다. 그래서 미국, 프랑스, 이스라엘 등이 손을 맞잡고, 그런 일이 일어나지 못하도록 막기 위해, 자신들의 자본을 갖고 개입하고 있다. 이런 방식으로, 전 지구적 핵체제라고 불릴 수 있는 것이 이 순간에 조직되고 있다.

내가 일본으로 여행을 한 후에, 나는, 3·11 이후의 반핵 슬로건이 더 이상 단순한 예방적 요구를 위한 것일 수 없음을 분명히 느낀다. 비록 이러한 예방적 요구로서의 반핵 슬로건이 중요한 역할을 계속 갖고 있다는 것을 인정하지만 말이다. 3·11에는 어떤 가역불가능성이 있다. 그것은 이미 일어났다. 이제 도쿄 메트로폴리스의 주민들을 포함하는 거대한 규모의 주민들이 방사능에 노출되었다. 이제부터 우리가 무엇을 하건 (비록 우리가, 핵발전소를 축출하고 대안 에너지를 발견하는 것과 같은 우리의 중요한 과제들을 완수한다 할지라도) 우리는, 그 효과가 시간에 따라 또 공간에 따라 변하는, 다양한 형태와 다양한 정도의 방사선과 함께 살아가야 할 것이다. 그것의 영향의 정도는 경험되어야 할 것으로 남아 있지만, 그것이 일어났다는 것은 사실의 문제이다.

이런 의미에서 3·11이 (이제 전 지구적 맥락에서) 의미하는 것은, 우리가 반복해서는 안 될 예기치 못한 핵재앙에 그치는 것이 아니다. 가장 결정적인 것은 그것이 전 지구적 계급투쟁의 새로운 전선을 가리킨다는 것이다. 그곳에서 전 지구적 자본주의와 민중들은 가장 엄혹하고 불유쾌한 방식으로 서로 대치하고 있다. 3·11 이후의 일본에서 집약된 바의 전선은 '핵재앙-이후에 대한 관리' 대 '삶과 일상생활의 모든 측면을 포함하는 인간적 생존' 사이의 전선이다. 이것은, 전 지구적 핵체제가, 도시공간을 재조직함으로써 그리고 시간의 천문학적인 (혹은 방사능적인) 지속을 재조직함으로써 인간생명을 통제할 새롭고 더욱 포괄적인 방식을 발견하려고 애쓰고 있는 영역이다. 민중의 일정 부분이 지속적으로 다양한 정도의 방사선에 노출되는 것을 기정사실로 받아들이면서 말이다. 그것은 방사선의 죽음정치necropolitics일 뿐이다. 이것을 깨뜨리기 위해 우리가 무엇을 할 수 있을까? 일본의 반권위주의 운동이 찾아내려고 애쓰고 있는 것이 바로 이것이다. 그리고 우리도 역시 전 지구적으로 그 일을 수행해야 한다.

그러므로, 만약 3·11이 중요하다면, 그것은 단지 또 다른 단일쟁점의 반핵운동을 고무할 기회를 얻은 것에 그쳐서는 안 된다. 우리는, 후쿠시마 3·11이 재앙적이고 디스토피아적인 경우에 그치는 것이 아님을 잘 알고 있다. 그리고 그것의 비가역성과 규모가, 적어도, 지구상에 이미 일어났거나 도처에서 일어나고 있는, 모든 종류의 붕괴와 재앙에 강렬한 빛을 비추었다는 것도 분명하다. 그것은 자본주의(와 그것의 궁극적 지평)의 장치들에 의해 만들어진 기후적이고 환경적인 부정의의 지표이다. 그것은, 디스토피아적 통제에 의한 우리의 생활세계에 대한 총체적 관리이다. 만약 그렇다면, 그것은 우리에게 반자본주의 운동, 기후 및 환경 정의 운동, 원주민 운동, 그리고 우리의 일상생활과 삶형태들에 대한 통제에 대항하여 싸우는 수많은 운동들을 연결할 기회여야만 한다.

일본의 정치적 상황과 사회적 상황은 변화해 왔고 또 변화해 나갈 것이지만 원자로 문제는 아직 해결되지 않았다. 원자로의 운전중지를 관리하는 데에는 앞으로 50년 동안 5백만의 노동자들이 필요할 것으로 추산된다. 그들 중에서 약 10만 명이 높은 수준의 방사능에 노출될 것이다. 이 일을 누가 감당할 것인가?

첫 번째 여름이 왔다가 이미 갔다. 일본에서의 여름은 덥고 습하다. 얼마나 많은 사람들이 해변에서 수영을 즐길 것인가? 계획 정전이 일본인들의 땀투성이의 밤들에, 흡혈귀의 꿈으로 가위눌린 끝날 줄 모르는 밤들에 어떤 영향을 미칠 것인가?

# 우리가 그들의 개미집을 재건해야만 하는가?[83]

일본 동지들에게 보내는, 일본 동지들을 위한 편지

실비아 페데리치 · 조지 카펜치스
조정환 · 문지영

동지들.

사망하거나 실종된 사람들로 인한 고통이 여전히 쓰라릴 이때에, 우리는 우리의 연대를 전달하기 위해 이 편지를 쓰고 있습니다. 지진, 쓰나미 그리고 원자로 용융 meltdown이 야기한 어마어마한 규모의 잔해로부터 삶을 다시 만들어 내야 하는 과제는 분명 상상할 수 없을 정도의 것이겠지요. 또 우리는, 역사상 가장 끔찍한 핵 참사로 얼룩진 지금 이 순간이 우리의 미래와, 반자본주의 사회운동의 정치, 그리고 일상적인 재생산의 근본에 대해 의미하는 바가 무엇인지를 당신들과 함께 생각해 보고자 이 편지를 씁니다.

우리의 미래와 반자본주의 운동의 정치와 관련해서 한 가지 사실은 분명합니다. 일본의 현재 상황은 "저개발" 국가의 그 어떤 재난보다도 더, 자본주의에 대한 사람들의 신뢰에 잠재적으로 큰 타격을 입히고 있으며 이것은 이전까지 핵 참사하면 떠올리던 체르노빌보다 훨씬 더 치명적임에 틀림없습니다. 인간이 만든 재난의 책임을 면제하기 위해 사용되는 그 어떤 이유나 설명도 이 경우에는 적용되지 않습니다. 아프리카의 기아는 지탄될 수 있습니다. 하지만 그것은 그릇되게도, 자본과 기술적 노하우가 부족하기 때문이라는 관점에서 이뤄집니다. 즉, 발전의 결여 때문에 기아가 왔다고 지탄되는 것입니다. 반면 체르노빌 사고는 중앙 집중적 사회주의 사회에서 조장된 과학기술 관료의 과도한 권력욕 탓으로 돌려질 수 있습니다. 하지만 저개발도, 사회주의도, 세계에서 세 번째로 큰 자본주의 경제와 지구상 가장 정교한 기술의 사회기반시설을 갖고 있는 21세기 일본의 재앙을 설명하기엔 역부족입니다. 지진, 쓰나미, 그리고 가장 치명적인 것인 원자로 파손의 결과는 자본주의적 발전이 더뎠기 때문에 발생한 것이 결코 아닙니다. 오히려 이것은, 첨단기술의 자본주의가 대재앙으로부터 우리를 보호하기는커녕 도리어 이로부터 벗어날 탈출구를 막으며, 인류의 삶에 대한 위협을 강화하고 있다는 사실에 대한 명백한 증거입니다. 이것이야 말로 일본에서 일어난 사건들이 잠재적으로, 세계 자본주의 권력구조에 매우 위협적인 이유이고 또 그 권력구조의 정당성을 박탈할 수 있는 이유입니다. 사람들이 두려워하고 있는 혹은 실제 일어나고 있는 이 연쇄적인 용융은 자본주의가 우리를 위해 무엇을 예비해 두었는가를 보여주는 구체적인 구현이기 때문입니다. 그것은, 중국과 미국, 그리고 그 외의 여러 나라들이 앞 다투어 원자력 발전소를 늘리기로 계획함에 따라, 우리가 우리의 복리를, 그리고 우리의 미래에 대해 기대할 수 있는 바를 완전히 묵살당할 위험에 노출되고 있음을 구체화해서 보여주는 것입니다.

이것은 또 (적어도 미국에서) 후쿠시마 발전소 안팎에서 전개되고 있는 상황의 엄혹성을 최소한도로 축소하기 위해, 그리고 발전소 안팎에서 일상적으로 전개되고 있는 극적 전개를 보이지 않게끔 만들기 위해 많은 공작들이 펼쳐진 이유입니다.

자본가들과 정치인들은 후쿠시마에서의 재앙이 핵의 합리성과 자본주의적 생산의 타당성에 엄청난 타격이 될 것임을 알고 있습니다. 그렇기 때문에 이 재앙이 핵에 반대하는 전 지구적 봉기로, 더 중요하게는 혁명적 변화의 과정으로 되지 않도록 만들기 위해 엄청난 이데올로기적 공세를 진행하고 있습니다. 일본에서의 핵 참사는 북아프리카 및 중동의 석유매장지역에서 확산하고 있는 반란 운동과 동시에 일어나고 있습니다. 이 사실은, 모든 것이 잘 통제되고 있다는 일체의 증거들에 반하는 증거들을 늘립니다. 우리는, 모든 것이 잘 통제되고 있다는 것이 전혀 사실이 아님을 알고 있습니다. 우리는 오히려 우리가 목격하고 있는 것이 위기의 심화임을 알고 있습니다. 에너지 부문 ― 1970년대 이후 가장 중요한 자본주의 분야 ― 의 "지속 불가능성"에 대한 근거는 주로 두 가지로 표현되고 있습니다. 핵과 석유가 그것입니다.

그러므로, 이러한 위기를 고려함에 있어서, 우리는 후쿠시마 재앙을 아래의 다른 시나리오들과 함께 생각해 보는 것이 도움이 될 것이라고 여깁니다. 물론 미국 저녁 뉴스의 보도를 보면 이들 사이에는 아무런 공통점이 없는 듯 보입니다.

· 리비아: NATO와 유엔은 가다피Gadaffi와 협력해서 반정부 청년세력을 파괴했다. 반정부 청년세력의 요구는 더 나은 삶의 조건과 더 많은 자유였는데, 이것이 기존의 석유 판로를 위태롭게 할 수 있었기 때문이다.

· 코트디부아르Ivory Coast : 프랑스, 유엔 그리고 아프리콤Africom(아프리카에 배치된 미사령부) 부대는 EU가 지명한 세계은행 임원을 취임시키는 일에서 힘을 합쳤다. 이것은, 서아프리카에서, 나이지리아 다음으로 가장 중요한 나라인 코트디부아르를 노골적으로 장악하기 위함이며, 나이지리아와 알제리, 차드의 석유생산지역을 연결하는 (아프리콤 주도의) 견고한 가교를 놓기 위함이다.

· 바레인: 사우디아라비아 군대가, 민주화를 요구하는 시위대를 학살하기 위해 투입되었다.

이런 맥락에서 볼 때, 후쿠시마 참사가 세계자본에게 위협이 되는 것은 암이나 백혈병에 걸릴지도 모르는 수천 명의 사람들 때문이 아닙니다. 집과 생계수단을 잃고, 수

천년동안 오염되어 있을 자신들의 땅과 바다를 지켜봐야 하는 사람들 때문도 아닙니다. 세계자본이 느끼는 위험은, [원전에 반대하는] 대중운동에 굴복하면, 정부가 [원전에 대한] 새로운 규제를 도입해야 할 것이고, 새로운 핵발전소 건설 계획을 폐기해야 할 것이며, 그 여파로 인해 핵 주식이 폭락하고 이로써 자본축적의 주요 원천들 중의 하나가 향후 수십 년간 굉장히 위태로워 질 것이라는 점입니다. 이러한 우려들은, 핵으로 가는 길은 되돌아 올 수 없는 길이라는 취지의, 최근 몇 주 동안 (파리에서 로마, 워싱턴을 돌아다니면서) 우리에게 들리는 뻔뻔스런 선언들의 합창이 무엇을 의미하는지를 설명해 줍니다. 그것은 또 녹아내리고 있는 원자로 근처에 살고 있는 사람들에게 어떠한 국제군수지원도 없는 이유를 설명해 줍니다. 음식과 의약품, 담요를 실은 항공기는 어디에 있습니까? 의사와 간호사, 기술자들은 어디에 있습니까? 코트디부아르에서 그토록 기꺼이 싸우던 유엔은 어디에 있습니까? 물어볼 필요도 없습니다. 분명하게도, EU와 미국의 입장에서 현재의 지침은, 핵 재앙이 사람들의 의식 속에 각인되는 것을 막고 원자력 및 원자력의 위험에 공공연히 노출된 사람들에 대한 전 세계적 공포심이 촉발되는 것을 예방하는 데에 전력을 다하는 것입니다.

하지만, 이 [핵 참사] 정세에 대한 세계 정치인들의 반응에는 또 다른 것이 있습니다. 일본의 쓰나미와 핵 참사에 대한 대응에서, 특히 그것에 대한 미국의 대응에서 우리가 정말 극적으로 목격하고 있는 것은, 자본주의가 그 어떤 인도주의적 허위도 벗어던지고 인간의 생명을 지키는 데에 대한 그 어떤 책무도 포기해버린 시대가 시작되었다는 사실입니다. 이러한 시대의 시작으로부터 단지 한 달이 지났을 뿐인데, 지금 일본에서 여전히 전개 중인 대참사는 이미 저녁 뉴스 구석으로 밀려났습니다. (같은 식으로, 멕시코만의 기름유출 사건 역시 더 이상 길게 다뤄지지 않습니다.) 우리가 되풀이해서 듣게 되는 것이 또 있습니다. 그것은, 대참사는 필연적인 것이고, 안전한 에너지계획은 없으며, 재앙에는 뭔가 우리가 교훈 삼을 만한 것이 있으며 후퇴할 이유는 아니라는 것이라는 이야기들입니다. 심지어, 우리는, 모든 것이 완전히 부정적이지만은 않은데, 따지고 보면 도쿄의 곤경은 오사카의 이득이 되기 때문이라는 식의 이야기도 듣게 됩니다!

이것은 오늘날 금융위기에 대한 논쟁에서 등장하는 주장과 하등 다를 게 없습니다. 금융 전문가들은 이제, 주요한 경제 위기를 예방하는 것은 불가능하다는 데에 모두 동의를 하고 있습니다. 왜냐하면 정부규제가 아무리 정교하다 할지라도 은행가들은 이를 빠져나갈 수 있기 때문이라는 것입니다. 스탠포드 대학의 경제학 교수인 폴 로머Paul Romer는 『뉴욕 타임즈』 인터뷰(2011년 3월 11일자)에서, "매 십년 정도마다, 금융을 규제하는 그 어떤 정교한 구조도 결국은 구조적인 금융위기를 초래할 수밖에 없을 것이다."라고 말했습니다. 그것은, 우리들 중 누군가가 연금생활자이거나 저금한 돈이 조금 있다거나, 혹은 이미 융자를 받았다면, 반드시 주기적 손실에 대비해야 하며 그렇지 않다면 손 쓸 도리가 없다는 이야기입니다.

우리는 오늘날 일본에서 세계 자본주의 체제의 진실이 드러나는 순간을 보고 있습니다. 전 세계 곳곳에서 다섯 세기 동안 수십억의 사람들을 착취한 후에, 그리고 과학은 인류가 끊임없이 완벽해질 수 있는 길을 열어준다는 식의 장황한 이야기를 끝없이 늘어놓은 후에 드러난 이 진실은, 자본주의 체제는 인간의 중대한 문제의 해결책을 제공하는 것을 자신의 일로 삼지 않기로 했다는 사실입니다. 이 체제는 분명하게도, 우리 모두가 자본과 밀접한 관계를 맺도록 만들었으며, 자본주의의 대안을 그리고자 하는 의지와 능력을 잃게 만들었습니다. 그래서 우리는, 자본주의가 우리의 삶에 완전히 파괴적임이 드러났음에도 자본주의의 미래를 우리의 미래로부터 분리해서 가치평가할 수 없게 되었습니다. 우리는 여기서 미국 연방긴급관리국FEMA의 당국자인 치프먼Chipman 씨가 삼십년 전에, "미국의 제도들"이 소련과의 전면 핵전쟁 이후에 살아남을 수 있었겠는가라는 질문을 받고서, 한 대답을 상기해 보아야 합니다. 치프먼씨는 이렇게 대답했습니다. "아, 네, 나는 그것들이, 결국은, 살아남았을 것이라고 생각합니다. 제가 말씀드렸듯이, 개미들이 결국 또 다른 개미집을 지을 것이니까요."

치프먼씨가 틀렸음을 입증하는 것이 우리의 과제라고 생각합니다. 그것은, 우리가 아무리 많이 무너져 내릴지라도 개미집을 기계적으로 다시 짓는, 그런 아무생각 없는 일개미와는 같지 않으리라는 것을 입증하는 것입니다.

만약 우리가, 앞으로 몇 달 내에도 평소와 다른 없이 기업이 지배하는 것을 보게 된다면, 우리는 이것이 틀림없이 중대한 정치적 재앙일 것이라고 생각합니다. 우리는, 일본의 민중들에게 닥쳤고 또 우리 모두에게 닥치고 있는 사태에 항의하는 폭넓은 전 지구적 운동이 솟구치는 것을 필요로 합니다. 무너진 발전소에서 새어나오는 방사능이 해류를 통해 우리의 해변에도 닿듯이 말입니다.

하지만 우리는, 일본에서 일어난 참사에 대한 대응 운동이 더 이상의 핵발전소 건설 반대나 현존하는 핵발전소 해체를 요구하거나 또는 "청정-에너지" 기술 개발에 더 많은 투자가 이뤄져야 한다는 요구를 하는 것에 한정되지 않아야 한다고 생각합니다. 의심할 여지없이, 후쿠시마의 용융meltdown은 전 세계적인 반핵 운동의 기폭제가 되어야 합니다. 하지만 스리마일 아일랜드에서 있었던 참사 이후의 경험으로 미루어볼 때, 만약 핵발전소 폐지와 핵무기 반대 투쟁이 1980년대 반핵운동에서 나타났던 협소한 접근법을 극복하지 못한다면, 이 운동은 그 어떠한 성공의 희망도 갖지 못할 것입니다. 즉 특수쟁점으로 취급되어, 만약 우리가 최우선으로 핵을 제거하지 못한다면 앞으로 다른 문제들도 다룰 수 없게 될 것이라는 주장에 따른다면 말입니다. 우리는 이것이 근시안적 주장이라고 생각합니다. 왜냐하면 죽음, 학살 그리고 환경에 대한 생태적 파괴는 다양한 형태로 이루어지기 때문입니다. 실제로 우리는 핵발전소의 증설을, 그리고 핵체제 하에서 이루어지는 수많은 사람들의 파괴 가능성에 대해 세계 정치인들이 보여준 비정한 무관심을, 자본 및 국가와 관련된 모든 관계의 증상으로 간주해야 할 것입니다. 이것이야말로 전 세계 사람들에 대한 진정한 위협입니다. 우리에게 필요한 것은, 원자력이라는 문제를, 우리와 자본과의 현재적 관계를 읽어내고 다른 투쟁들 및 다른 형태의 저항들을 결합할, 프리즘으로 여기는 것입니다. 그렇게 하지 못하면, 우리의 정치적 활동들이, 방송사들의 저녁뉴스에서 이루어지는 리비아, 코트디부아르 그리고 일본에 대한 보도들처럼, 무기력하고 분리되며 파편화된 채로 남게 될 것입니다.

이런 방향으로의 첫 걸음은, 원자력이 에너지수요와는 아무런 관계도 없다는 점을 명확히 하는 것입니다. 핵무기의 확산이, 공산주의에 의해 유발된다는 저 가정된 위협과 아무런 관계가 없듯이 말입니다. 원자력은 단순한 하나의 에너지 형태가 아닙니다. 이것은 특정한 형태의 자본 축적이자 사회적 통제이며, 자본으로 하여금 잉여노동의 추출을 집중시킬 수 있도록 하고 수백만 명의 운동을 감시할 뿐만 아니라 절멸의 위협을 통해 지역적이며 지구적인 헤게모니를 획득합니다. 핵의 주요 목적들 중 하나는, 저항을 미연에 방지하고 카트리나, 아이티 그리고 오늘날의 일본에서 발생한 것과 같은, 자본에 의해 발생한 재난들에 대한 대응에서 목격되는 것과 같은 종류의 온순함과 수동성을 만들어내는 것입니다. 그러한 종류의 온순함과 수동성은, 과거에 프랑스와 미국 정부가, 마샬 군도에서 타히티에 이르는 지역의 주민 전체를 실험대상으로 삼아, 태평양의 공해상공과 지하에서 수백 개의 원자폭탄을 터트리며 핵실험을 할 수 있게 만들었던 바로 그것입니다.

그러므로 원자력은, 그것을 정치적으로 다루는 사회운

동이, 즉 그것을 에너지의 파괴적 형태로 볼 뿐만 아니라 축적과 테러(이것은 우리의 생명을 탈가치화[평가절하]하는 수단입니다)의 전략으로 보며, 그것을 금융 위기"의 사용에 대항하는 투쟁들이나 보건 및 교육에 대한 지출삭감에 맞선 투쟁들과 연속된 것으로 보는 사회운동이 나타날 때에만 파괴될 수 있습니다. 이와 더불어, 우리들 중 미국에서 거주하는 사람들은 미국의 핵폭탄이나 핵실험에 의해 희생된 사람들의 후손에 대한 배상요구도 추가해야 합니다. 우리들의 투쟁을 위해 우리는, 히로시마와 나가사키로부터 시작된, 과거에 핵을 이용해 저지른 범죄들에 대한 기억을 되살려내야 합니다.

왜냐하면 기억과 더불어, 정의에 대한 요구가 살아나올 것이기 때문입니다.

연대를 담아
실비아와 조지

# 무기력함 속에서 감지하는 우리 자신의 힘[84]

존 홀러웨이 | 조정환

지진이 일어난 지 한 달 이상이 지났습니다. 후쿠시마에서의 핵위협의 수준은 더 높아졌습니다. 그 끔찍한 것은, 우리가 보고 싶어 하지 않는 일입니다. 어떤 것은 너무 끔찍해서, 우리는 그 일이 일어나지 않은 것처럼 여기고 쉽고 뭔가 다른 식으로 보고 싶습니다. 참으로 우리의 눈을 뜨는 것이 고통스럽습니다.

이미 일어난 일, 지금 일어나고 있는 일을 생각할 때면 몸이 마비되는 것 같습니다. 분명히 나는 마리나$^{Marina}$가 말한, 분노와 좌절과 영감의 눈물을 공유합니다.[85] 그런데 거기에는, '우리가 무엇을 할 수 있을까?'라는 생각이 담겨 있습니다. 후쿠시마는 이미 일어났으며 원래대로 되돌릴 수는 없습니다. 하지만 우리가, 이 세계가 제2, 제3의 후쿠시마로, 후쿠시마의 연쇄로 변하게 되는 것을 멈출 수는 없을까요? 화폐가 세계를 지배하는 한에서는, 우리의 자기파멸을 멈출 수 있기 위해 우리가 할 수 있는 것은 아마도 거의 없을 것입니다. 그러므로 어디에서든, 언제든, 어떻게 해서든 우리는 화폐의 지배를 끝내야 합니다.

그것이 가망 없어 보이고 터무니없어 보일지 모릅니다. 하지만 바로 이때에 우리는, 자신들에게 어떤 희생이 따르건 오직 다른 사람들을 도와야 한다는 필연성에 따라서만 움직이는 부대, 엄청나게 많은 사람들로 구성된 민중

구조대People's Rescue Troops [86]가 수행하는 놀라운 작업을 목격합니다. 그 속에서 우리는 우리들 자신의 거대한 힘을, 연대를 추동시키는 힘을, 사랑-믿음-존엄-코뮤니즘(혹은 그것을 우리가 그 무엇이라 부르건)의 힘을 봅니다. 그리고 우리는 화폐가 전부가 아니라는 것을, 그리고 세상에는 여전히 희망이 있다는 것을 압니다. 우리가 받은 충격 속에서, 우리는 앞으로 나아갈 길을 보지 못할지 모릅니다. 하지만 우리의 바로 이 무기력함 속에서, 우리는 우리 자신의 힘을 감지합니다.

뭔가 써 달라는 사부 코소의 청탁을 받은 지 거의 한 달이 지나서 이제야 이 글을 씁니다. 노동의 압력 때문이었습니다. 물론 그 압력은, 재앙을 야기시키고 이 세계를 파괴를 향해 몰아가는 바로 그 압력입니다. 무기력의 느낌, 내가 할 수 있는 말이 아무 것도 없다는 무기력의 느낌도 한 몫 했습니다. 그러나 말이 도움이 안 된다 할지라도, 우리가 당신들과 함께 있다고 말하는 것은 때로는 중요한 일인 것 같습니다.

존 홀러웨이

3부

# 모색하는 후쿠시마

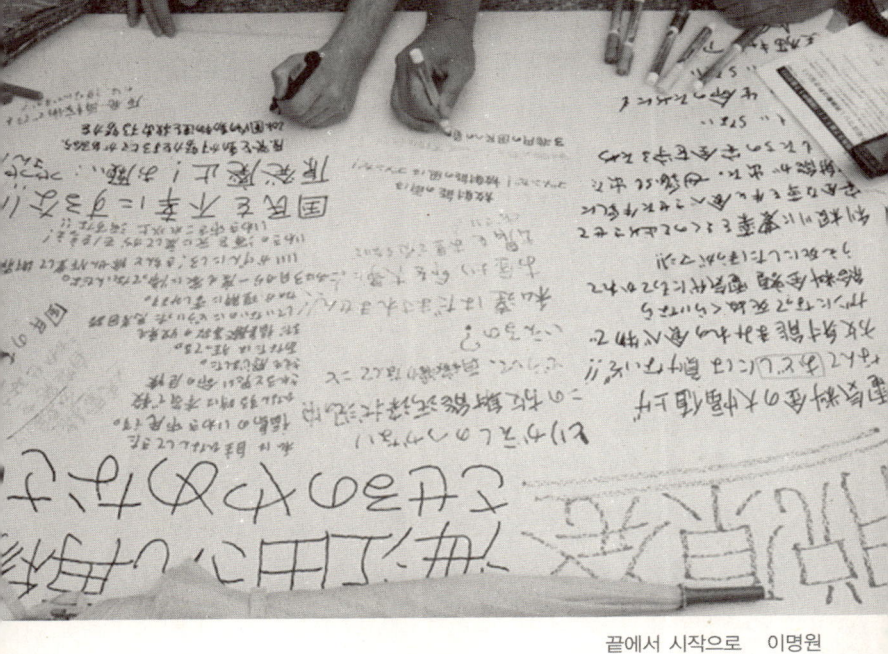

끝에서 시작으로　이명원
후쿠시마 이후 선교는 가능한가?　김진호
사회적 비용의 전복　시부야 노조무 | 한태준
제2, 제3의 후쿠시마를 허용할 것인가?　사에키 나츠코 | 신지영

# 끝에서 시작으로

용산, 뉴욕, 후쿠시마

이명원

1

어떤 장소들은 은유와 무관하게 역사를 상기시킨다. 가령 우리는 두 차례 파리에서 공기 중으로 피어오르던 피 냄새를 기억한다. 1793년 1월 12일 콩코드 광장에서 루이 16세는 단두대의 이슬로 사라진다. 같은 장소에서 파리코뮌(1871)은 최초의 노동자국가를 선포하지만 정부군과 독일군에 의해 잔인하게 진압된다. 1905년과 1917년의 페테르츠부르크에서 일어난 러시아혁명은 자본주의 세계체제를 일시적으로 저지하고자 했지만, 그 실험은 실패로 돌아간다.

역사상 모든 인간들은 피 흘린 자유의 장소를 망각할 수 없다. 특정한 시간과 장소, 그곳에서의 사건들의 불가해한 연대기의 지층이 역사다. 김주열이 남원 사람이건 말건, 마산의 부두에서 떠오른 한 고등학생은 4.19의 뇌관으로 오래도록 기억된다. 청계천의 전태일과 광주의 윤상원과, 그리고 또 박종철과 이한열과 강경대의 죽음은 그 잊혀질 수 없는 장소의 기억들로부터 분리될 수 없다.

21세기 문학과 예술의 실천논리에 대해 말하는 것은 어렵다. 그러나 어떤 장소를 환기시켜 그 말할 수 없는 본질에 육박하는 일은 가능하다. 나는 다음과 같은 세 장소에 대해 독자들이 마음을 움직여 이동하기를 권유한다. 용산, 뉴욕, 후쿠시마라는 이름 속에 깃들어 있는 우리 시대의 본질은 붕괴하는 문명이다. 이것은 한 체제의 장기지속의 '끝'을 의미하면서, 우리가 한 번도 상상해 본적이 없는 낯선 신세계의 시작을 암시한다고 나는 생각한다.

암시한다고 말했지만, 이는 단순한 암시이기보다는 명백한 예언에 해당하는 것이어서, 신화 속의 카산드라의 자기고백처럼, 아무도 듣지 않고 도리어 말한 자가 비극에 빠지는, 잔인한 혼돈 속의 항해로 귀착될 확률이 높다. "귀 있는 자는 들으라" 하고 외친다 한들, 이 시대의 달팽이관은 평형을 잃고 있어 휘청거리다가 결국 깨닫게 되는 것은, 소설가 박민규의 화법을 빌리자면, "끝까지 이럴래" 식의 '뼈' 있는 농담일 뿐이다. 그러나 끝에서 시작으로 가는 길은 원점에서, 근원적으로, 사람은 무엇으로 사는가에 대해 묻게 한다.

2

이명박 정부가 출범한 직후인 2008년 용산에서, 대개가 자영업자였고 또 의지와 무관하게 추방되었던 철거민인 고故 한대성, 윤용헌, 이상림, 양회성, 이성수가 경찰특공대의 "학살"(조세희)에 희생되었을 때, 이 정부는 비정한 자본의 송곳니를 다 드러낸 것이었다. 이제는 '재정치화'를 꿈꾸는, 왕년의 내가 속할까 말까 했던 386세대들은 이 시점까지도, 지난 대선의 무기력한 중간계급의 현실주의(이른바 중도실용)를 포기하는 것은 꿈도 꾸지 못했다. 이들의 죽음 앞에서 저 100만의 촛불은 무력했는데, 사실상 그때 한국의 형식적 민주주의는 이미 조종弔鐘을 고한 것이었다. 물론, 1998년의 촛불항쟁에서 오늘의 서울시장 선거까지, 기묘한 한국의 '대중지성'은 극적으로 체념을 희망으로 전환시키고 있다. 최근 그 정점에 있는 것은 '소금꽃' 김진숙과 '희망버스' 송경동이다. 김진숙은 85호 크레인에서 내려왔고, 송경동은 부산구치소에 수감되었다. 혹은 박원순이 환하게 웃으며 반값등록금을 현실화시켰다. 이것이 희망일까.

희망으로 가기에 일희일비는 위험하다. 한진중공업 사태에 한정해서 말한다면, 이것은 '시적 사건'에 해당한다. 이 사건의 상징적 두 주인공들은 앞에서 거론한 두 명의 '시인'인데, 왜냐하면 시의 마술적인 힘은 샤먼적 예언에 있기 때문이다. 크레인에 올라가기 전 김진숙은 걸어서 내려오겠다고 약속했고, 송경동은 그 자신의 '외로운 정부'인 시를 버리고 '희망버스'라는 은유를 현실화시킴으로써 그의 시적 임무를 중간결산했다. 그러나 이미 블레이크가 명명한 바 있듯, 중상주의로부터 신자유주의에 이른 자본주의의 본질은 '악마의 맷돌'이다. 산업화의 시기에는 이 맷돌에 인간들이 속절없이 분쇄되어갔고, 오늘날 더 이상 분해될 것이 없는 현실에서 '용심 분해'되는 것은 문명 자체이다.

용산은 한국이 아니다. 그것은 우주에서 보면 푸른 지구의 지표면에 환하게 빛나는 도시의 일반명사다. 그 학대받고 있는 도시들은 외관으로는 평온해 보이는데, 그 평온함의 맨틀 아래서 절규하는 것은 문명 자체다. 자본은 자본을 반성하지 않고, 국가는 국가를 성찰하지 않으며, 화폐는 에테르처럼 우리가 알고, 느끼고, 지각하고, 정념을 투사하는 모든 것들을 저 처절한 이해관계의 복마전으로 우리를 초대한다. 움직이는 모든 것, 살아 있는 숱한 것, 숨 쉬는 모든 것들을 공기 중으로 휘발시키는 것은 근원적으로는 화폐다.

이것은 간단하게 추론할 수 있는데, 그 물질성 박약한 금속과 종이쪼가리와 이제는 완벽한 기호가 되어버린 화폐의 그 분열증적 넘나듦은, 그가 지나간 모든 장소를 폐허로 만든다. 이것은 어떤 왕년의 바람둥이에 대한 이야기가 아니다. 조개껍데기로부터 시작하여, 오늘의 플라스틱 자본주의(가령 신용카드의 재질을 만져보라!)·카지노 자본주의·약탈자본주의·절대자본주의·수퍼자본주의 등 수없는 이름을 달고 있는 이 체제의 본질은 '죽음의 권유'다. 그런데 우리 인간들은 이 '한계체험'조차 또 하나의 대박이 터지는 블루오션이 아닌가 하는 망상을 대개는 떨쳐 버리지 못한다.

시인의 임무는 애매함을 옹호하는 것이 아니다. 돌이켜 보면, 맑스도 니체도 프로이트도 소쉬르도 다 시인이었다. 이들은 애매성과는 거리가 멀었다. 반대로 당대에는 "별 미친놈을 다 보겠네" 하는 냉대에 밥 먹듯이 직면했다. 내가 김진숙과 송경동을 시인이라 말한 것은 그런 냉대에 이들이 직면했다는 이유 때문이 아니다. 오히려 진실은 이들이 앞에서 거론한 사람들과 비슷하게, 혹은 더 연약하거나 강건하게, "이건 끝이 아니다, 시작이다" 하고 말한 것처럼 내게는 느껴지기 때문이다. 오늘의 세계체제를 생각해 보면, 비정규직 없는 세상은 불가능한 꿈이다. 이런 판단보다도 더 냉정하게 오늘의 시인이 말해야 하는 것은 '노동'이 아니라 '일'을, '임금'이 아니라 '김장배추'를, '희망'이 아니라 불가능한 '혁명'이다. 샤먼으로서의 시인(김종철)은 가능과 불가능을 넘어선 상징과 은유를 발명한다. 그것은 골똘히 머리를 굴리고 나온 개념어이기보다는 뾰족하고 낯선 외침이다.

외침은 희망 편에 있지 않고 '적막' 쪽에 있다. 새삼스럽게 루쉰의 '쇠로된 방'의 비유를 말하고자 하는 것이 아니다. 목숨을 걸고, 엄숙하게, 인간이 갖고 있는 무수한 에로스를 희생하면서 해방을 말하는 것은 일종의 형용모순이다. 나는 김진숙이 '생명'을 걸고, 송경동이 목울대를 울려 절규하기보다는, 다시 원점으로 돌아와 실현하지 못했던 사랑의 갈증 쪽으로 몸을 이동하길 바란다.

용산은 외로웠다. 한진중공업에서 깨달은 것은 누군가, 아니 모두가 사랑에 대해 생각하다 보면, 맹렬하게 그것이 현실이 된다는 사실이다. 김여진이, 정동영이, 김제동이 발을 동동 구르며, 김진숙을 호명할 때 그것은 사랑이다. 문정현이, 백기완이, 도종환이 송경동은 잘 버틸 거다라고 말할 때 그것은 희망이다. 이 모든 사랑과 희망의 깔때기 끝에서 우리가 발견할 것은 '혁명'이다. 불가능을 꿈꾸자는 것이 아니다. 가능과 불가능과 무관하게, 무엇이 사람으로 사는 것의 존엄인지, 원점에서 다시 생각해 보자는 것이다. 내게 용산은 그런 것이었다.

3

조간신문에서 뉴욕발 금융위기가 터진 것을 알았을

때, 대개의 사람들은 장구한 역사적 자본주의의 그렇고 그런 에피소드로 생각했다. 물론 식자층이야 이른바 세계체제론을 거론하면서, "이것은 일시적 경기후퇴인가, 아니면 자본주의의 경향적 몰락인가" 하고 술집에서 격론을 벌였겠지만, 왕년의「인터내셔널가」는 우리 시대에 이미 낡은 노래처럼 보였다.

'한국 예외주의'를 설파한 정부의 태도도 한심했다. 사회면에서나 볼 수 있었던 '스와핑'이라는 용어가 경제면에 등장한 것과 동시에, '미네르바'는 날개를 폈고 이 괴담정부는 양심이 아닌 '넷심'을 감옥에 가두어버렸다. 그리고 그리스에서 검은 복면을 한 아나키스트들이 국회 앞으로 진출했을 때도, 오바마와 후진타오, 싸르코지와 이명박은 돈(유동성)을 주네 마네 하면서 엄숙한 표정을 지었다.

G-20이라는 게 하나마나한 체제유지의 껍데기라는 것은 논술시험 치는 고3 정도라면 다 아는 사실이다. 유엔 역시 알맹이가 아니다. 그럼 이 지구경제를 움직이는 그림자 정부는 무엇인가. 세계은행, 국제통화기금IMF, 연방준비제도 이사회의 배후에 있는 '그들'이다. 그들에 대해서는 유튜브를 검색하면 다 나온다. 차이트 가이스트zeitgeist, 우리 말로는 '시대정신'이라는 다큐멘터리가 그것이다. 9·11 사건으로부터 시작된 오늘의 자본주의를 둘러싼 음모의

메피스토펠레스는 '화폐-자본'이다.

참으로 안타깝게도 한국인들은 한국은행권을 '국가화폐'로 착각한다. 그렇다면 달러는 미국의 국가화폐인가. 천만에 그것은 '한국은행권'이고 '연방준비제도 이사회'가 발행한 척도화폐일 뿐이다. 화폐는 주물呪物인데, 이는 『자본론』의 저자가

M(화폐) → C(상품) → M'(화폐+이윤)

이라는 공식으로 명료하게 정식화한 바 있다. 화폐는 상품을 만들고, 상품은 다시 이윤이 보태진 화폐를 만든다.

이것을 한국의 대형서점인 '교보문고'의 사시에 빗대어 말하면 이해하기 쉽다. 광화문 교보문고의 출입구에는 큰 글씨로 이렇게 쓰여 있다.

사람은 책을 만들고 책은 사람을 만든다.

이것을 맑스 식으로 도식화하면 다음과 같다.

사람(M) → 책(C) → 더 나은 사람(M')

이것은 두 과정으로 분절할 수 있다.

1) 사람이 책을 만든다(M→C)
2) 책이 더 나은 사람을 만든다(C→M')

맑스의 논법을 '교보문고'의 사시에 적용하면, 다음과 같은 설명이 가능하다. 1) 사람은 책을 만든다. 2) 책은 (생사를 건 도약을 통해) 더 나은 사람을 만든다. 여기서 중요한 것은 물론 생사를 건 도약이다. 왜 그러한가. 출판인이 책을 만드는 일은 누워서 식은 죽 먹기다. 2) 그러나 그렇게 만든 책을 읽고, 얼떨떨한 독자가 더 나은 사람으로 다시 태어날지는 누구도 알 수 없다. 책이 사람을 만들기 위에서는 그 책을 읽고 있는 독자들의 필사적인 노력이 필요하다. 한 권의 책이 독자들의 영혼을 연금술적으로 변환시키는 것은, 책의 저자 때문이 아니라 독자 편에서의 강렬한 감정이입과 실천에 의해 비롯되는 것이다.

그러나 화폐-상품 관계는 이 보다 더 복잡하다. 돈(M)만 있으면 상품(C)을 만드는 일은 식은 죽 먹기다(M→C). 그러나 그렇게 만든 상품이 적절한 이윤이 붙어 소비자에게 팔릴 것(C→M')인지는 누구도 알 수 없다. 이 불확실성을 뚫고 상품은 돈으로 바뀌게 되는데, 이 과정에는 '생사를 건 도약'이 필요하다. 가령 현대자본주의에서 이 기능을 떠맡고 있는 것은 마케팅이다. 그런데 비관적으로 마케팅은 항상 뻥튀기 된 '언어'를 동반한다. 모든 광고언어의 본질은 '도금술'이다. 이 제품의 '척추'가 아니라 '입술'을 주목하라는 것이 광고-시의 본질이다. 만약 맨 얼굴이 드러난다면, 당황한 첫날밤의 신랑처럼 후회할 수 있으나 되돌릴 수 없듯, 광고-시에 낚인 소비자는 무력하다.

맑스는 맨체스터의 초기 자본주의를 관찰하면서 이런 단상을 적어나갔지만, 오늘의 신자유주의는 저 간략한 도식으로는 해명할 수 없는 미분과 적분, 순열과 조합의 기묘한 방정식으로 인간세계를 휩쓸어 버린다. 그것은 마치 쥐떼와 같다. 모든 것을 갉아버리고, 똥을 뿌리고, 부패하게 하지만, 이 재앙을 궁극적으로 해결할 수 있는 '피리 부는 사나이'는 결코 등장하지 않는다. 자본주의는 그렇게 살아있는 모든 것을 공기 중으로 휘발시킨 이후에나 정지할 것인데, 이것을 막는 것이 오늘의 시대정신이다. 리먼 브라더스 사태로 상징되는 금융자본주의의 위기와 그것의 도미노 효과임이 분명한 유럽의 재정위기에서 우리가 발견하게 되는 것은, 오늘의 자본주의가 구제불능이라는 명백한 진실이다.

월가는 점령당한 것일까. 오늘의 뉴스를 보면, 그런 것 같지는 않다. 뉴욕의 경찰들은 한국의 경찰들과 거의 똑같은 방식으로 주코티 공원을 세척했다. 그러나 월가는 점령당했다. 한국의 용산은 미국의 월가였는데, 지난 세계사적 상황을 고려해 보면 혁명은 예기치 않은 곳에서 일어선다. 풀들은 끝없이 결속하다가 비가 오거나 부드러운 태양이 떠오르면 언제 그랬던가 싶게 꼿꼿이 일어선다.

뉴욕발 금융위기는 역사적 자본주의의 헤게모니가 단속적으로 교체되었던 이른바 제4기의 '거대한 전환'(칼 폴라니)을 의미한다. 대개의 경제학자들이 지적했듯, 자본주의 세계체제의 헤게모니는 '네덜란드 → 영국 → 미국'으로 이행했고, 지금은 1970년대의 미국 헤게모니의 상징인 '브레튼우즈 체제'가 몰락하고 있지만, 대항 헤게모니는 형성되지 않은 이행변혁기의 초입에 서 있다. 세계체제론자인 월러스틴이나 아리기는 이 이행기가 적어도 60년 이상 지속될 것으로 예측하고 있는데, 오늘의 한국문학계로 되돌아 와서 생각해 보면 '분단체제론'을 구성하기 위해 세계체제론을 '87년체제'론으로 전유하고 있는 문학그룹의 시야가 매우 근시안적인 것으로 보인다. 그렇다면, 뉴욕을 뇌리에 떠올리면서 우리 문학인들이 예민하고 뾰족하게 각성해야 할 의제는 무엇인가. 그것은 "인간은 사물화되고, 사물은 인간화되는"(뤼시앙 세브) 문명의 뒤틀림에 대한 성찰이다.

물론 이런 뒤틀림을 한국문학이 의식하지 못한 것은 아니다. 그러나 한국문학에 나타난 자본주의의 뒤틀림은 가령 내가 과거에 명명했던 '쇠락소설'의 분석에서와 같이 인간이라는 종의 쇠퇴를 징후적으로 제시했으면서도, 그 묘사와 표현에 있어서는 사소한 세부에 지나치게 집착하면서 연민과 위로문학으로 시종했다. 전체에 대한 통찰이야말로 시인 작가들의 미학적 센서의 탁월함인데, 이런 직관조차 쇠퇴하기 시작하면서 오늘의 한국문학은 뜻있는 교양독자들의 이탈을 더욱 가속화시켰다. '신파'나 '냉소'가 필요한 상황이 아닌데, 경연하듯 나는 문학이다, 이렇게 동어반복을 끈질기게 연주하고 있는 것이 오늘의 한국문학 상황이다.

4

후쿠시마 핵 사태 이후 근대문학은 확실히 임종했다. 용산참사 이후 말 많은 미래파가 은둔했듯이. 일본에서의 3·15 핵 재난은 인간이 건설해 온 문명의 출구 없는 막다른 심연을 웅변적으로 보여준 사건이다. 그러나 오늘의 많은 수의 한국인들은 2012년의 대선을 운위하는 데 멈춰 있다.

그러나 이 사태를 통해 우리가 다시금 각성하게 된 신탁은 오만hubris에 대한 경고다. 이것은 인간이 만들어 온 문명이 분수를 모르고, 해결할 수 없는 판도라의 상자를

연 결과 그 상자 속에 자신이 갇히게 된 것을 의미한다. 핵무기의 원료이자 핵 발전소의 사용 후 연료인 플루토늄은 반감기가 적어도 수십만 년이 되는, 기껏 100년의 수명을 선망하는 인간으로서는 해결할 수 없는 난제이다. 과학기술의 기만성은 이 난제를 광고 – 시를 동원하여 절대로 안전하다는 거짓 믿음을 심어준다는 데 있다. 누구도 오늘날 지구상에 존재하는 핵무기와 원자력 발전소의 위험을 통제할 수 없다.

그런데 더욱 놀라운 것은 후쿠시마 이후에도, 세계는 여전히 '화폐'에 붙들려 목전의 묵시록적 상황에는 눈을 감고 있다는 것이다. 후쿠시마는 일본 열도의 한 지역이 아니다. 그것은 자전과 공전을 끝없이 진행하고 있는 근대 과학기술문명의 상징적 중심축이고, 그래서 후쿠시마의 비극은 시간의 차이가 있을 뿐, 공기 중과 대양으로, 태풍과 생물권의 이동으로 전지구적인 영향을 미치는 비극인 것이다. 그런데도 오늘의 인류는 오이디푸스의 회한과 자기응징으로부터 먼 거리에 있다. 한국의 상황은 대단히 심각해서, 후쿠시마 직후에도 이 나라의 위정자들은 세일즈를 한다면서 원자력 기술을 돈으로 바꿔치는 데 열중한다. 적어도 1980년대에는 "반전반핵, 양키고홈"이라는 구호라도 외쳤건만, 오늘의 후쿠시마는 철저히 은폐되고 있다.

그런 가운데 『녹색평론』은 독립 언론으로서의 기능을 십분 발휘했을 뿐만 아니라, 이 시대의 문학이 할 일에 대해 명료한 전망을 독려하는 데 앞장섰다. 거의 모든 중앙 일간지와 언론이 후쿠시마 사태를 그 초기를 제외하고는 언급하지 않은 데 비해 이 매체는 20주년 기념호(2011년 11~12월호)에까지 많은 지면을 할애해 후쿠시마 문제를 쟁점화했다.

다행스럽게도 최근 한국에서는 후쿠시마 사태를 기화로 새로운 초국적 운동이 본격화되고 있다. 가령 일찍부터 자본주의 문명과 생태학적 위기를 고민해 오던 지식인들이 '탈핵교수연대'를 결성했는가 하면, '녹색당'의 형태로 정치적 개입을 선언하고 나선 것이 주목할 만한 사례다. 이것은 참으로 다행스러운 일이기는 하지만, 문제는 후쿠시마로부터 온 전언을 해독하고 이를 통해 실천의 방향을 설정해야 하는 문제는 국지적이 아닌 전지구적인 공동행동을 필요로 하고 있다는 사실이다.

오늘날 누구도 '지구온난화'의 문제에 대해 모르는 사람은 없다. 그러면서도 우리 간교한 인류는 여전히 '지속가능한 개발'이라는 모토를 포기하지 않고 있다. 지구온난화의 중요한 원인인 온실가스조차도, '탄소배출권 거래'를 통해 이윤동기에 포섭시키는 이 기괴한 자본주의 심성으로부터 정녕 인류는 '탈퇴'할 수 없는 것인가. 현실적으로 구미의 경우는 말할 것도 없고 한국과 같은 신흥국의 처지를 벗어나려 안간힘을 쓰는 경제구조에서, 저성장 또는 마이너스 성장은 불가피한 구조적 조건임에도 불구하고, 오늘의 자본가는 물론이고 평범한 시민조차 경제성장이 안 된다면 공멸이라는 식의 공포에 사로잡혀 인간 특유의 이성적 선택과 판단을 유보하고 있다.

산업자본주의는 노동의 '착취'를 기반으로 했지만 신자유주의는 그것의 '배제'에 기생하여 작동하는 체제다. 발전된 과학기술은 '노동 없는 생산'을 지복의 유토피아로 설정하고 있고, 그래서 임노동자로의 진입이 가장 큰 꿈이 되어버린 시대인지라, 한국의 노동자들은 '임금노동할 권리'를 끝없이 외치고 있다. 그러나 우리가 직면하게 될 위기의 출구는 일할 권리가 아닌 창조적 작업을 요구할 권리 편에 있고, 재화의 축적이 아닌 희망의 공유 쪽에 있는 것이다. 동시에 인간과 자연 모두가 하나로 연결된 가이아의 몸이라는 것을 잊으면 안 된다. 이것을 거의 본능적으로 알고 있는 존재는 시인들이다. 후쿠시마와 한국의 4대강은 결코 낯선 타인이 아니다. 전국토를 멋대로 파헤치고 개조할 수 있다는 어느 인간의 오만을 골계적으로 냉소하는 것만으로 오늘의 문명사적 위기가 해결되는 것은 아니다.

아니 어쩌면 인류라는 전체의 차원에서 볼 때, 문명사적 위기는 해결되는 것이 아니라, 다만 최악의 상황으로의 숨 가쁜 움직임을, 그것이 궁극적으로 불가능할지라도, 필사적으로 저지해 보자는 비극적 자기인식의 겸허함이 필요한 것인지도 모른다. 종말 앞에서 사과나무를 심거나 메마른 뿌리에 매일의 물을 주던 어느 사람들 같이, 문학을 한다는 것은 그 불가능한 비극적 유토피아로의 길에 그 순금부분이 있는 것인지도 모른다.

일본 열도는 아니 이 지구는 지금 이 순간 어떤 상념에 잠겨 있는 걸까. 아마도 무심할 것이다. 그 안에서 병들어 죽어가는 것은 허다한 생명이겠지만, 밤하늘의 별들이 무심하게 어둠 속에서 빛나듯, 어쩌면 하나의 지구로서의 가이아는 인간들의 오만 앞에서, 마치 '숨은 신'처럼 그렇게 창백하게 제 몸의 변화를 체념하고 있는 것인지도 모른다. 하이데거의 말을 흉내 내자면, 이 창백한 체념이 범람하여 인간의 오만함을 극복할 것인데, 극복이라고 말하고 있지만 인간 편에서 보면, 그것은 종의 기원이 아닌 쇠퇴 또는 소멸일 것이다.

불과 두 세기 동안 인류는 지표면과 해수면과 대기권 모두를 이전에 가이아가 경험해 본 적이 없는 방식으로 극단적으로 변형시켜버렸다. 그것과 거의 동시에 인간의 심성 역시 기괴하게 변형된 것인데, 그래서 현생인류는 거의 괴물이 되어가고 있는 중이다. 괴물이 된 인간들에게 욕망을 초월하는 '삶의 의미'란 무엇일까. 삶의 의미를 묻는 인간이 쇠퇴하고 있다면, 의미를 중계하는 '언어' 역시 쇠락해가는 것은 아닐까. 의미가 쇠락하고 초월에 대한 욕망도 사라져, 언어가 단말마의 비명이거나 냉소의 창칼로 전락한다면, 무력하게도 희귀언어에 밀착되어 사는 문인이란 퇴화될 운명에 있는 슬픈 종족이 아닐까.

후쿠시마 핵 사태는 문인들을 향해서 이렇게 말한다. 이것은 문학의 위기나 근대문학의 종언으로 운위될 상황이 아닌 의미로 충만한 세계의 끝 또는 문명의 대단원에 해당하는 것일 수 있다. 그렇다면 이런 현실에서 문학은 무엇을 할 수 있는가. 아니, 우리는 무엇을 할 것인가. 중이염에 시달리는 문학의 달팽이관을 향해, 찌르듯이 그런 소리가 들려온다.

5

용산과 뉴욕, 후쿠시마는 오늘의 붕괴하는 문명을 상징하는 뒤집어진 로도스다. 이곳에서 동시대의 인류는 희망과 절망이 꽈배기가 된 몸부림으로 그에게 주어진 삶의 의미 찾기에 골몰하고 있다.

어쩌면, 이 거대한 붕괴의 전주곡 앞에서 정색하는 문학조차도 1악장이 시작되기 전의 기침소리와 함께 듣는 튜닝에 불과한 것일 수도 있다. 하지만 명백하게도 우리는 어떤 기적에 가까운 넘어섬(초월)의 감각을 잃어서는 안 된다. 그것은 모든 유기체가 절멸의 공포 속에서 오히려 극한적인 생명력을 발휘하는 것과 비슷한 것이 아닐까 생각된다.

문학이 이 세계를 구원할 수 있다는 것은 아마도 몽상일 것이다. 마찬가지로 오직 문학만이 한 인간이 헤아릴 수 없는 세계의 문제들을 짊어질 수 있다는 생각 역시 만용일지 모른다. 하나의 시어가 적막한 한계상황 속에서, 기적적으로 희망을 촉구할 수 있다는 신념을 유지하는 것 역시 망상일 것이다. 그런데 이런 몽상과 만용, 망상에 불과할 집념을 손쉽게 방기해 버린다면, 우리가 굳이 문학이란 언어를 뇌리에 떠올릴 필요는 없을 것이다.

'한계상황' 속에서 인류는 거꾸로 희망과 아름다움에 대해 상상하고 또 역설하고 실천해왔다. 아름다움에 대한 열망과 행복에의 약속이란 인간의 본성 속에 거의 내장되다시피 계발되고 체화된 것이어서, 탐욕과 오만을 제어하고 가까스로 인간됨의 본질을 보존해 왔다. 끝에서 시작으로 도약하는 것의 마술적인 기적의 역량이 인간에게 있는 것이 완전히 부정될 수 없다는 정도라도 우리가 스스로를 신뢰한다면, 용산과 뉴욕, 후쿠시마에서 우리가 목격한 기괴한 참상과 그 안에서 가까스로 우리가 지켜낸 열망의 나침반은 결코 멈추는 일이 있어서는 안 된다.

그렇게 떨고 있는 나침반은 끝없이 방향을 모르고 회전하다가, 설사 그것이 도로의 절망으로 멈춘다 할지라도, 우리에게 원점에서 다시 시작하라고 말한다. '끝'의 감각에서 필사적으로 다시 '시작'하라고 말한다. 마치 예수가 그러했듯 "죽은 자여, 일어나라"고 외치는 게 시인의 임무가 아니냐고 묻는다. 그런 물음 앞에서, 기어이

달팽이관도 긴 잠에서 깨어난다.

# 후쿠시마 이후 선교는 가능한가?[88]

김진호

가련하고 빈궁한 사람들이 물을 찾지 못하여 갈증으로 그들의 혀가 탈 때에, 나 주가 그들의 기도에 응답하겠고, 나 이스라엘의 하느님이 그들을 버리지 않겠다.

— 이사야 41, 17

지난 3월에 발생한 후쿠시마 원전 사고 직후, 영국의 일간지 『인디펜던트』는 이 사고로 1백만 명이 사망할 것이라는 충격적인 보도를 내놓았습니다. 그것은 1986년에 발생한 체르노빌 원전 사고 이후 20년 동안 방사능오염으로 사망한 2십만 명의 다섯 배나 되는 수치입니다. 그 방사능 유출의 양은 1945년 히로시마에 투하된 원자폭탄의 방사능보다 무려 168배나 되는 양이라고 합니다. 체르노빌 사고의 열세 배나 된다고 합니다.

이 무시무시한 재앙은 인간의 기술이 얼마나 파괴적인지를 시사하는 하나의 전조입니다. 더구나 그것은 전쟁이나 테러 같은 재앙과는 다릅니다. 그것은 파괴행위의 결과가 아니라 '의도하지 않은 사고'의 결과입니다. 그런데 그 피해는 대규모 전쟁 못지않은, 아니 어쩌면 더욱 치명적인 재앙을 초래할 수 있음을 보여주는 결정적인 사건이었습니다. 하여 2011년 3월 11일 이후 후쿠시마는 '문명발전의 의도하지 않은 파괴성'을 상징합니다. 그러므로 '후쿠시마 이후'는 인류의 발전지상주의적 문명에 대한 성찰의 절대적 요청에 직면한 시간의 도래를 의미합니다.

## 원전이 가장 안전한 에너지라는 신화 벗겨내야

그런데 '후쿠시마 이후'에 대하여 더 이야기할 게 있습니다. 일본의 저명한 반핵 평화운동가인 히로세 다카시는 "지금은 운동이 필요한 것이 아니라 사실을 아는 것이 필요하다."고 말했다고 합니다. 일본의 시민사회는 후쿠시마 원전 사고가 날 때까지 원전의 치명적인 위험에 대하여 거의 알지도, 문제로 느끼지도 못했습니다. 사고가 나고서야 히로세 다카시가 말한 것과 같은 비공개된 정보가 있다는 걸 문제로 느끼게 되었습니다. 정보의 독점이 시민사회가 위험을 감지할 기회를 차단하고 있었던 것입니다.

사실 원전은 하나의 신화처럼 일본 시민들의 가슴 속에 각인되어 있었습니다. 일본은 세계 최고 수준의 원전 관리국가이고, 따라서 원전은 현존하는 가장 안전한 에너지라고 말입니다. 또한 그러한 원전으로 말미암아 일본 같은 초일류국가의 발전은 담보될 수 있는 것이라고 말입니다. 그런데 그러한 무모한 확신은 정부와 기술엘리트에 의해 독점된 정보로 말미암아 시민사회가 원전의 위기에 대해 무지함으로써 지탱된 것이었음이 사고 이후 드러나고 말았습니다. 하여 시민사회는 국가와 기술엘리트가 충동질하는 발전지상주의 체제에 자신의 욕망을 함께 실었습니다. 바로 그러한 사회의 종말이 '후쿠시마 이후'가 시사하는 성찰의 내용인 것입니다.

## 일본과 한국, 발전 지상주의 제도화

한데 한국사회 또한 이점에서 일본사회와 쌍생아적 모습을 띠고 있습니다. 1986년 체르노빌 사태가 발생했을 때, 한국의 전두환 정부는 미국과 신규원전 건설계약을 맺었습니다. 이 계약은 그 해에 있었던 전 세계의 유일한 원전 수주계약이었습니다. 또 올해 3월 후쿠시마 사건이 발발할 즈음, 대통령 이명박은 아랍에미레이트와 맺은 원전 수출 기공식에 참여하고 있었습니다.

한국사회에서 원전은 발전을 상징했고, 실제로 한국사회가 이룩한 성공은 원전이 제공한 전기 능력이 아니었으면 불가능할 정도로 원전 의존적 성장이었다고 할 수 있습니다. 한국의 시민들도 일본의 시민만큼이나 원전의 위험성에 대해 무지했습니다. 그리고 원전에 관한 정보는 국가와 기술엘리트에 의해 독점되어 있었습니다.

두 사회는 공히 전 세계에서 가장 발전 지상주의를 신봉하는 사회입니다. 국가의 복지 시스템보다는 국가적 발전주의가 시민이 상상하는 유토피아의 밑그림을 이루는 사회인 것입니다. 물론 신자유주의적 세계화가 지구를 휩

쓸었던 1990년대에 이르면 세계의 거의 모든 사회가 이러한 발전지상주의의 제도화를 추구하지만, 특히 일본과 한국은 신자유주의 이전부터도 그런 지향성의 사회였던 것이지요.

그리고 이러한 발전 지상주의는 국가와 기술엘리트를 중심으로 하여 정당화되었습니다. 기술엘리트는 이른바 과학적 맹신주의를 퍼뜨리는 주역이었고, 국가는 이러한 기술엘리트의 과학주의를 바탕으로 하는 안전의 신화를 성공주의와 결합시켜 통치의 기반으로 삼았습니다. 하여 시민은 발전주의를 뒷받침하는 기술문명의 요소들을 경유하면서 자신의 욕망을 키워갔습니다. 그런데 이러한 사회의 신화가 후쿠시마로 인해 여지없이 붕괴된 것입니다.

## 교회는 성공에 미친 사회를 추동하는 역사적 세력

한데 저는 '후쿠시마 이후 교회는 선교를 할 수 없게 되었다'는 주장을 하고자 합니다. 이것은 특히 한국사회에 관하여 제기한 논점입니다. 왜냐면 알다시피 발전 지상주의에 있어 한국사회와 교회는 너무나 밀접한 관계에 있기 때문입니다.

우선 한국사회의 고도성장과 교회의 고도성장은 시기

와 양상을 같이하면서 이루어졌습니다. 또한 한국사회의 성장지체와 교회의 선교 위기도 서로 겹쳐 있습니다. 요컨대 발전지상주의의 제도화에 있어 한국사회와 교회는 서로 엮여 있습니다. 이것은 발전지상주의를 극복하려는 모든 개혁적 시도에 발목잡고 있는 주된 사회적 세력의 하나가 교회임을 의미합니다. 확실히 우리사회에서 교회는 성공에 미친 사회를 추동하는 역사적 세력임에 분명합니다.

최근 정부와 서울시가 '부채 의존형 사회'의 위기에 빠져버린 것도 발전지상주의 정책을 추구한 결과입니다. 알다시피 한국정부와 서울시의 발전지상주의 정책은 과도한 토건주의에 다름 아니었습니다. 이른바 부동산 거품으로 만들어진 발전/성공의 신화를 공모하는 사회를 통해 정권을 유지하고자 했던 체제가 위기의 나락에 떨어져 버린 것입니다. 물론 이 나락으로 먼저 떨어진 이들은 사회적 약자들이고, 점차로 전 국민이 함께 내던져지고 있습니다. 그리고 그런 체제를 충동질했던 이들은 아마도 마지막으로 떨어지겠지요.

아무튼 이러한 토건주의적 발전지상주의에 교회도 한 몫하고 있습니다. 거의 모든 교회는 뻥튀기된 욕망을 교회 건축을 통해 표출하고 있습니다. 이것은 한국교회를 특징짓는 가장 두드러진 현상입니다. 그런데 과도한 교회건축은 전 교인을 이 과도한 교회건축에 총동원해야만 가능한 사업입니다. 그렇게 하기 위해 신앙은 끊임없이 발전지상주의를 정당화하면서 제도화됩니다. 즉 한국교회의 신앙체계는 발전지상주의를 체현한 신자들을 양산합니다. 즉, 발전지상주의에 익숙한 신자들이 탄생하는 것입니다. 그것은 사회의 발전지상주의에 이물감을 느끼지 않는 시민-성도, 발전지상주의를 욕망함으로써 신앙과 세속의 성공을 함께 누리는 자들을 양산하는 장치가 교회라는 것입니다.

하여 한국사회에서 교회는 가장 발전지상주의에 열렬한 광신자들의 온상입니다. 그런 이들이 교회를 찾아오고, 또 교인이 되는 과정은 그런 이들로 거듭나는 과정이기도 합니다.

## 교회는 선고 대신에 뼈를 깎는 구조조정을 해야

여기에 교회담론 속의 권력의 구조도 한몫하고 있음을 주지할 필요가 있습니다. 교회담론에서 하느님과 신자는 서로 직접적으로 연결되어 있지 않습니다. 즉 신자를 구원하고 축복하는 신은 신자에게 그러한 구원의 말을 직접 전하는 것이 아니라 중계자들을 통해 합니다. 그것은 그 중계자들이 신에 관한 정보를 독점하고 있기에 가능합니다.

이것은 국가와 기술엘리트가 정보를 독점하고, 이러한 정보 망각상태에서 이뤄지는 시민의 거품 욕망의 체계가 한국과 전 세계의 발전지상주의의 담론 구조인 것과 유사한 형식입니다.

그런데 이러한 발전지상주의는 엄청난 재앙을 낳았습니다. 2011년 후쿠시마는 바로 그것을 보여주는 계기적 사건이었습니다. 하여 우리 시대에 시민의 성찰은 '후쿠시마 이후'라는 개념을 통해 이야기할 수 있는 것이지요.

문제는 교회입니다. 교회는 이러한 성찰을 가로막는 주요 장소인 것입니다. 하여 교회는 오늘날 선교를 할 수 없습니다. 낡은 시대의 낡은 인습, 낡은 욕구의 체계가 잔존하는 장소로 사람들을 불러들이는 꼴이 되기 때문입니다. 하여 교회는 선교 대신에 뼈를 깎는 구조조정을 해야 합니다. 성장지상주의의 키워드가 들어 있는 모든 제도적 장치들을 찾아내고 그것을 해체하며 후쿠시마 이후를 성찰한 새로운 모색들에 열려 있어야 합니다. 저는 그 첫걸음은 성장주의를 추구하지 않는 '작은 교회'의 추구라고 생각합니다. 그 다음은 사회 속의 작고 빈궁한 자의 축복을 위한 신앙과 교회의 모색에 있다고 봅니다. 후쿠시마 이후의 선교가 가능하다면, 바로 이런 모습일 것입니다.

오늘 읽은 성서 텍스트는 그러한 신앙의 한 전거입니

다. 발전지상주의를 추구했던 다윗왕조의 신학은 국가의 몰락을 초래했습니다. 다윗왕조만이 신의 축복을 백성에게 나눠줄 수 있다는 국가신학이 낳은 재앙입니다. 한데 식민지 시대 유배지에서 과거 다윗왕조의 신학을 위해 성전에서 일했던 일단의 사제와 하급성직자들이 새로운 개혁의 구호를 외칩니다. 그중의 하나가 이 텍스트에 담겨 있습니다. 신은 다윗계 왕의 기도에 응답하는 이가 아니라, 가련하고 빈궁한 이들의 신음 소리에 응답하는 분이라는 것입니다. 재앙의 시대에 개혁은 바로 이와 같이 국가의 성공을 추구하는 신학이 아니라 작은 자들의 고통에서 시작하는 신학이라는 것입니다.

# 사회적 비용의 전복[89]

존엄, 또는 원자력 발전소 이제는 그만!

시부야 노조무 | 한태준

## "귀찮음"과 "두려움"이라는 사회적 비용

자동차에 의한 교통사고가 "교통전쟁"으로 간주되고, 배기가스 공해, 도로건설에 의한 환경파괴가 문제화된 1970년대, 우자와 히로부미[90] 교수는 자동차 사회의 악영향을 고발한 『자동차의 사회적 비용』(1974년)[91]을 저술했다. 우자와가 말한 사회적 비용이라는 발상은, 지금 우리들의 시대, 원자력 발전소가 사회에 끼치는 악영향을 검토할 때도 매우 유효하다.

사회적 비용Social Cost이란 무엇인가? 우자와 교수에 의하면,

> 어떤 경제활동이, 제3자 또는 사회 전체에 대해서, 직접적으로 또는 간접적으로 영향을 일으키고, 여러 가지 형태로 피해를 끼쳤을 때, 외부불경제external de-economies [92]가 발생한다. 자동차 통행에만 한정하지 않고, 일반적으로 공해, 환경파괴 등의 현상을 경제학적으로 파악했을 때, 그 외부불경제라는 개념에 의해서 정리되어진다. 이처럼 외부불경제를 동반하는 현상에 관하여, 제3자 또는 사회 전체에 끼치는 악영향 가운데에서, 발생자가 부담하지 않는 부분을 어떤 식으로든 측정해서, 집계한 액수를 사회적 비용이라 한다.(우자와, 1974. p. 79)

요컨대, 사회적비용이란, 어떠한 경제활동이 그 활동에 관계하지 않는 비당사자 — '제 3자 또는 사회전체' — 에게 끼치는 보이지 않는 악영향이다. 자동차의 사회적 비용의 경우, 자동차를 팔고 사는 사람들, 즉 생산자와 소비자라고 하는 직접적 당사자들의 벽을 넘어서, 공해나 교통사고와 같은, 비당사자가 떠맡는 부담이 있는데, 당사자들이 이것에 대해 보상하지 않을 때, 그것을 사회적비용이라 한다. 이 경우, 사회적 비용은 부담을 떠맡는 비당사자가 지불하게 된다. 배기가스를 감수하는 형태로 산업도로 주변의 주민들이 사회적 비용을 부담하게 됨으로써, 자동차의 비용은 외부화되고 이로써 가격 인하가 가능해 진다. 우자와 교수는, 환경파괴의 사회적 비용은 그 지역에서 벗어나는 것이 불가능한 빈곤층에 전가된다고 지적하는 것을 잊지 않는다. 그 결과, 비교적 유복한 소비자 앞에 자동차는 '싸고 편리'한 것으로 나타나며 이렇게 됨으로서 더 많이 팔릴 수 있다.

우자와 교수의 논의에서 중요한 것은, 이런 사회적 비용을 측정하는 관념이다. 그는 자동차의 사회적 비용의 요소를 계산할 때, 이렇게 질문하고 있다.

> 자동차의 사회적 비용을 고려할 때, 먼저 상기해야 할 것은, 자동차 통행이 가능할 수 있도록, 도로를 건설 · 정비하고, 교

통안전을 위한 설비를 준비하고, 서비스를 제공하기 위해 필요한 비용이다. …… 예를 들어 자갈길이었던 곳을 포장해서 자동차 통행을 허용하도록 만들 때, 단순히 포장비용만을 고려한다면 좋겠지만, 지금까지, 보행자가 자유롭고 안전하게 자갈길을 통행했다고 한다면, 자동차 통행을 허용하는 것으로 인해 보행자들이 입는 피해는, 어떻게 평가하면 좋을까 라는 문제가 발생한다.(우자와, 1974, pp. 80~81)

결국, 자동차가 '싸고 편리'한 것으로 모습을 나타내기 위해서는, 포장된 도로망이 필요한 것이다. 그리고 포장된 도로망이 출현하기 위해서는, 그 길을 이용하고 있던 보행자를 배제하고, 그들을 도로의 한구석으로 몰아넣지 않으면 안 된다. 보행자에게 있어서 도로의 한구석으로 쫓겨나는 것은 일종의 "피해"라고 우자와 교수는 말한다. 그리고 이 "피해"를 가시화해야만 한다고 주장한다.

간선도로를 벗어나서, 뒷골목을 걷는다면 어떨까? 주택지와 상점가를 막론하고, 보도와 차도가 분리되어있는 곳이 점점 줄어들고 있다. 자동차가 한 대 겨우 지나갈 수 있는 좁은 도로를, 자동차가 경적을 울리고, 배기가스를 내뿜으며 질주한다. 사람들은 전신주에 몸을 숨기고, 끊임없이 전후를 살펴보며, 도로의 가장자리로 걸음을 재촉한다. 어린아이들이 도로에서 뛰어노는 것은 거의 드물고, 통학할 때도 재빠르게 자동

차를 피해가면서 걷지 않으면 안 된다.(우자와, 1974, p. 64)

확실히 이러한 "피해"는 보잘 것 없는 것처럼 보인다. 하지만 예를 들어 육교를 생각해 보면, 보행자가 힘겹게 계단을 오르고, 차가 그 밑을 지난다고 하는 것은 본말전도가 아닌가? 우자와 교수는 육교에서 도로설계자의 비인간적인 사상을 찾아낸다. "저 길고, 가파른 계단을 노인, 아기, 장애우가 어떻게 오르락내리락 할 수 있겠는가? …… 나는, 육교를 건널 때마다, 다리 설계자의 비인간성과 저속함을 떠올리고, 이런 인간들이 일본의 도로를 설계하고, 관리하고 있는 것을 생각하며, 일종의 공포감마저 갖게 된다."(우자와, 1974, p. 62) 우리들은 배기가스나 경적에 두려워하면서 좁은 도로의 가장자리를 걷고, 육교를 건너는 것을 너무나 자명하게 생각하고 있는 것은 아닌가? 즉, 자동차의 "비용절감"과 "편리성"을 지탱하고 있는 것은, 육교를 오르고 내리는 것으로 상징되는 언뜻 보면 사소한 "귀찮음"과, 차를 피해서 거리의 가장자리를 걷는다는 "두려움", 이러한 작은 피해들의 축적인 것이다.

우자와 교수는, 두려워하지 않고 여유롭게 거리를 걷는 것을 기초상태라고 생각한다. [그런데] "일본에서는 이미, 어린아이들이 여유롭게 거리를 걷고, 학교에 가고, 놀러 간다고 하는 것은 불가능하게 되었다."(우자와, 1974,

p. 6) 그래서 그는 이것을 출발점으로 자동차의 사회적 비용을 계산한다.

계산에 대한 자세한 설명은 생략하지만 그가 주장하는 요점들 중의 하나는 공해대책비의 계산이다. 그런데 보다 중요한 것은 아동공원의 정비비용을 자동차의 사회적 비용으로서 계산한 것이다. 이유는 이미 서술되었다. 차에 의해서 어린아이들이 도로 공간을 빼앗겼기 때문이다. 그렇다면 그 대체로서, 아동공원을 정비할 필요가 있는 것이다. 이것들을 계산하면, 자동차의 본래 비용이 폭등하지 않을 수 없다. 이용자는 자동차 한 대 당 2백만 엔(원화 약 2,753만원)을 부담하게 된다고 한다(게다가 당시 금액으로). 이래서는 서민이 아무리 발버둥을 쳐도 마이카를 갖는 것은 무리인 것이다. 하지만, 우자와 교수의 주안점은, 본래 불가능했던 것이, 사회적 비용을 슬그머니 비당사자에게 전가하는 것에 의하여 가능하게 되었다는 것을 명확하게 하는 것에 있다.

## 원자력 발전소의 사회적 비용

현재, 원자력 발전소의 발전發電 비용 분석이 논의의 도마 위에 올랐다. 이 과정에서 지금까지 계산되지 않았던 원자력 발전소의 발전 비용 요소가 발견되었고, 종래의 계산이 편의에 의해 전제된 것이라는 것이 명확해 졌다. 그 결과, 발전發電의 비용이 상승하는 것이 증명되고 있다. 그러나 우자와 교수가 자동차의 사회적 비용에서 지적했듯이, 두려워하지 않고 여유롭게 걷고 놀며 살아간다는 존재 상태를 출발점으로 한다면, 현재, 논의되고 있는 숫자들에도 여전히 부족한 감이 있다. 아니 어쨌거나, 원자력 발전소는 위의 사례와는 달리, 단적으로 말해, 그런 계산이 불가능한 점이 있다. 방사능을 두려워하지 않는다는 것을 출발점으로 할 수 있다면 가능하겠지만 말이다.

만약이라는 가정 하에서지만, 사람들이 원자력 발전소를 사용하면서, 방사능을 두려워하지 않는 것을 가능한 요소로 고려해보자. 스트레스 검사나 쓰나미·지진대책 등 원자력 발전소 자체의 안전관리는 물론, 방사능 오염에 관한 환경 영향 평가를 통과하고 철저한 피난훈련이나 방재 계획을 세우는 것이 필요하다. 하지만 이런 것들을 실행하는 것에는 막대한 비용이 든다. 전력회사와 국가는, 이런 비용을 철저하게 절약하고 의도적으로 낮게 책정해왔다. (애당초 현재의 환경영향평가 법에는 방사능에 관한 환경영향평가는 의무화되어 있지 않다.)

원자력 발전소 사고를 상정하여 주민들이 피난훈련을,

실제 상황과 똑같이 제대로 실시하는 것을 상상해보자. 다음에 서술하는 바와 같이, 그것은 너무나도 귀찮은 일이다. 먼저, 안전한 물이나 식료품의 비축이 필요하고, 요오드 정재의 비축과 배포훈련이 필요하다. 쓰나미나 지진으로 통신망·교통망을 사용할 수 없다는 전제하에, 바람의 방향을 고려하면서, 주민을 피난시키는 훈련, 사람뿐만 아니라 가축의 피난도 필요할지 모른다. 이번 후쿠시마 원전 사고를 생각해보면 당연히, 피난 구역 범위도 100km로 상정할 필요가 있다. 이것을 제대로 실행한다면 족히 일주일은 걸릴 것이다. 게다가 이것을 년 일회씩 일주일에 걸쳐 실시한다면, 그것 자체가 더없이 큰 부담이 될 것이다. 이러한 훈련을 실시하지 않는 것에 의해, 원자력 발전소의 발전 비용은 덜어지고 전기는 "싼" 것으로 소비되어져 온 것이다. 그리고, 이 비용을 어떤 식의 형태로건 내부화시킨다면 발전 비용은 폭등하지 않을 수 없다.

게다가, 원자력 발전소의 노동자들에게 드는 비용도 있다. 원자력 발전소는 1년에 1회 정도 정기점검이 필요하며, 이 때 한꺼번에 3천 명 이상의 노동자가 원자력 발전소 내부에서 일하게 된다. 그들은 일곱 차례나 여덟 차례에 걸쳐 노동을 하는 하청노동자들이다. 전력 회사는 피폭에 의한 그들의 건강피해에 대해 책임을 지지 않는 구조로 되어 있다. 결과적으로 많은 노동자들이, 피폭의 위험에 노출되어 건강피해가 발생한다 해도, 보상을 받지는 못한다. 이에 대해 확실히 관리하고, 건강피해를 보상한다면 막대한 시간과 비용이 필요할 것이다. 그러나 지금까지, 전력회사는 그 위험을 최대한 낮게 책정하고, 건강관리에 대한 대책을 생략해 왔다. 이런 요인들로 인하여 원자력발전은 "저렴한" 것으로 인식되어 왔다. 말하자면, 그런 사회적 비용들을, 원자력발전소 노동자들의 신체로 부담해 온 것이다.

더욱이, 사고가 일어난 현재, 방사능을 두려워하지 않고 살기 위해서는, 당연히, 그 지역에 있는 주민들의 분산이나 피난이 필요하고, 그에 따른 비용도 필요하다. 하지만, 정부와 도쿄전력은, 방사능 위험을 낮게 책정하거나, 또는 은폐하는 것으로 피난에 드는 비용을 절감하고 있는 실정이다. (이들은 종종 위험을 알리지 않는 것을 '위험 정보 교류'Risk Communication라고 부른다.) 여기서도 요점은, 우자와 교수가 한, 자동차의 사회적 비용에 대한 계산에서와 동일하게, 사소한 "피해"인 것이다. 예를 들어, 방사능 오염은 방사선 양이 적은 지역에서도 축적된다. 그러므로 주민들은 세세하게 이것들을 측정하고 계산해서 가능한 한, 그 영향을 제거할 필요가 있다. 그렇게 하기 위해서는, 안전한 식료품 확보(구입), 요리, 어린아이들에게 마스크를 착용시키는 것 등, 온갖 번거롭고 복잡한 재생산노동이 필요하다. 이러한 노동들이 원자력 발전소 사고가 없었다면 존재할 필요가 없는 노동인 것이다.

 이러한 것들을 감소시키기 위해서는 원칙대로라면, 어린아이들의 분산이나 피난이 필요하다. 하지만, 그렇게 하기 위해서는 막대한 비용이 필요하다는 것이 예측가능하다. 그러므로 원자력 발전소의 사회적 비용은 현재, 주부나 어머니라는 재생산노동자(물론 그 외의 주민들과 그곳에서 생활하고 있는 아이들 자신도 포함된다)에게 전가되고 있다는 것을 고려해야만 할 것이다.


## 부담의 연쇄

 이처럼 원자력 발전소의 사회적 비용을 충분히 계산한다면, 원자력 발전소의 존립은 비용면에서 불가능할 것이다. 하지만, 이 비용은 사회적 비용으로 돌려져 비가시화되어 왔다. 더욱이 우리들이 그 동안 봐 온 것은, 방사능 오염에 기인하는 사회적 비용 부담의 연쇄되는 전가이다. 그것은 마치 트럼프 게임의 하나인 도둑잡기처럼 전개된다. 예를 들어 먼저, 후쿠시마 제1원전 주변의 농업생산자에 이 사회적 비용이 전가된다. 생산자들 중에는 이것을 우선 감수하고, 도쿄전력이나 국가에 그 비용부담을 요구하는 사람들도 많다. 그러나 그들 중에는 그 사회적 비용을 시장에 유통시키는 경우도 있다. 이것이 의미하는 것은, 방사능 오염의 위험 — 우리들은 이것을 "두려움"이나 불안, 또는 "피로"로서 경험한다 — 이라는 비용을 다시 소비자에게 전가하는 것이 된다. 물론 소비자도 그렇게 둔감하지는 않다. 결국, 최종적 악영향은 후쿠시마 주변의, 혹은 빈곤층의 아이들에게 전가된다. 게다가 국내에서도 안전관리가 매우 곤란하다는 것이 이해된 원전을 태연하게 국외에 수출하는 것도, 원자력 발전소의 사회적 비용이라는 "억압"을 타자에게 "이양"(전가)하는 것이다.

## 자기 증오

방사능 오염의 사회적 위험을 가시화하고, "피로"나 "두려움"이 없는 존재상태라는 관점에서 이 비용부담을 국가와 도쿄전력에게 요구하는 것, 나아가 이러한 위험을 제3세계 국가들에 몰래 전가하지 않도록 배려하는 것. 이러한 것들이 존엄dignity이라는 말로 요약될 수 있다. 누구나 자동차나 방사능을 겁내지 않고 여유롭게 사는 것이 존엄의 문제인 것이다. 원자력 중심 사회나 자동차 중심 사회는 우리들에게서 존엄의 감각을 빼앗고, "두려움"이나 "피로"를 당연한 것으로 간주하는 비굴한 태도를 조장한다. 예를 들어, 자신이 "귀찮은" 일을 하고 있으니, 다른 사람들도 이것을 감수해야만 한다, 라고 말하는 듯하다.

존엄의 감각이란 무엇인가? 그것은 인정과 비슷하지만 조금 차이가 있다. 적어도 그것은 "자기 인정의 욕구"라고 할 때의 "인정"과는 다르다. 앞서 말한 "인정"이란, 일반적으로 한 개인의 고유성, 개별성을 인정하는 것을 골자로 하는 강한 "주장"이며, 심리적인 인정이다. 그것은 자신의 불완전함을 해소하기 위해서, 자신이 특별한 존재인 것을 주장하고, 그것을 추구하게 되는 "자아 발견"이나 "자아 실현"인 것이다. 이에 비해, 존엄의 감각이란, 예를 들어 흑인해방운동 시대에, 흑인들의 "나는 누군가이다"I'm Somebody라는 주장에 나타나고 있는 감각과 같다. 흑인해방운동의 주장은 정체성 정치학이라는 자기인정의 정치에 왜소화되어져 이해되고 있지만, 그 주장은 원래 사회에서 평등하게 취급받고 싶다는 의미이고, 강한 "인정"이라는 관점에서 보면 지극히 사소한 요구인 것이다. (실은 그런 까닭에 급진적이었지만.) 그것은 차별받지 않고, 평범하게 살고 싶다는 너무나도 평범한 주장이다.

그러나 존엄의 감각의 결여는, 차별받고 있는 사람들,

말하자면 소수자집단에 한정되어 있지 않다. 타인을 버러지 같이 취급하는 자, 또는 그러한 사회는 그런 자신들마저 버러지처럼 취급하기 때문이다. 누군가가 소수자집단을 차별적으로, 그리고 민중을 버리는 방식으로 취급하는 사회에서, 차별하는 다수자집단은 얼핏 보면, 풍족한 생활을 하고 있는 것으로 보일지 모르지만, 그들 자신도 잠재적으로는 버러지로 취급받고, 유사시에는 방치되어진 채 내버려진다. 방사능오염의 위험에서 피하기 위해 피난하고 싶어도 비용 때문에 그렇게 할 수 없는 사람들은, 말하자면 이 사회로부터 버림받은 사람들로 취급당하게 된다. 하지만, 또 다른 원전 사고, 또 다른 재해가 발생할 경우, 이와 똑 같은 불행이 또 다른 주민들에게도 닥치게 된다. 따라서, 이 문제를 고려하기 위해서는 "차별"을 폭넓게 정의하는 것이 필요할 것이다. 자동차의 사회적 비용이나 원자력 발전소의 사회적 비용을 전가 받은 사람들 모두 ― 결국 정도의 차는 있겠지만 일본에 사는 모든 이들 ― 가 차별받는 사람들인 것이다. 거기에서 차별이란, 자신(들)이 자기 자신(들)을 차별하는 자기 차별, 자기 증오이다. 존엄의 감각은, 사회 전체(세계 전체)에 대해서, 누구든지 존엄을 가지고 대우하는 것을 요청하는 것이고, 동시에 앞서 언급한 자기 증오의 해소를 요청하는 것이다. 이러한 점에서도 존엄은 단순한 "자기 인정"과는 다르다.

## 존엄의 공간

인류학자 갓산 하지Ghassan Hage [93]가 묘사한 오스트레일리아의 횡단보도 이야기[94]는, 우자와 히로부미 교수가 지적한 사회적 비용을, 자동차 이용자가 부분적으로 내부화하고 있는 사례이지만, 그것과 동시에, 존엄의 문제와 관련된 것을 시사하고 있어 매우 흥미롭다.

내전의 포화를 피해 오스트레일리아로 온 레바논 출신의 알리라는 남성은, 내전으로 가족을 잃고, 정신적인 병을 얻었다. 그러나 그는 오스트레일리아에 온 후 점차 회복되고 있었다. 그는 횡단보도를 반복해서 건넘으로서 병으로부터 완전히 회복했다고 한다. 그는 하지에게 이렇게 말하고 있다. "나는 언제나 저기 있는 은행 근처 …… 도로를 건너고 있었죠. 나는, 횡단보도가 좋아지게 되었어요! (웃음) 몇 시간이고, 횡단보도를 반복해서 건넜죠. 차가 나를 위해서 멈추는 순간이 매우 좋았어요. 그것은, 내 자신이 소중한 인간이라는 것을 느끼게 해주었죠. 나는 그것이 기적이라고 생각했어요!! 이러한 일들이 베이루트에서 일어날 수 있다고 생각하나요?"(Hage, 2003, 2008, p. 225)

그 횡단보도는 신호가 없는 횡단보도였다고 생각된다. 일본에서는 그런 횡단보도 앞에 사람이 서 있어도 차가 멈추지 않는다. 보행자는 차가 오지 않는 시간을 기다리고서야 건널 수 있다. 그 점에서는 베이루트도 동일했던 것이다. 그러나 오스트레일리아에서는 신호가 없는 횡단보도 앞에 보행자가 서 있으면 차가 정지한다. (필자도 오스트레일리아에 머무르고 있을 때, 이러한 것에 놀랐던 적이 있다. 영어도 잘하지 못하고 불안한 생활을 하고 있는 몸으로서 상당히 고마운 일이었다.) 자신을 위해서 차가 멈춰준다는 경험은, 레바논에서 포격을 받았던 알리에게 있어서 "자신의 명예가 보호 받는다" 혹은 "인간으로서 취급 받는다"는 것, 말하자면 자신이 사회의 일원으로서, 바로 누군가somebody임을 확인시켜주는 경험이었다. 그런 까닭에 그는 우습게도 같은 횡단보도를 반복해서 건넜던 것이고, 그것이 병에서 회복되는 계기로 되었던 것이다. 하지는 이것을 두고, "횡단보도가 윤리적으로 설계되었다는 사실"이라고 말한다. 그가 그렇게 말하는 것은, 오스트레일리아에서 횡단보도라는 공간이, "자신의 가치가 부정되고, 존엄을 잃어버린 알리가 느낀 레바논"에서와는 달리, 사회가 알리에게 "인정과 가치부여라는 증여물을 제공"하는 공간이었기 때문이다.(Hage, pp. 258~259) 지금까지 나온 단어들을 가지고 말하자면, 그것은, 보행자나 주민에게 슬그머니 떠맡겨졌던 사회적비용을 가시화하고 정당하게 평가한다는 윤리적인 증여물인 것이다.

횡단보도에서 보행자가 우선되어지는 것은, 사소한 사례이다. 그러나 우자와 교수가 지적한 것처럼, 일본에서는 차가 우선이고, 보행자는 도로 가장자리에서 차를 두려워하면서 걷지 않으면 안 된다. 어느새 이러한 습관이 몸에 배어 버리고, 당연한 일이 되어 버렸다. 신체화되고 당연한 일이 된 "두려움"과 "귀찮음"의 연장으로서, 방사능을 두려워하면서 생활하는 것은 어쩔 수 없는 일이라는 체념이 있다. 거기에서 발견되는 것은, 존엄의 감각의 파괴, 자기 차별, 자기 증오 등이다.

"이제는 그만!"

이상하게 들릴지 모르겠지만, 존엄의 감각은 부정의 감각에서 시작한다고 존 홀러웨이는 말했다.[95] 즉 그것은, "이제 그만해"라는 감각이라는 것이다. 그리고 우리들이 지금까지 살펴본 존엄의 요구에는 자동차의 사회적 비용을 내부화하는 것, 방사능 오염의 위험을 피하는 것 등이 포함된다. (또는 그것을 위해 기본소득basic income을 제도화하는 것도 거기에 포함될지 모른다.) 물론 군사기지를 짓지 않는다는 것도 거기에 포함된다. 이것들은 확실히 체제내적인 요구이다. 그런 의미에서 이런 요구들은 체제 속으로 회수될지 모른다. 하지만 이런 요구들을 신경을 써서 잘 들어보면, 그것들이 "아니오"否의 소리와 공명하고 있다는 것을 알 수 있다. 이 "아니오"의 감각은 현 체제에 대한 "아니오"의 공격이자, 체제의 균열인 것이다.

예를 들어 공민권 운동은, 피차별자의 체제내로의 포섭이라는 온건한 요구를 내걸고 있지만, 존엄의 주장을 핵심으로 하고 있음으로 해서, 급진적인 것으로 전환되고 있었다. 당시, 미국의 민주당은 공민권운동의 요구를 받아들이고, "위대한 사회"의 구상을 내세우고 있었지만, 이것과 병행해서 베트남 전쟁을 수행하고 있었다. 사람들은 국내의 사회적 비용의 내부화(복지국가화)의 대가로 베트남 사람들의 생명 파괴를 묵인한다는 형태로, 사실상, 거래를 하고 있었다. 당초 민주당에 대한 비판을 삼가고 있던 마틴 루터 킹 목사는 이러한 윤리적 기만에 정신을 차리지 않을 수 없었고, 베트남 전쟁을 비난하는 연설을 시작한다. 그가 얼마 지나지 않아 암살당한 것은 그의 이런 태도 변경 때문일 것이다. 하지만, 이러한 흐름은 앞서 언급한 흑인해방운동의 존엄의 주장과 연결되어 있다. 그들은 타자의 생명을 담보로 한 복지정책을 거부하고자 한 것이다.

마리아 미스Maria Mies나 여러 독일의 생태 여성주의자들이 주장하는 것처럼,96 자본주의는 개발의 사회적 비용을, 당사자가 아닌 자들 — 특히 식민지나 제3세계 여성 — 에게 전가시키고, 그/녀들에게 부담시키는 것을 통해 성립되고 있다. 달리 말하면, 자본주의는, 비가시화된 "귀찮음"과 "두려움"에 의해서, 그러니까 존엄의 파괴에 의해서 성립되고 있는 것이다. 자본주의가 개발이란 명목 하에 전 지구로 확대되는 것과 함께, 이것의 사회적 비용 부담도 증대된다. 선진국에서는 기피되는 것, 즉 환경오염의 원인이 되는 공장이 제3세계에 세워지고, 그 지역이 오염되어지는 것은 이와 같은 문제들의 전형이라 할 수 있다.

존엄의 다양한 요구들은, 불가능한 요구라고 이야기되지만, 생태 여성주의자들의 논의로부터 우리가 말할 수 있는 것은, 자본주의와 존엄은 양립할 수 없다는 것이다. 그러므로 존엄을 요구하는 것은 자본주의에 있어서 전복적이다. 그것은 자본주의의 구조 안에서는 불가능하기 때문이다.

보이지 않는 사회적 비용을 슬며시 주민에게 전가하지 않으면, 자동차의 가격은 상승하여 팔리지 않게 된다. 더욱이 원전에 의해 "싸게" 생산되어진 전력으로 자동차의 제조 단가가 조절되었다고 한다면, 사람들이 원전의 사회적 비용 부담을 거부하자마자, 그것은 전기요금에 반영되게 되고 따라서 자동차가격은 상승하게 된다. 또 방사능 오염의 위험을 피하게 하고, 피해자에게 보상을 하기 위하여 법인세가 인상되어진다면, 수출제품 가격이 상승할지도 모른다. 마리아 미스가 거듭 시사한 것처럼, 사회적 비용을 주부나 제3세계의 농민에게 전가하지 않는다면, 선진국 남성노동자들의 노동력 재생산에 드는 비용은 폭등할 것이고, 노동력을 노동시장에서 파는 것은 불가능하게 될 것이다. 이 모든 것들의 존엄을 요구하는 주장은 자본주의에 있어서는 전복적인 것이 된다.

존엄과 "아니오"의 감각이 기존 사회의 틀을 흘러넘쳐서, 새로운 사회관계의 창조로 향하게 된다면, 그것은 더욱 전복적이 될 것이다. 원전 거부는 새로운 사회를 구상하고 실천하는 계기가 될 것이다. 방사능 위험의 회피는, 소비문화를 급진적으로 되묻고, 자율적 창조DIY의 문화나 "재해 유토피아"A Paradise Built in Hell(레베카 솔닛Rebecca Solnit)를 자본 외부에 출현시키는 데에 도움을 줄지 모른다. 우리들은, 작년 이래로, "반원전 운동"이 전례가 없을 정도의 여러 가지 형태로 많은 사람들을 끌어들이는 것을 봐왔고, 부분적일지라도 대안적 사회가 미시적인 형태로 그리고 예시적인 방식으로 출현하고 있는 것을 봐왔다. 이 때, "원전을 이제 그만 중단하라"고 말하는 존엄의 투쟁은, 아랍의 봄, 유럽혁명, 월가 점거 등 현재 세계 여러 곳에서 동시다발적으로 일어나고 있는 자본주의에 대한 반란과 합류할 것이다. 이 투쟁 역시 "다수자집단"의 사람들이 자기 증오를 강제하고 있는 사회에 대한 거부에서, "이제는 그만"이라는 존엄의 주장에서 출발하고 있기 때문이다.

# 제2, 제3의 후쿠시마를 허용할 것인가?[97]

인도네시아로 수출되는 원자력 발전소, 그것을 생각한다

사에키 나츠코 | 신지영

## 인도네시아의 원자력 발전소 계획

인도네시아의 원자력 발전소 도입 계획은 실상 반세기 이상의 역사를 지닌다. 일찍이는 1945년 태평양 지역에서 이루어진 아메리카의 핵실험의 영향이 있었다. 이후 핵을 개발하여 이용할 가능성을 조사하기 위해서 방사성 물질 연구 국가 위원회가 설치(1958년에 원자력 자문 위원회로 개조됨)된 것을 시초로, 1964년에는 원자력 기본법이 성립되었다. 이어서 국가 원자력 관청BATAN이 설립되고, 1965년에는 서부 자바주州 반둥에서 최초로 연구로研究炉98가 가동되었다.

수하르트 신질서 체제기에 들어서면서 원전 건설 계획은 보다 현실감을 띠게 되었다. 1971년 BATAN은 국제 원자력 위원회IAEA의 원조를 받아 원전 도입 조사를 실시하였고 1972년에는 원전 건설에 관한 준비 위원회가 설치되었다. 1) 지멘스SIEMEN(독일) + 후라마톰Framatome ANP(프랑스), 2) 웨스팅하우스Westinghouse(미국) + 미쓰비시중공업三菱重工業 + 안살도Ansaldo(이탈리아) 3) 캐나다 원자력 공사 등 세 그룹에 의한 원전 경제성 조사(1986년)와, IAEA에 의한 원자력 후보지 조사 평가 지원(1988)을 받아, 인도네시아 정부는 1987년에 원전을 건설하기로 결정한다.

최초로 원전 건설의 실행 가능성 조사F/S를 수주했던

것은 건설 컨설팅 뉴 젝크(간사이 전력 관련 공사)[99]였다. 뉴 젝크의 F/S비용은 15억 원이었는데 이중 7억 원은 일본 수출입 은행(당시)에서 융자로 조달되었다. 뉴 젝크는 1996년, 건설 후보지로서 중부 자바주 무리아 반도가 최적격이라는 결론을 내린다. 이후 1) 웨스팅 하우스 + 미쓰비시 중공업, 2) GE(아메리카) + 도시바東芝(일본) + 히타치日立(일본) 3) 지벤스 + 후라마톰, 4)캐나다 원자력 공사 등이 이 사업에 참여하길 꾀하기 시작한다.

수하르트 정권은 원전 개발을 국책으로 삼았다. 반면 수하르트 정권에 의해 압력을 받으면서도 원전계획에 대한 반대 운동이 고조되었다. 1994년에 결성되었던 〈인도네시아 반핵 시민 연합〉MANI은 원전 건설 반대 100만인 서명을 실시했으며, 그 외에도 일본 국회에 요망서를 제출했다. 1995년에는 인도네시아 최대의 환경 단체 〈인도네시아 환경 포럼〉WALHI이 자카르타에서 체르노빌 9주년 집회를 개최했다. 1996년, 무리아 원전 건설 예정지로 결정된 중부 자바주 쥬바라현에서 최초의 반反원전 데모가 일어난다. 또한 자카르타 중부 나바 주 소로, 죠그 자카르타에서 〈제4회 반핵 아시아 포럼No NUKE Asia Forum〉이 열리고 있다.

원전 계획의 부활

1997년에는 반대 운동의 영향과 아시아 통화 위기로 인해 원전계획이 중지된다. 원전 계획이 다시 부활했던 것은 2003년의 일이다. 핫타 라자사^(ハッタ・ラジャサ) 연구 기술 대신(당시)이 인도네시아(특히 자바 섬, 발리 섬)의 에너지 위기를 이유로 삼아, 원전 건설 계획을 재개한다고 선언했던 것이다. 그는 에너지 공급의 다각화, 에너지원의 보호, 온실효과가스 배출량 감소에 의한 환경보호, 재생 가능한 에너지가 불충분하며 매우 비싸다는 점을 이유로 들었다. 원전 계획 재개 선언에 앞서 2000~2001년에 IAEA와 JBIC의 지원으로 실시된 원전 에너지원의 비교평가CADES에서는 인도네시아에서 원자력을 실시할 수 있다는 결론이 내려지기도 했다.

더욱이 2005년 에너지 광물자원 관청이 발표한 「2005~2025년 국가 에너지 매니지먼트 청사진」이나 「국가 에너지 정책에 관한 2006년도 대통령 결정 제5호」에서는 2025년의 재생 가능 에너지(수력, 태양력, 풍력, 원자력) 비율을 5% 이상, 원전 설비 용량을 400만KW 이상으로 한다는 목표가 결정되었다. 여태까지 '제로'였던 원자력에 의한 에너지 생산을 2020년에는 2,790만 BOE(석유 환산 베럴), 2025년에는 5,580 BOE까지 증가시킨다는 것이었다. 더불어 원전 건설을 추진하는 법도 정비되었다. 예를 들어, 〈장기 국가 개발 계획에 관한 2007년 법률 제17호〉는 최초의 원전이 2015~2019년에 조업을 시작해야 한다고 결정하고 있으며, 〈에너지에 관한 2007년 법률 제30호〉는 원자력 에너지를 장래의 에너지 시스템의 일부로 규정하고 있다.

무리아 원전 건설 계획도 단박에 진행되었다. 뉴 젝크가 실시한 F/S를 개정하여, 2025년까지 합계 4백만 KW의 설비용량을 지닌 4기를 건설하는 것을 목표로, 1, 2호기에 대해서는 2008~2009년 입찰, 2010~2011년 착공, 2016~2017년 운전을 개시한다는 계획이 수립되었다.

## 원전을 거부하는 주민들

무리아 원전 건설 예정지인 중부 자바주 쥬바라현의 인구는 120만 명이다. 쥬바라현은 인도네시아의 유명한 가구생산지이다. 인구의 40%를 점하는 많은 노동자가 가구 생산에 종사하고 있다. 여기에 어민(인구의 10%), 농민(30%)을 더하면 주민 대부분이 자연에 의지해 살림살이를 하고 있다고 해도 과언이 아니다. 주변의 쿠도스현(인구 72만 명, 그 중 농민은 35%, 노동자는 48%로 대부분이 담배 산업에 종사), 파티현(인구 120만 명, 어민은 5%, 농민은 60%, 노동자는 20%로 대부분이 농산물 가공업에 종사) 도 마찬가지다.

무리아 반도 세 가지 현에 사는 어민·농민·노동자들 — 즉 무리아 반도 인구의 70% 이상 — 은 원전 건설에 강하게 반대했다. 원전 건설 예정지로 지정된 곳 대부분이 국영 농원기업의 고무 농원이기 때문에, 이곳이 원전 건설지로 정해져 토지를 수용 당하면 그들은 직장을 잃는다. 또한 방사선으로 인해 생활양식이나 자손의 삶과 건강이 위협 당한다. 도시의 경제·정치적 이익의 산 제물이 되고 만다. 무엇보다 그 고장의 주민들에게 원자력 발전은 핵폭탄을 상기시키는 위험한 것이기 때문이다. 어떤 주민은 원전에 대해서 이렇게 말한다. "어쨌든 반대. 살 곳도 죽을 곳도 나 자신의 토지가 아니라면 [안 된다.]"

2007년 중반, 원전에 대한 반대 목소리가 높아졌다. '롱구 행진'은 그러한 반대 운동의 정점이라고 할 수 있을 것이다. 이 행진은 건설 예정지인 쥬바라현 쿤반도 바롱 마을의 주민 약 6천 명이 9월에 처음으로 벌였던 것으로 주민들은 쥬바라시까지 35km를 행진했다. 때마침 쥬바라 시의 현 의회에서는, 쿠스마양토 카디만 연구 기술 대신과 HM 핸드로 마루토요 씨[100]와의 대담이 진행되고 있었다. 이에 주민과 경찰대가 몸싸움을 벌였고 일촉즉발의 긴박

한 상황으로 치달았다.

## 무리아 원전은 "하라무(이슬람법으로 금지된 것)"다.

롱구 행진이 있던 날 밤에는 인도네시아 최대의 이슬람 조직인 〈나프다토르 우라마〉NU 중부 자바주 지부가 "무리아 원전은 '하라무(이슬람법에서 금지된 것)'"라는 결정을 내놓기도 했다. 무리아 반도는 15~16세기에 자바섬으로 이슬람을 전해 주었다는 9명의 성인(왈리 손고 Wali Songo)101 중 수난 무리아102와 수난 구도스103와 연관을 지니고 있는 땅이다. 주민의 약 90%가 무슬림이고 또한 그들 대부분이 〈나프다토르 우라마〉에 속해 있다. 우라마(이슬람 법학자)들은 무슬림인데 담배를 피워도 될지, 은행 거래를 해도 될지 등 일상적인 문제에 대해서 이슬람법에 비추어 해석해 줄 것을 요청받는 경우가 많다. 그들은 원전에 대해서도 이슬람법 심의 기관에서 협의를 했다.

우라마들은 플러스와 마이너스의 영향 중 어느 쪽이 더 큰가를 기준으로 판단한다. 이 방법은 예언자 무하마드가 도박이나 술에 대한 질문을 받았을 때, "플러스의 영향도 있지만, 마이너스 쪽이 크다"라고 대답했던 데에 기인한다. 원전에 대해서는 방사성 폐기물, 건강에 대한 영향,

주민의 사업계획에 대한 불참가, 테러의 위협 등이 마이너스 요인으로 제시되었다. 플러스 효과로는 발전소가 언급되었지만, 무리아 원전의 전력 공급량이 인도네시아 전체의 2%밖에 되지 않는다는 점에서 그다지 의미 있는 효과로 여겨지지 않았다.

또한 인도네시아의 법에는 우라마의 판단에 따른 상대적인 것Hukm Ijtihadi과 알라의 말에 의한 절대적인 것Qothi이 나뉘어져 있다. 무리아 원전을 하라무라고 판정한 것은 전자에 의한 것이다. 이러한 우라마의 판단은 우라마 자신의 지식과 경험 등에 근거해서 내려치는 것이기 때문에 지역이나 시대에 따라 달라질 가능성이 있다. 실제로 인도네시아 우라마 평의회MUI 쥬바라현 지부는 원전을 하라루(이슬람 법으로 허가된 것)로 한다는 판정을 낼 준비를 하고 있다고 한다. 우라마에 따르면 원전은 하라루(이슬람 법으로 허가된 것)가 될 수도 있고 하루무(이슬람 법으로 금지된 것)가 될 수도 있다. [이처럼 우라마에 의한 판결에서는] 전혀 상반된 판정이 나올 수 있는 것이다. 그러나 [그 판결의 정당성 여부는] 우라마의 고결함 등에 근거하여 무슬림 개개인이 판단하게 된다.

## 늘어가는 원전 건설 계획

무리아 원전에 대한 반대가 거세지자 정부는 어쩔 수 없이 대체 건설지를 찾게 되었다. 현재 건설이 계획되어 있는 곳은 마도라 섬(동부 자바 주), 고론타로 주, 방카 주(방카, 브리튼 주), 반텐 주, 동 카리만탄 주, 서 카리만탄 주이다. 마도라 섬에 예정되어 있는 원전 건설은 한국 원자력 연구소KAERI가 개발한 SNART원자로(해수 담수화 설비의 결합)이다. 고론타로 주에서는 주지사가 러시아의 RAOUES와 부유식 원전 건설에서 합의했다고 한다. 그러나 이 두 가지 모두 아직 시험 단계에 있는, 실제로는 존재하지 않는 원전이다. 따라서 이러한 방식의 원전에 대한 이후의 전망은 불투명하다.

한편 지역 자치체가 적극적으로 지지하여 계획이 급속히 진행된 경우가 방카 브리튼 주Bangka Belitung이다. 후쿠시마 제 1원전 사고 후에도 국가 원자력 관청BATAN에 의한 F/S(2011~2013년 예산 1,590억 루비아)가 진행되었다. 더욱이 서西 방카 현 에너지 광물자원국은 BATAN이나 원자력 규제관청Bapeten에 의한 원전 건설 계획의 사회화廣報를 촉진하고 있다고 보고되고 있다. 2011년 4월에 주州의 개발국이 'F/S 완료까지는 주민에 대한 원자력 발전 계획의 사회화廣報를 중지하겠다'고 발표했음에도 불구하고 그러하다.

　정부는 원전만이 인도네시아의 "에너지 위기"를 해결할 수 있다고 계속해서 선전하고 있다. 또한 이것을 국제사회가 뒤에서 지지해주고 있다. 2006년 엘바라데이 IAEA 사무국장(당시)은 유도요노 대통령(수실로 밤방 유도요노 Susilo Bambang Yudhoyono)과 회담하고 인도네시아 원전을 지원한다는 주제로 강의를 했다. 2010년 〈미국 원자력 에너지 협회〉, WiN, 〈인도네시아 재생 가능 에너지 사회〉METI 등 5개의 NGO도 인도네시아의 원전을 지원한다고 선언했다. 같은 해인 2010년 12월에는 인도네시아가 요르단, 베트남과 나란히, 원자력 개발에 대한 준비가 가장 잘 되어 있는 나라라고 평가한 IAEA의 보고서도 나왔다.

　〈인도네시아 반핵사회〉MANUSIA는 "에너지 위기"는 에너지 부족에 의한 것이 아니라, 오히려 에너지 자원의 대부분을 외국에 수출하는 것과 같은 잘못된 에너지 자원 대책miss-management 때문에 생긴 것이라고 지적한다. 덧붙여 인도네시아가 원자력을 추진하는 이유에 대해서도 ASEAN 인근 각국과의 라이벌 의식이 작용한 탓이라고 비판한다. 원자력 같은 하이테크적 상징성을 띤 최초의 국가가 되려는 경쟁이 ASEAN의 인근 국가들 사이에서 일어나고 있다는 것이다.

## 일본과 한국의 경쟁

기술력이 있고 세계로부터 인정받는 부유한 국가가 되는 꿈을 당장 실현하고 싶다 — 인도네시아의 이러한 야심에 "표본"이 되고 있는 것이 일본과 한국이다. 원전 추진파는 일본과 한국의 성공이, 주로 원자력에 의해서 촉진되었다고 생각하고 있다. 그리고 이 일본과 한국이 바로, 인도네시아에 최초의 원전을 건설하기 위해서 경쟁하고 있는 국가들인 것이다.

일본과 한국이 인도네시아 원전 건설에 적극적으로 나서기 시작했던 것은 2000년대 중반부터이다. 2004~2005년에는 국가 원자력 관청BATAN과 한국 수력 원자력KHNP이 공동조사를 실시한다. 유도요노 대통령은 2005년 2월에 한국을 방문하는데 그때 KHNP가 관리하는 원전도 방문했다. 2005년 12월에는 KHNP, 한국 전력 공사KEPCO와 국유 전력공사PLN 사이에, 원전 건설 공동조사에 관한 합의서가 조인調印되었다. 인도네시아와 한국 사이에 〈원자력 평화이용에 관한 양국 간 협정〉(원전의 연구, 개발, 계획, 건설, 조작 및 원자력 원료의 제조, 공급 등에서의 협력)도 맺어져 있다.

일본도 지지 않는다. 2005년 5월에는 미쓰비시 중공업이 인도네시아에서 7년 만에 세미나를 개최하고, 무리아 원전 건설 사업에 대한 관심을 표명했다. 경제 산업성은 2006년부터 5년간 "아시아의 원자력 발전 지원(대상은 인도네시아, 베트남)"을 실시하여, 2006년 3월에는 자원 에너지 관청을 중심으로 한 '관민 합동 미션'이 자카르타를 방문했다. 더욱이 2007년 2월에는 JETRO가 자카르타에서 원자력 규제 관청Bapeten과 원전 건설 조업에 관한 세미나를 열었으며, 인도네시아 상공회의소Kadin와 함께 "인도네시아 원자력 발전의 전망"을 테마로 한 세미나를 개최하고 있다.

일본과 한국에서 원전이 어떻게 받아들여지고 있는가를 "배우는" 기회도 만들어져 있다. 예를 들면, 2006년에는 KEPCO와 KHNP가 스폰서가 되어, BATAN, PLN, 국가 개발 기획 관청Bappenas, 국회의원이 한국을 방문했다. 2007년에도 종교 단체나 반 원전 단체가 일본과 한국에 초청받았지만, 대부분이 초대를 거부했다(국회의원이 일본과 한국을 방문). 최근에는 2011년 2월, 이명박 한국 대통령이 유도요노 대통령의 특사 자격으로 핫타 라자사 경제담당 대신을 고리 원전에 초대했다. 같은 시기에 방카와 브리튼 주의 주지사 등이 원전사절단으로서 일본의 원전을 방문했다는 정보도 있다.

## 원전 수출에 대한 감시를

동일본 대재난을 위문하기 위해서 일본을 방문했던 스시로 밤방 유도요노 대통령은 6월 17일, 쿄도 통신共同通信104과 단독 회견을 갖고 "재생가능하고 깨끗한 지열地熱, 태양열 등, 원자력 발전 이외의 에너지원을 개발하는 게 가능하다면, 나는 그쪽을 선택하겠다"고 발언했다. 이것은 일본에서도 대대적으로 보도되어, 대안적인 [에너지원을 마련하기 위한] 길을 모색하려는 자세로 여겨졌고, 일반적으로는 긍정적으로 평가되었다.

그러나 일본에 전혀 보도되지 않았던 또 한 가지 사실이 있다. 상트페테르부르크 국제 경제 포럼(6월 16일~17일)에 출석하기 위해서 러시아를 방문하고 있었던 핫타 자라사 경제 담당 조정대신이, 비슷한 시기에 러시아와의 원자력 협정을 조인했던 것이다. 앞서 말했던 것처럼, 핫타 자라사 경제담당 조정 대신은 연구 기술 대신이었던 2003년, 원전 계획의 재개를 발표했던 인물이다(덧붙이자면 유도요노 대통령의 아들과 핫사 자라사 경제 담당 조정 대신의 딸은 약혼중이다).

인도네시아는 후쿠시마 제1원전 사고 후에도 원전 건설을 그만두지 않았다. 그리고 인도네시아에 원전이 건설될 것인가 아닌가 하는 문제는 자금이나 기술을 제공하는 일본, 한국 등의 동향에 달려 있다. 설령 후쿠시마 제1원전 사고를 계기로 일본이 탈원전을 실현한다고 해도, 일본의 원자력 수출을 막지 못한다면, 1970년대 초와 같은 전철을 반복하게 될 것이다. 일본 국내에서의 환경 규제가 강화되는 한편, 그것이 "공해수출"을 불러일으키고 말았던 것과 같은 현상을 말이다.

일본의 원자력 발전 수출 후보지로는 인도네시아 이외에도 베트남, 타이, 말레이시아, 터키, 리투아니아, 요르단 등이 있다. 이들 국가들에서 제2, 제3의 "후쿠시마"가 일어나지 않도록 원전 수출을 멈출 수 있을 것인가? 우리들도 함께 책임을 지고 있다.

## :: 후주

1. 일본의 연어잡이 배인 제5복룡환호가 비키니 환초에서 있었던 미국의 캐슬 브라보 열핵반응폭탄실험의 핵낙진에 노출되어 오염되었던 사건. 수석무선기사 아이카치 쿠보야나는 7개월 후인 1954년 9월 23일에 방사능증후군으로 죽었다.
2. 투입된 로봇들은 통신두절로 미아가 되곤 했지만 로봇회사들의 주가를 올리는 데에는 성공한 것으로 보인다.
3. 이에 대해서는 조정환, 『인지자본주의』, 갈무리, 2011, 123~7, 221~253쪽 참조.
4. [엮은이] 원제는 「〈未来〉は私らのものである――認知症の人類(私ら)を介護しながら――」. 번역문은 『수유너머 Weekly』(http://suyunomo.net/?p=9701)에도 실려 있다.
5. 원제는 「原爆と原発」. 번역문은 『수유너머 Weekly』에도 게재될 예정이다.
6. [엮은이] 2011년 4월 3일 집필. 원문 「低線量被曝地帯から—シビル・バイオ・ソサエティ?」은 2011년 4월 16일 Japan-Fissures in the Planetary Apparatus (http://jfissures.wordpress.com/2011/04/16/from-the-low-level-radioactive-zone-%E2%80%93-a-civil-bio-society/)에 게재되었다. 이 개고번역 이전의 첫 번역문은 『수유너머 위클리』(http:// suyunomo.net/?p=7641)에 게재되었다.
7. [옮긴이] 저선량 피폭지대(低線量被曝地帯)라는 용어는 이케가미씨가 도쿄의 피폭 상황을 표현하기 위해서 사용하는 말이다. 피폭이라고 판단하는 기준은 두 가지가 있다. 하나는 일정 수준의 방사선량을 넘어섰을 때 피폭당했다고 판단하는 방식이다. 또 다른 하나는 아무리 적은 양일 지라도 건강에 영향을 줄 수 있다고 보거나, 적은 양일지라도 서서히 축적됨에 따라 피폭당할 수 있다고 판단하는 방식이다. 이케가미씨는 후쿠시마로부터 200km 떨어져 있다고 해도 도쿄에도 방사능이 영향을 주고 있기 때문에 저선량 피폭지대로 정의해야 한다고 말한다. 자세한 내용은 다음을 참조. http://nomadist.org/xe/110722
8. [엮은이] 원문 「土と農民」은 2011년 8월 29일 Japan-Fissures in the Planetary Apparatus (http://www.jfissures.org/2011/08/29/soil-and-farmers)에 게재되었다. 이 개고번역 이전의 첫 번역문은 『수유너머 위클리』(http://suyunomo.net/?p=9195)에 게재되었다.
9. [엮은이] 2011년 4월 2일 집필. 원문 "Introduction to Colors in the Mechanism of Concealment. The Iovis Trilogy/Eternal War"은 *Fukushima Mon Amour* (New York : Autonomedia, 2011) pp. 31~36에 게재되었다.

10. [옮긴이] Anne Waldman, *The Iovis Trilogy*, Book Ⅲ, Eternal war : Colors in the Mechanism of Concealment, coffee house press, 2011.
11. [옮긴이] 조상과 자연을 섬기는 일본 종교.
12. [옮긴이] 헬리버튼은 1919년 설립된 미국계 다국적 기업으로 에너지 산업분야에 기계와 서비스를 제공하는 업체로 세계 70개국에 5만명 이상의 직원을 보유한 회사이다. 이라크 전쟁 당시 부통령 체니가 운영을 담당하면서 대통령 부시와 긴밀한 관계를 맺은 것으로 알려져 있다.
13. [옮긴이] Xe는 헬리버튼과 관계된 용병기업이다.
14. [옮긴이] 가브리엘 가르시아 마르께스가 『백년 동안의 고독』에서 설정한 가상의 공간. 여기서는 이라크를 시사하고 있다.
15. [옮긴이] 통렌(tonglen)의 수행이란 주고 받기, 보내고 받기, 들숨과 날숨의 수행으로 타인의 고통을 받아들이고 날숨에서 모든 사람들에게 행복을 내주는 불교적 수행이다.
16. [옮긴이] 시설보호, 요원보호, 평화적 임무수행, 법준수, 거점보안 등을 위해 사용하는 비살상성 무기.
17. [옮긴이] 델로스 섬: 에게 해 서남부, Cyclades 제도(諸島)에 있는 그리스령(領)의 작은 섬. Apollo 신전이 있었다.
18. [옮긴이] 극도의 금욕 생활을 서약하는 이슬람교 집단의 일원. 예배 때 빠른 춤을 춤.
19. [엮은이] 원문 "You Didn't See Anything at Fukushima. Letter to a Japanese Friend"는 *Fukushima Mon Amour* (New York : Autonomedia, 2011) pp. 7~29에 게재되었다.
20. [엮은이] 이 편지는 2011년 3월 18일에 쓰여졌다.
21. [옮긴이] 신주쿠와 시부야는 일본 도쿄도(東京都)의 23개의 특별구(特別区)들에 속해 있으며, 이케부쿠로(池袋)와 함께 도쿄를 대표하는 3대 부도심으로 일컬어지는 번화가이다.
22. [옮긴이] 일본 도쿄(東京) 주오구(中央區) 남서부에 위치하고 있으며, 고급상가와 유흥가가 들어서 있는 번화가이다.
23. [옮긴이] 오모테산도(表參道)는 도쿄도 미나토구와 시부야구의 거리로 상류층을 위한 소비지역으로 유명하다.
24. [옮긴이] 본명은 샤를-에두아르 쟝레 (Charles-Edouard Jeanneret, 1887 ~ 1965) : 스위스 태생의 건축가, 디자이너, 도시 계획가, 작가, 화가로서 현대 건축의 개척자들 중의 한 사람으로 유명하다. 1930년에 프랑스 시민권을 획득했다. 그는 현대 디자인의 이론적 연구의 선구자이며 밀집 도시의 거주자들의 생활환경을 개선하는 데에 노력하였다. 그는 50여 년 동안 활동하면서 중앙유럽, 인도, 러시아에 자신의 건물들을

만들었으며, 아메리카에도 하나씩 건축물을 만들었다.
25. [옮긴이] 히에로니무스 보스 (Hieronymus Bosch, 1450 ~ 1516) : 네덜란드의 화가. 중세 후기의 뛰어난 독창적 화가로 복잡하고 개성적인 양식의 특이한 도상학으로 유명하다.
26. [옮긴이] 롤랑 바르트는 1966년 일본을 여행한 후 『기호의 제국』을 썼다.
27. [옮긴이] 고베 대지진은 1995년 1월 17일 화요일 5시 46분 52초, 효고 현의 아와지 섬 북쪽을 진원으로 발생한 진도 7.2의 도심 직하형 지진이다.
28. [옮긴이] 미국 워싱턴주 동남부, 콜롬비아강에 면한 리치랜드 북쪽의 한 지구; 플루토늄 제조 공장(Hanford Works)의 소재지.
29. [옮긴이] 1979년 3월 28일 미국 펜실베이니아 주 해리스버그 시에서 16km떨어진 도핀 카운티의 서스쿼해나 강 가운데 있는 스리마일 섬 원자력 발전소 2호기 (TMI-2)에서 가압 냉각수형 원자로의 노심 파손 사고 일어났다. 이는 미국 상업 원자력산업 역사상 가장 심각한 사고로 일컬어진다.
30. [옮긴이] 쾨베르그(Köeberg) 원전은 남아프리카와 전체 아프리카 대륙에서 유일한 원전이다. 남아프리카 서쪽에 있는 멜크보스스트랜드 근처의 해안 케이프타운 북쪽 30km에 위치하고 있다. 쾨베르그는 남아프리카의 유일한 국립 전기 공급업체인 에스콤(Eskom)이 소유, 운영하고 있다. 원전에 있는 두 개의 원자로가 남아프리카 원자력 프로그램의 기초를 이루고 있다.
31. [옮긴이] 작센하우젠 수용소 : 독일의 주요 나치 강제수용소로 1936년에 건립되었다. 1945년부터 1950년에는 구소련의 정치범 수용소로도 사용되었다. 1936년에서 1945년 20만 명의 사람들이 이곳으로 보내졌으며, 10만 명이 질병, 영양실조 및 폐렴 등으로 죽었다.
32. [옮긴이] 나치 독일의 강제 수용소가 최초로 개설된 곳이다. 이 수용소는 남부 독일의 뮌헨 북서쪽 약 16km 떨어진 다카우라는 중세풍 마을 근처 버려진 군수품 공장의 대지에 세워졌다.
33. [옮긴이] 돌돌 말린 밀이나 씨앗 모양의 파스타로서, 파스타 중에서 가장 작다. 일반적으로 수프에는 사용되지 않고 샐러드에 사용한다.
34. [옮긴이] '따진(혹은 타진)'은 모로코와 인근 마그레브 지역의 전통음식을 가리킨다. 원래는 긴 원뿔 모양의 뚜껑이 있는 냄비 이름이다. 토기로 만들어진 냄비에 닭고기나 양고기, 쇠고기를 넣고 터매릭이나, 큐민, 계피, 후추 등 여러 가지 향신료를 더해 요리를 하는데, 이 요리를 '따진'이라는 이름으로 부르게 되었다.
35. [옮긴이] 일본 나가사키 현 시마바라 반도 서부에 위치하고 있다.
36. [옮긴이] 격변론: 격변이 여러 차례 반복되어 현재의 지구의 모습이 되었다는 학설을 일컫는다. 프랑스의 자연철학자인 바롱 조르주 퀴비에가 체계화했다.

37. [옮긴이] 러시아의 물리학자 파벨 알렉세예비치 체렌코프(Pavel Alekseyevich Čerenkov)가 1934년 발견한 전자기 현상을 가리킨다. 이 현상은 고에너지 입자가 매질을 통과하면서 매질의 빛의 속도보다 더 빨리 움직일 때 발생하게 되는데, 이때 청색 빛이 발생한다.
38. [옮긴이] 리제 마이트너(Lise Meitner, 1878 ~ 1968) : 오스트리아 출신의 여성 물리학자로 1968년 화학자인 오토 한, 프리츠 슈트라스만과 공동으로 중성자를 이용하여 원자핵을 분리하는 핵분열을 발견했다.
39. [옮긴이] 조르주외젠 오스만 남작(Baron Georges-Eugène Haussmann, 1809 ~ 1891)은 파리 개조 사업에 공이 컸던 인물이다. 개조 사업은 처음에는 국민들로부터 막대한 공사비용 때문에 비난을 받았으나 준공 이후, 영국 등의 다른 나라들이 파리 시에 대한 찬사를 보냈다.
40. [옮긴이] 최초의 컴퓨터에 해당하는 계산기로서 1642년 파스칼이 고안하였다. 최초의 기계식 수동 계산기로서 가감산이 가능하였고 파스칼리느(Pascaline)라고 불리었으며, 계산기의 자동화에 이바지하였다. 파스칼 계산기는 여러 개의 톱니바퀴가 서로 맞물려 돌아가는 형태로, 어느 톱니바퀴가 1회전 하면 그보다 수학적으로 한 단위 높은 의미를 갖는 톱니가 1/10 회전하도록 만들어진 가산기로서, 덧셈과 뺄셈을 수행하는 기계적인 카운터였다.
41. [옮긴이] 일본 혼슈 가나가와현(神奈川縣) 미우라반도(三浦半島)에 있는 도시.
42. [옮긴이] 일본 미야기 현(宮城縣)에 있는 관광 도시. 매목(埋木) 세공이 특산이며, 공업 지구를 이루고 있다. 현청 소재지이다.
43. [옮긴이] 프랑스 동부 프랑슈콩테 지방 벨포르 주의 주도.
44. [옮긴이] 그라니트(Ragnar Arthur Granit, 1900 ~ 1991) : 핀란드 태생 스웨덴의 생리학자이다. 눈이 빛에 노출될 때 일어나는 체내 전기변화에 대한 분석으로 1967년 조지 월드 및 홀던 하틀린과 함께 노벨 생리학·의학상을 받았다.
45. [옮긴이] 장 누벨(Jean Nouvel) : '빛의 장인, 건축의 거장'으로 일컬어지는 프랑스 현대건축가.
46. [옮긴이] 스파르타의 국유노예(國有奴隸).
47. [옮긴이] 비탈 미샬롱(Vital Michalon) : 1977년 7월 30일 31살의 나이에, 슈퍼-피닉스 열핵발전소 프로젝트에 항의하는 시위를 하던 중 경찰에 의해 살해당했다.
48. [옮긴이] 프랑스의 남동부 도피네 지방에 있는 이제르현의 주도(州都).
49. [옮긴이] 말빌은 프랑스 서부의 루아르아틀랑티크 주에 있는 마을이다.
50. [옮긴이] 네덜란드의 남홀랜드에 있는 수도. 흔히 헤이그.
51. [옮긴이] 테크노사이언스는 과학의 과학기술적, 사회적 맥락을 나타내기 위해 과학과 과학기술 연구의 둘 이상의 학문 분야에서 널리 사용되는 개념이다. 이 개념은 과

학적 지식이 사회적으로 코드화되고 역사적으로 조건지어질 뿐만 아니라 물질적인 (비인간적인) 네트워크들에 의해 오랫동안 유지되고 만들어진다는 공통 인식을 의미한다. '테크노사이언스'라는 말은 1970년대 후반 벨기에 철학자 질베르 오투와(Gilbert Hottois)가 만든 단어이다.

52. [옮긴이] 폴 클로델(Paul Louis Charles Claudel, 1868 ~ 1955) : 프랑스의 외교관이자 시인.
53. [옮긴이] 오펜하이머(Julius Robert Oppenheimer, 1904 ~ 1967) : 미국의 이론 물리학자로서 세계 최초로 원자폭탄 제조를 감독했다.
54. [옮긴이] 사하로프(Andrei Dmitrievich Sakharov, 1921 ~ 1989) : 러시아의 물리학자로서 구소련에서 수소폭탄의 아버지라 불린다.
55. [옮긴이] 슈퍼피닉스(Superphénix 또는 SPX)는 스위스의 국경에 인접한 프랑스의 크레-말빌의 론 강에 세워진 원전이었다. 1996년에 전기 생산을 중단했고, 1997년 문을 닫았다.
56. [옮긴이] 프랑스의 작가 스탕달의 명작『적과 흑』에 나오는 주인공.
57. [옮긴이] 그리스 비극에서 주인공을 신과의 갈등으로 끌어들여, 몰락으로 유도하는 주인공의 특성 중 하나. 천벌을 받아야 할 정도의 신에 대한 불손을 가리킨다.
58. [옮긴이] mox. mixed oxide fuel : 천연우라늄과 이것을 산화시킨 이산화우라늄에 플루토늄을 첨가한 혼합화합물로 핵분열을 일으키는 연료가 된다. 현재 대부분의 국가에서 사용하고 있는 경수원자로에서 우라늄 대신 플루토늄을 사용, 핵분열의 연쇄반응을 일으키려 할 때 이용된다.
59. [옮긴이] 프랑스 국영 원자력 시공업체.
60. 푸코는 19세기에 '죽게 하고 살게 내버려 두는 권력'(군주권력)이 '살게 하고 죽게 내버려 두는 권력'(생명권력)에 의해 (대체까지는 아니라 할지라도) 보완된다고 보았다. 그는 새롭게 정착된 이 권리가 "낡은 권리를 지워 없애는 것이 아니라 거기에 침투하고 관통하고 수정하여 정반대의 권리"로 된다고 말했다.(미셸 푸코, 『사회를 보호해야 한다』, 박정자 옮김, 동문선, 279쪽) 20세기에 오래 지속된 생명권력 시대를 경유한 후 21세기에 다시 죽음의 권력이 부활한다면 그것은 군주권력으로의 회귀인가 아니면 생명권력에 대한 수정인가?
61. 재앙을 뜻하는 'disaster'는 접두사 dis와 별/행성을 뜻하는 astrum의 결합어로서 행성의 질서를 벗어나 있어 행성 내에서는 적절한 대응행동을 찾을 수 없음(즉 무기력)을 함의한다.
62. 재앙 혹은 재난 자본주의에 대해서는 '재난자본주의의 등장'(The Rise of Disaster Capitalism)이라는 부제를 단 나오미 클라인의 책, 『쇼크 독트린』(김소희 옮김, 살림Biz, 2008) 참조.

63. 2012년 3월 25일, 핵안보정상회의의 서울 개최는 이와 무관하지 않을 것이다.
64. 발표글 전체는 曺貞煥, '世界資本主義の危機と代案をめぐる葛藤：緊縮　福祉　占拠という三つの岐路に立って'(金閨愛 譯, 『現代思想』 2012年 2月, pp. 110~129) 참조.
65. 히로시마 원폭투하 때에 쾌재를 부른 사람들 중에는 일본과 대치하고 있던 서구인들만이 아니라 아마도 독립을 갈구하던 조선인, 중국인들도 포함될 것이다. 참상 앞에서 쾌재를 부르는 이 적대의 심리학은 3·11 직후 반일민족주의적 감정을 가진 일부 한국 시민들의 반응에서만이 아니라 "드디어 우리 차례다"며 원자력 발전과 원전수출에 박차를 가하는 이명박 정부의 행동 속에서도 발견되는 것이다. 이것은 거리와 마을의 파괴를 고급주택과 건설의 기회로 삼는 젠트리피케이션의 심리학과 다르지 않다.
66. Yoshihiko Ikegami, *From the Low-level Radioactive Zone — A Civil-Bio Society* (http://jfissures.wordpress.com/2011/04/16/from-the-low-level-radioactive- zone-%e2%80%93-a-civil-bio-society/)[이 책 67~73쪽 참조].
67. 질 들뢰즈, 『시네마·2』, 이정하 옮김, 시각과 언어, 2002, 233쪽.
68. 사부 코소는 이 책에 실린 「녹색 속에 감추어져 있는 송곳니들」에서 원자력의 평화적 이용이 생겨난 지구정치적 맥락을 살피면서 후쿠시마 3·11이 일본 내부적인 것이 아니라 전지구적 권력관계에 의해 발생한 것이라고 말한다. 그렇기 때문에 후쿠시마는 '전지구적 계급투쟁의 새로운 전선'을 가리키고 있으며 그것의 중요성은 반자본주의 운동, 기후 및 환경 정의 운동, 원주민 운동, 그리고 우리의 일상생활과 삶형태들에 대한 통제에 대항하여 싸우는 수많은 운동들을 연결할 기회로 되는 것에 있다고 강조한다.
69. [엮은이] 원제「3·11以降の地球的アナキズム」. 이 글의 첫 번역은 『사상으로서의 3·11』(그린비, 2012)에 게재되었다.
70. Paul Virilio, *Unknown Quantity*, London New York : Thames & Hudson, Paris : Foundation Cartier pour L, Art contemporain, 2003, p. 6.
71. Antonin Artaud, *Fragments d'un journal d'enfer*, Marseilles : Cahiers du Sud, 1927.
72. 이 개념은 주로 조르조 아감벤, 「장치란 무엇인가」(아감벤, 『장치란 무엇인가? 장치학을 위한 서론』, 양창렬 옮김, 난장, 2010) 및 Tiquun 2, "Critical Metaphysics Could Come About as a Science of Apparatus" (http:// apparatus.jottit.com)에 의거하고 있다.
73. Naomi Klein, *The Shock Doctrine : The Rise of Disaster Capitalism*, New York : Picador, 2007 [나오미 클라인, 『쇼크 독트린』, 김소희 옮김, 살림Biz, 2008].
74. Rebecca Solnit, *A Paradise Built in Hell : The Extraordinary Communities that*

*Arise in Disaster*, New York : Viking, 2009.

75. Ernst Bloch, *The Principle of Hope*, Three Volumes, translated by Neville Plaice, Stephen Plaice, and Paul Knight, Cambridge, Mass. : The MIT Press, 1986 [에른스트 블로흐, 『희망의 원리』 3권, 박설호 옮김, 열린책들, 1995].
76. Karl Marx, "Economic and Philosophical Manuscripts" included in *Karl Marx Early Writings*, translated by Rodney Livingston and Gregor Benton, Penguin Books, 1995, p. 328.
77. Felix Guattari, *The Three Ecologies*, translated by Ian Pindar and Paul Sutton, (Continuum, 2000) [펠릭스 가타리, 『세 가지 생태학』, 윤수종 옮김, 동문선, 2003].
78. 이 해석은 엄밀하지는 않더라도 펠릭스 가타리의 「기계와 구조」(Felix Guattari, "Machine and Structure", included in *Molecular Revolution*, translated by Rosemary Sheed, Penguim Books, 1984 [『분자혁명』, 윤수종 옮김, 푸른숲, 1998]에 대부분 의거하고 있다.
79. 高祖岩三郎, 『新しいアナキズムの系譜学』(河手書房新社, 2009)을 참조했다.
80. ドゥルーズ／ガタリ, 『哲學とは何か』, p. 75 [들뢰즈·가타리, 『철학이란 무엇인가』, 이정임 옮김, 현대미학사, 1995, 110~1쪽].
81. [엮은이] 원문 "Fangs Hiding in the Green : Between Revolution and Disaster, The World and The Earth"는 *Fukushima Mon Amour* (New York : Autonomedia, 2011) pp. 47~68에 실려 있다.
82. 후주 1번 참조.
83. [엮은이] 원문 "Must We Rebuild Their Anthill? Letter to Japanese Comrades"는 *Fukushima Mon Amour* (New York : Autonomedia, 2011) pp. 37~46에 실려 있다.
84. [엮은이] 원문 "Two letters to Japan ······ "은 2011년 4월 15일에 써졌으며, 2011년 4월 24일에 웹진 『더 뉴 시크니피컨스』 웹진(*The New Significance*, http://www.thenewsignificance.com/2011/04/24/441/)에 게재되었다.
85. [옮긴이] Marina Sitrin이 쓴 글, "A letter from Marina Sitrin"(http://www.jfissures.org/2011/04/13/a-letter-from-marina-sitrin/)에 서술된 내용을 지칭한다.
86. [옮긴이] 일본 정부는 사고 직후 후쿠시마 재난지역에 자위대를 파견하여 구제작업을 펼쳤다. 이러한 국가주도 구제 프로젝트가 가져올 부정적 효과에 반대하면서, 민중 스스로가 재난 지역에 사람과 물품을 제공하여 긴급 구조작업을 펼쳤는데 이를 민중구조대라 불렀다. 이에 대해서는 山谷労働者福祉会館活動委員会 山谷争議団／反失業闘争実行委員会, 「山谷からの声明」, (2011年3月21日, http://www.peoplesplan.org/jp/modules/disaster311/index.php?content_id=37) 참조.
87. [엮은이] 개고 전의 글은 『실천문학』 2011년 겨울호에 같은 제목으로 발표되었다.

88. [엮은이] 개고 전의 글은 2011년 10월 24일 웹진 『제3시대』(http://minjung theology.tistory.com/304)에 같은 제목으로 발표되었다.
89. [엮은이] 원문 「壊乱的社会的費用 — 尊厳, あるいは原発 iYa Basta!」은 『歴史としての3.11』(河出書房新社編集部, 2012)에 실려 있다.
90. [옮긴이] 우자와 히로부미 (宇沢弘文, 1928 ~ ) : 거시 경제학을 전공한 일본 근대 경제학자로 불균형 동학이론으로 유명하다. 동경대학 명예교수이기도 하다.
91. 宇沢弘文, 『自動車の社会的費用』, 岩波親書, 1974.
92. [옮긴이] 신경제학의 용어로는 '부정적 외부효과'로 표현될 수 있을 것이다.
93. [옮긴이] 1957년 레바논의 베이루트에서 태어난 레바논계 오스트레일리아 인류학자. 오스트레일리아에서의 다문화주의 논쟁에 활발하게 기여했고 최근에는 생태위기와 문화간 관계 사이의 연관에 대해 연구하고 있다.
94. C. Hage, *Against Paranoid Nationalism*, Pluto Press, 2003 (塩原良和訳, 『希望の分配メカニズム』, 御茶ノ水書房, 二〇〇八年).
95. J. Holloway, *Crack Capitalism*, Pluto Press(高祖岩三朗·塩原雅武訳, 『革命』, 河出書房新社, 二〇一一年).
96. M. Mies and V. Shiva, *Ecofeminism*, Zed Books, 1993.
97. [엮은이] 원문 「インドネシアへの原発輸出を考える」는 『インパクション—原発輸出? 国際的核「管理」体制を問う』 182호(IMPACTION, 2011)에 게재되었다. 이 개고번역 이전의 첫 번역문은 『수유너머 Weekly』(http://suyunomo.net/?p=9158)에 게재되었다.
98. [옮긴이] 연구로(研究炉) : 실험용 원자로를 의미함.
99. [옮긴이] 주식회사 뉴 젝크(株式会社ニュージェック, The New Japan Engineering Consultants, Inc) : 오사카부 오사카시에 본사를 둔 간사이를 기반으로 한 중견 종합 건설 컨설턴트 회사.
100. [옮긴이] 쥬바라현 지사
101. [옮긴이] 왈리 손고 (ワリ·ソンゴ, Wali Songo) : 15세기 후반~ 16세기 전반, 자바에 이슬람교를 전해 준 신비주의 이슬람의 전설적인 아홉 명의 성인을 일컫는 말이다.
102. [옮긴이] 수난 무리아 (スナン·ムリア, Sunan Muria : 무리아 반도에 있는 마을에 이슬람을 전해 주었다는 성인.
103. [옮긴이] 수단 구도스 (スナン·クドゥス, Sunan Kudus) : 구도스 지역에 모스크를 세웠다고 전해지는 성인.
104. [옮긴이] 쿄도 통신사 (一般社団法人共同通信社, Kyodo News) : 일본 내외의 뉴스, 사진, 기사에 관련된 데이터를 전국의 신문사, NHK, 민간방송국을 중심으로 제공 배신하는 비영리 통신사이다.

# 후쿠시마 일지

2011년 3월 11일~2012년 3월 11일

## 2011년 3월

11일  오후 2시 46분 일본 도호쿠(東北) 지방에 진도 8.9의 지진 발생(이후 9.0으로 수정). 후쿠시마 1, 2, 3호 원자로 자동 가동 중단. 원자로 내에 있는 핵연료봉 냉각을 위해 냉각 시스템 가동. 오후 3시 27분 첫 번째 쓰나미가 원전을 강타, 1호기의 비상 응축기 고장. 오후 3시 46분 15미터 높이의 두 번째 쓰나미가 원전을 강타. 오후 5시 도쿄 전력은 〈원자력 재해대책 특별법〉에 근거해 '비상사태'를 뜻하는 '제15조 통보'를 발령. 오후 7시 칸 나오토 총리 '핵 비상사태' 선언. 밤 10시 후쿠시마 제1원전 반경 3km 이내의 주민들에 대한 대피 명령. 얼마 후 대피 대상 주민은 10km로 연장.

12일  오후 3시 36분 후쿠시마 원전 1호기에서 수소가스 폭발 발생. 현장 직원 4명 부상. 냉각수 부족으로 과열된 원자로에 해수와 붕산 주입 시작. 오후 5시 39분 반경 10㎞ 주민에 대피령. 주민 2만 명 철수. 오후 6시 25분 반경 20km 거리의 주민들에 대한 대피 지시. 에다노 관방장관은 기자회견에서 "20km까지 피난 구역을 확대한 것은 해수를 붓는 새로운 작업을 시행할 때 만에 하나를 염두에 두고 내린 경보로, 실질적으로 위험은 거의 없다"고 발표. 독일에서 6만 명 규모 원전 반대 시위.

13일  오전 0시 33분 1호기에 용융(멜트 다운) 발생 공식 발표. 오전 5시 30분경 3호기에 대해 긴급사태 통보. 2호기 과열로 증기 배출. 도쿄 전력 "유출된 방사능은 인체에 유해하지 않은 수준" 발표. 원전 반경 20㎞ 내 주민 20만 명에 대피령. 피폭 우려 160명 방사능 수치 검사. IAEA, 국제원자력사고등급(INES) '4등급' 발표.

14일  도쿄전력, 오전 6시 20분을 시작으로 계획 정전 실시. 오전 11시 1분 3호기 외벽 수소 축적으로 폭발. 11명 부상. 냉각재로 해수와 붕산 주입. 오후 1시 25분 후쿠시마 제1원전 2호기 냉각장치 모두 고장. 에다노 유키오 관방장관 기자회견에서 1, 2, 3호기의 안전성을 강조하면서, 제2의 체르노빌이라고 말을 꺼내는 기자에게. "웃긴다.

그런 일은 절대 없을 것"이라며 반박.
- 15일 2호기 건물 폭발. 1차 격납용기 바닥 부분의 압력조절 장치 손상 징후. 4호기에서도 화재가 발생. 이날 1시간 동안 평상시 6개월분에 해당하는 방사능 유출. 프랑스 원자력 안전 당국, 원자력사고등급 6등급으로 2단계 상향 조정.
- 16일 4호기에서 두 번째 화재. 화재로 건물에 8미터짜리 구멍이 두 개 생김. 1호기 방사능 수치 급등, 현장 작업 일시 중단. 반경 30km 이내 주민에 대한 옥내대피 명령. 원전 20km 지역 평소 6천 6백 배 방사선량 검출. 오후 7시 기자회견에서 관방장관은 "1호기와 3호기는 현 상태로는 안정 기미를 보이고 있으며, 4~6호기는 이미 상황 종료 수순이라 관리 체제 점검을 하고 있다"고 발표. 프랑스, 일본 정부의 무능과 정보 은폐 비판, 프랑스 국민의 출국과 대피 촉구. 독일 민간단체 〈휴메디카〉의 대변인 역시 "일본 정부가 사실을 은폐하고 과소평가하고 있다. 체르노빌 원자력발전소 사고를 상기시키기 때문"이라고 설명.
- 17일 오전 9시 50분경 헬기를 이용하여 3호기에 냉각수 살포 시작. 후쿠시마 원전의 외부전력 복구 작업 착수. 3호기 원자로 냉각을 위해 181명의 발전소 직원 투입.
- 18일 2호기의 전력망 복구 작업 시작. 후쿠시마 시내 수돗물에서 방사성 요소가 검출한계치의 30배인 1킬로그램당 180베크렐 검출. 3호기 연료봉이 식고 있다는 보도. 일본 정부, 프랑스의 지원 제안 거절. IAEA 사무총장, 일본을 급히 방문하여 외무장관과 회담. IAEA, 일본 정부와 별도로 방사능 수치를 측정하기로.
- 19일 3호기 방수 작업. 옥외작업을 하던 도쿄전력 근로자 피폭량 100 mSv 초과. 2호기로 외부 전력선 연결. 미국에서는 일본 정부가 발표하는 정보들을 못 믿겠다며 독자적인 정보수집에 나서겠다고 발표.
- 20일 4호기 방수 작업. 3호기 격납용기 압력이 갑자기 상승하였다가 저하됨.

21일 4호기에 자위대 고압방수차 12대, 미군 방수차 1대로 방수작업. 인근 지역 수돗물에서 세슘과 방사성 요오드 검출. 현장에서 작업 중인 50명의 결사대가 사실은 1일 1만 엔을 받는 계약직(비정규직)이라는 사실이 밝혀짐.

23일 후쿠시마 원전 3호기에 전원 공급. 1~6호기 모두 전력공급공사 완료 보도. 오후 4시 20분 3호기에서 검은 연기 피어올라 직원 긴급 대피. 오후 11시경 2호기 방사능 수치가 시간당 5백 mSv로 급상승하여 직원 긴급 대피. IAEA, "일본 정부 정보 공개 불충분" 비판.

24일 오전 10시 21분 원자로 1~4호기에서 하얀 연기 피어남. 원자로에서 나온 물에 '일반 작업화'를 신고 다리를 담그고 작업하던 사고 현장 작업자 피폭자 두 명이 병원으로 이송.

26일 막대한 양의 방사능을 띈 냉각수가 바다로 유입. 원전 앞바다에서 정상치의 1,850배 방사능이 검출. 독일에서 25만 명이 참여한 원전 반대 대규모 시위. 시위대, 전 세계 "모든 원전 폐지" 요구.

27일 1, 2, 3호기 밑 부분에 방사성 물이 고여서 바다로 유출되고 있다는 보도. 일본 내각에서 수도 이전이 언급됨. 도쿄 긴자에서 약 1,200명이 참여한 〈원자력 발전 반대 - 긴급 시위 행진〉이 열림. "전력 부족은 대형사기," "방사능 노출의 규제치를 완화하지 말라," "모든 원전을 지금 당장 멈춰라" 등의 구호.

28일 일본 정부, 2호기 용융 인정. 한국에서도 방사성 제논(Xe) 검출. 현장에서 작업 중인 원전 결사대가 하루 두 끼의 비상식량으로 끼니를 때우는 등 작업환경이 매우 열악한 상황임이 확인.

29일 원전 근처 토양 5개소에서 플루토늄 성분 검출. 후쿠시마에서 40km 정도 떨어진 이다테 지방에서 체르노빌 수준의 세슘이 검출. 도쿄전력, 방사성 오염수가 바다로 흘러들어가지 않았다고 발표.

30일 사건 발생 3주째, 도쿄전력 1~4호기 폐쇄 발표.

31일 IAEA는 20km 이내만을 대피지역으로 설정하고 2~30km 반경 내 거주하는 주민에게는 대피를 권장하는 수준에 그친 일본 정부의 미온적인 대책에 대해 비판하며, 조속한 대책 마련 촉구. IAEA에 의하면 후쿠시마 주변 지역 토양에서 IAEA 피난 권고 기준치의 약 2배에 해당하는 방사성 물질이 검출. 도쿄전력, 후쿠시마 지역에 7, 8호기 추가 건설안 발표.

## 2011년 4월

1일  일본 정부, 원전에서 40km 이내의 주민들을 모두 대피시키라는 IAEA의 권고를 무시하고 한국 정부의 전문인력 파견 지원 거부.

2일  도쿄전력, 2호기 취수구 주변의 전원케이블용 갱에 난 20cm의 균열을 통해 오염수가 바다로 흘러들고 있다고 발표. 구멍을 막기 위해 콘크리트 주입 준비. 지난 3월 31일 도쿄전력의 7, 8호기 추가 건설안에 대해 후쿠시마 현 지역은 분노하고 있다는 NHK의 보도.

4일  도쿄전력, 오염수 11,500톤을 바다로 방출하기로 결정. 일본 기상학회가 3월 18일 회원들에게 대기 중에 확산되고 있는 방사성 물질의 영향을 예측하는 연구 결과 공표를 자제하라고 통지했다는 사실이 기사화되면서 비난여론. 도쿄에서 1천 5백여 명이 참여한 원전반대 시위.

5일  도쿄전력 오염수 방출 시작. 주변국 반발.

6일  도쿄전력 오염수 방출 종료. 오염수 무단 방출에 대해 일본 정부 공식 사과.

7일  도쿄전력 사장이 오염수 방출에 대해 사과.

10일 일본 정부가 판매를 허가한 후쿠시마 지역 농산물 소비되기 시작. 피해지역 농가를 도와주자는 오염지역 야채 먹기 운동이 정부의 주도로 진행됨. 도쿄 코엔지에서 마츠모토 하지메의 주도로 1만 5천명(경찰 추산) 반원전 시위.

11일 5시 경 후쿠시마 현에서 진도 7.1 지진 발생. 1호기 외부 전력 차단. 1~4호기 작업요원들에게 대피명령. 일본 경제단체연합회의 요네쿠라 히로마사 회장은 "도쿄전력은 잘못한 게 없으며 잘못된 것은 정부의 안전기준"이라고 발언.

12일 일본 원자력안전위에서 사고 레벨을 5에서 7로 격상. 체르노빌에 이은 세계 두 번째의 레벨 7 사례. 일본 극우 단체 〈재일특권을 허용하지 않는 시민의 회〉는 원전 반대는 "좌익 책동"이라며 원전 지지 시위 예고.

13일 도쿄전력 사장, 후쿠시마 제1원전의 5, 6호기와 제2원전에 대해 "장래는 미정"이라며 폐로 판단을 보류.

16일 도쿄 신주쿠에서 원전 반대 시위. 인터넷에 생중계되었음에도 불구하고 일본의 기성 언론들은 시위 현장에 나타나지 않음.

21일 후쿠시마 원전에서 누출된 고농도 오염수가 최소 520톤인 것으로 확인.

24일 도쿄에서 4천 5백 명이 참여한 원전 반대 시위.

25일 도쿄전력 임원 연봉 50% 삭감, 자회사 상당수 매각 결정. 4호기 연료봉 저장 수조의 온도가 상승하여 우려를 자아냄.

26일 3호기와 4호기의 오염수 수위 상승. 도쿄전력 본사 앞에서 피해보상을 요구하며 농민단체 항의시위.

## 2011년 5월

5일 3월 11일 수소가스 폭발 이후 최초로 작업 인력이 원전 건물 내부로 진입.

6일 간 나오토 수상이 추부전력 하마오카 원전의 긴급정지를 요청.

8일 도쿄 도심에서 경찰 추산 4만 명, 주최측 추산 1만 4천 명 규모 원전 반대시위.

10일 도쿄 전력, 정부에 공식적으로 배상금 지원 요청. 일부 업체가 일용직 노동자들을 속여서 후쿠시마 원전 근처에서 일하게 한 사실이 드러남.

12일 일본 정부, 경계구역에 일시적으로 귀가하는 피난민들에게 책임동의서 서명을 요구했다는 보도, "경계구역은 위험하고 자기책임에 의해 방문을 결정했다."는 내용.
14일 도쿄 전력, 2, 3호기 용융 가능성 처음으로 인정. 하마오카 원전의 5호기가 추가로 정지 완료되어서 하마카오 원전 완전히 정지됨.
15일 1호기에서 지하 3천 톤의 방사능 오염수 발견.
20일 지난 3월 12일 밤, 도쿄전력에서 바닷물 주입 조치를 취하였으나, 일본 정부의 중지 지시에 의해 1시간 가량 냉각수 주입이 중단 되었던 사실이 밝혀짐.
22일 도쿄전력, 후쿠시마 제1원전 1호기, 2호기, 3호기, 4호기의 폐로와 7, 8호기 건설 중지 공식 발표.
24일 후쿠시마현에 거주하는 부모 650여명이 방사능 안전기준치가 너무 높다며 도쿄 가스미가세키에서 항의집회.
26일 3월 12일의 냉각수 주입은 중단되지 않았던 것으로 밝혀짐. 정부와 도쿄전력의 말 바꾸기 때문에 일본 정부 제공 정보의 신뢰도에 대한 의문을 제기하는 목소리가 커짐. 스위스 정부, 오는 2034년까지 전국의 원자력발전소 단계적 폐쇄 방침 발표.
29일 도쿄전력, 원전 사고 직후 후쿠시마 원전 부지 내에서 측정된 미공개 방사선량의 자료를 29일 오늘 발표하면서 공표 지연에 대해 사과.
30일 독일 정부, 2022년까지 독일 내 모든 원전을 폐쇄하기로 결정.

## 2011년 6월

1일 자민, 공명 양 당이 1일 저녁에 간 나오토 내각의 불신임안을 제출.
2일 간 나오토 내각 불신임안이 표결에 부쳐졌으나 총리가 토호쿠 대지진 피해가 어느 정도 복구된 시점에서 총리직에서 물러나겠다는 발표를 함에 따라 부결.
6일 후쿠시마 제 1원전에서 일하는 근로자들이 열사병에 걸려 쓰러짐.
7일 일본 정부가 후쿠시마 원전에서 핵연료가 녹아 압력용기를 뚫고 흘러내리는 '멜트스루'(녹은 핵연료의 원자로 관통) 가능성을 처음으

　　　　로 공식 인정.
 8일　도쿄전력 또다시 오염수 방출 준비.
11일　'비핵의 날' 행사. 전 세계 약 140개 지역에서 시위와 집회. 신주쿠, 시바, 시부야, 쿠니타치 등 도쿄 중심가 네 곳에서 다양한 반권위주의 단체들이 연대한 원자력발전 반대 시위가 사운드데모 형식으로 열림. 7천 여 명 참가.
13일　원전에서 400km나 떨어진 시즈오카시 아오이구 와라시나 지구에서 기준치를 넘는 세슘이 검출. 원전 작업자 피폭 증가. 6명의 작업자가 최대 497mSv의 피폭을 당했을 것으로 잠정 추산.
14일　후쿠시마현 소마시에서 소 40여 마리를 기르던 50대 남성이 자살. 12일과 13일 이틀간 치러진 이탈리아 국민투표에서 57%의 투표율과 95%가 넘는 반대표가 나옴으로써 베를루스코니의 "핵발전 부활" 시도가 저지됨. 일본 정부가 도쿄전력이 내야 할 원전사고 배상금 지원을 위한 〈원자력 손해배상 지원기금〉 법안을 승인.
17일　원전으로부터 60km 떨어진 후쿠시마현 초등학생들이 코피를 흘리고 있다는 뉴스가 나오면서 방사능 공포 확산. 방사능 오염수 정화 장비 정식 가동 시작.
18일　오염수 정화장치 가동 중단. 너무 강한 방사선 때문에 부품이 견디지 못했다는 도쿄전력의 해명.
30일　7월 1일부터 전력사용량의 15%를 의무적으로 감축해야 하는 전력사용제한령이 발표. 일본 더위는 35도를 웃도는 상황.

2011년 7월

1일　순환 냉각 시스템 재가동.
4일　후쿠시마 주민이었던 60대 여성 분신자살. 겐카이 원전의 재가동이 결정.
7일　규슈전력, 겐카이 원전의 재개를 위해 여론조작을 시도하다 들통. 자사 직원들에게 경제산업성이 주최한 원전 관련 텔레비전 프로그램에 주민으로 가장하여 원전 찬성 의견을 투고하라고 주문하였다고. 이 사건으로 겐카이 원전 재가동 승인이 철회됨.
8일  규슈 전력 사장이 여론조작에 대해 사과.
14일  간 나오토 총리, 단계적 원전 폐기 발표. 이후 "탈원전은 정부 공식 입장이라기보다는 개인적인 의견이다"라고 수습.
15일  순환 정화 시스템 또 다시 정지.
19일  일본 정부, 후쿠시마산 육우 출하 금지.
29일  장비 이상으로 2, 3호기 쪽 정화시스템 정지.

## 2011년 8월

1일  일본 변호사협회, 일본 정부에 "원전보도에 대한 감시 중단" 요구.
6일  일본 정부가 후쿠시마의 깊은 산속에 방사능 폐기물을 몰래 파묻고 있다는 사실이 발각됨.
11일  간 나오토 일본 총리, "후쿠시마 사고는 인재인 측면이 크다." 발언.
18일  후쿠시마 어린이와 청소년들, 국회의사당에서 피폭에 대해 당국 관계자, 국회원들에게 질의응답. "우리는 몇 살까지 살 수 있나요?", "우리도 아이를 가질 수 있나요?" 등 질문들이 쏟아져 나왔다.
29일  간 나오토 총리 사임, 민주당 새 대표 노다 요시히코가 신임 총리로 취임.

## 2011년 9월

11일  대지진 6개월을 맞아 피해지역을 중심으로 추모 묵념행사 거행. 도쿄를 비롯한 70여 곳에서 반핵 시위. 시위대는 "우린 원전이 필요 없다, 아이들을 지키자"를 외치며 도쿄 시내 행진, 12명 연행.
14일  후쿠시마 원전 근로자가 이후 자비로 간식을 사먹어야 한다는 도쿄 전력 발표. 또한 원전 사고 피해자가 보상을 받기 위해서는 160페이지의 안내 책자를 참조해서 60장의 청구서를 작성해야 한다고 발표.
19일 도쿄 신주쿠에서 후쿠시마 원전 사고 이후 최대 규모 원전 반대 시위. 경찰 추산 3만 명, 시위대 추산 6만 명 참여. 오에 겐자부로도 참석. "사라져라 원전, 우리 애들은 원전 필요 없다, 원전 불필요" 등의 구호가 등장. 1990년대 이후 일본에서는 기록적인 규모의 시위.
21일 노다 총리가 현재 가동 중단된 원전들을 내년까지 재가동하겠다고 발표.
22일 이명박 대통령, 유엔 원자력 안전 고위급회담 기조연설에서 후쿠시마 원전사고는 원자력에 대한 신뢰에 큰 타격을 줬지만, 이번 사고가 원자력을 포기할 이유가 되어서는 안 된다고 발언.
23일 일본 정부, 대지진 복구비용을 마련하기 위해 전면적인 증세 추진.
25일 도쿄전력에 근무하는 낙하산 인사가 47여 명에 달한다는 『마이니치』 신문 보도.
26일 시즈오카 현의 하마오카 원전 주변 지방자치단체 의회에서 원전 영구 운전중지 결의.
28일 도쿄전력이 사고배상자금을 마련하기 위해 7,400명의 인원을 감축한다는 『요미우리』 신문 보도.
29일 일본 전력회사 〈일본 원자력 발전〉, 베트남과 원전 수출 관련 조약 계약 체결.
30일 후쿠시마 원전 부지 밖에 위치한 후타바초, 나미에초, 이타테무라에서 플루토늄이 소량 검출. 일본 정부, 후쿠시마 제1원자력발전소 반경 2~30㎞ 권역에 설치했던 피난경계구역 해제. 피난경계구역에 대한 방사성 물질 오염 제거 작업 후 주민들을 점진적으로 귀가토록 할 방침이라고 발표.

### 2011년 10월

2일 지난 3월 16일 미국 정부가 원전 80km 이내 모든 미국인에게 대피령을 내리겠다고 일본 정부에 통보하자, 일본 정부는 미일 동맹관계 악화 우려를 제기하며 대피령 유보를 요청했다는 산케이 신문의 보도. 당시 미국은 원전 80km 이내 자국민들에게만 대피령을 내리고, 도쿄의 미국인 9만 명에게는 대피령을 내리지 않았다.

8일  체코에서 원전의 비중을 2050년까지 현재의 2배로 확대하는 방안을 검토.

9일  그간 일본 전력 회사들이 정치인들에게 조직적으로 로비를 벌여온 것으로 드러났다고 『아사히신문』이 보도.

15일  도쿄 시내에서 20여개의 방사능 오염지대가 시민들과 시민단체에 의해 발견. 일본 정부와 주류 언론은 그들의 주장을 무시하고 "도쿄는 안전하다"는 주장을 반복하고 있다고 뉴욕타임즈가 보도. 시민단체에 의하면, 도쿄 시내 22곳이 체르노빌 수준으로 오염되어 있다.

17일  후쿠시마현 미나미소마시 초·중학교 5곳이 수업을 재개. 일본 네티즌들과 시민들, "죄도 없는 아이들을 가지고 방사능 인체실험을 하려 하는 것이냐", "나라의 미래인 아이들보다 당장의 이익이 중요하다는 것이냐", "이것은 국가 주도 인권침해"라며 분노.

20일  후쿠시마 원전에 지하수가 계속 유입되면서 방사능 오염수의 양 대폭적으로 증가했다는 『아사히신문』의 보도. 오염수의 양은 17만 5천 톤으로 추정.

28일  도쿄 시내에서 원전에 반대하는 여성들 연좌 시위.

31일  일본 정부, 후쿠시마 원전 사고를 교훈삼아 더 안전한 원전 기술을 제공할 수 있다고 마케팅하며 원전 수출에 열을 올리다. 인도와의 원전 수출 협상 타결.

## 2011년 11월

1일  겨울에 급증할 전력수요에 대비하기 위한 절전운동 재개. 규슈전력 겐카이 원전 4호기 재가동.

3일  서울 도봉구 월계2동에서 〈차일드세이브〉, 〈환경운동연합〉, 〈마을주민회〉 등이 자체적으로 조사한 결과 자연방사선 수치를 넘는 시간당 3.0μSv의 방사능 검출. 한국 정부는 이미 3월에 방사능 아스팔트가 있다는 사실을 알면서도 아무 조치도 취하지 않았다는 보도.

4일 이명박 대통령과 에르도안 터키 총리는 정상회담에서, 터키 원전 건설 사업을 위해 실질적인 협상에 나서기로 합의.

12일 일본 정부, 사고 발생 8개월 만에 후쿠시마 원전 사고 현장 언론에 공개.

13일 후쿠오카에서 원전 반대 시위. 시위 소식에 완전한 침묵으로 일관했던 주류 언론에서도 시위를 보도하기 시작. 주최 측 추산 1만 5천 명 규모.

16일 일본판 티파티를 지향하는 〈도쿄 차(茶) 모임〉이라는 단체, 증세 반대 운동 움직임. 후쿠시마 원전 3km 이내 지역에 일시 귀가가 허용됨.

17일 인천 영종도의 한 초등학교에서 기준치의 2배에 달하는 방사능이 검출되었다는 주장이 〈환경운동연합〉에 의해 제기됨.

### 2011년 12월

1일 일본 전력업계가 3년간 4억 8천만 엔의 정치헌금을 한 것으로 드러남.

5일 도쿄전력이 2차 원전 배상청구 접수 시작.

6일 일본 중의원 원자력협정 승인안 가결. 요르단과 베트남에는 원전 본체를, 한국에는 관련 기자재를 수출할 예정, 러시아에는 사용 후 핵연료 재처리 위탁 예정.

8일 일본 정부가 내년 여름 도쿄전력을 실질적으로 국유화할 것이라고 『마이니치 신문』이 보도. 도쿄전력, 2012년 3월에 저농도 방사능 오염수를 바다에 방류하겠다고 발표. 전문가와 정부 관료 등 강력 반발.

9일 일본 후쿠시마 방사능 오염 제거 사업에 외국 기업으로는 유일하게 한국 기업이 참여를 추진 중이라고.
14일 한일 고위급 원자력 안전회담 도쿄에서 열림.
16일 일본의 노다 요시히코 총리, "원자로가 냉온정지상태에 이르렀고, 사고도 수습되었다고 판단할 수 있다"고 선언.
17일 16일 요시히코 총리의 발표에 대해 "속임수다. 일본 정부의 발표를 믿을 수 없다. 수습 선언은 너무 이르다." 등 전 세계 언론의 우려와 불만이 쏟아짐.
18일 일본 총리의 발표에 대해 일본 야당들도 비난. 후쿠시마 원전의 간부들이 비상냉각 시스템에 대해 잘 몰랐던 것으로 드러났다고 『아사히신문』이 보도. 사고조사검증위원회에 따르면 간부들이 시스템을 잘 몰라서 잘못된 판단을 내리는 바람에 사고가 커졌다고.
19일 일본 정부, 원전관련 법령을 개정할 예정. 신 기준에 미달하는 원전은 운전정지 예정.
20일 후쿠시마 원전에 노동자로 2주일간 잠입취재를 한 저널리스트 스즈키 토모히코가 폭력단이 빚에 쪼들린 사람들을 원전 사고 현장에서 일하게 하고 있다고 폭로.
22일 도쿄전력, 2012년 4월 전기요금 대폭 인상 계획 발표.
23일 미국이 스리마일 섬 원자력 발전소 사고 이후 30년 만에 원전건설을 재개. 한국의 신규 원전 건설 후보지로 삼척과 영덕이 선정.
26일 일본정부의 후쿠시마 제1원전 사고조사 검증위원회의 중간보고서 발표. "일본정부와 도쿄전력의 사고 대응 총체적으로 부실" 평가. 도쿄전력은 10m가 넘는 쓰나미가 원전을 덮칠 리가 없다고 생각했고, 직원들은 비상사태에 대응하는 훈련이 되어 있지 않았고, 정부는 물론이고 직원들 간에도 의사소통이 되지 않았고, 시스템의 비상신호를 보고도 '정상적으로 가동된다고' 막연히 가정했으며, 이로 인해 원자로에 냉각수를 공급할 방안을 찾는 게 늦어져서 용융을 일으켰다고. 일본 정부는 사고 정보 공개를 늦추어 주민들을 방사능에 노출시키고, "우리 예상을 벗어난 사태"라고 변명하며 신용도 잃었다고. 후쿠시마 원전이 통제 하에 있다는 정부의 말을 사람들이 안 믿는다는 『마이니치 신문』의 보도.

## 2012년 1월

4일  2011년에 일본에서 일어난 진도 5 이상의 지진이 68회에 이르렀다는 『마이니치 신문』의 보도.

8일  도쿄전력이 일본 여야정치인 10명에 대해 관리해 왔다는 아사히뉴스의 보도.

10일  원전 사고 이후 일본 원자력계의 비리가 속속 드러남. 일본 문부과학성 소관인 독립행정법인 일본원자력연구개발기구가 1억 엔 이상을 회비 명목으로 추가지출 했음이 드러남. KBS 〈세계는 지금〉에서 "후쿠미사 지금"이라는 주제의 다큐멘터리 방영. 10일 방송 내용 중에서는 고리야마 시에서 어린이들만이라도 피난을 보내야 한다며 어린이 14명의 피난을 신청한 소송이 기각되었다는 내용이 포함됨. 일본 법원은, 해당 학교의 교육 활동을 중지시켜야 할 만큼 신체 생명에 절박한 위험성이 있다고 인정할 수 없다고 판결.

11일  11일 방송에서는 도쿄전력이 도쿄나 오사카에서 신분이 확실치 않은 노숙자들을 원전복구 노동자로 고용해서 일을 시켰으며, 고용계약서에는 "이후에 신체 문제가 생기더라도 절대 도쿄전력을 고소하지 않는다"라는 내용이 있음이 드러남.

12일  스위스 〈그린피스〉와 시민단체 〈베른선언〉이 주관하는 세계에서 가장 사악한 기업을 뽑기 위한 Public Eye People's Awards의 투표가 진행 중. 2012년에 후보로 오른 6개 기업 중에서 삼성이 2위, 1위는 도쿄전력.

13일  규슈전력의 사장과 회장이 여론조작 사건의 책임을 지고 사임.

14일  일본 정부 내각 개편.

17일  일본 정부가 후쿠시마 원전 사고 발생 후 방사성 물질 확산 예측 결과를 자국민보다 미군에게 먼저 제공했다는 사실이 밝혀짐. 미군에게 전달된 건 3월 14일이고 일본 국민에게 전달된 건 그로부터 9일 후인 3월 23일. 도쿄전력, 4월부터 기업용 전기료 17% 인상 발표. 가정용 전기료 역시 3월 이후에 인상 예정.

23일 〈일본생활협동조합연합회〉가 일본인의 3분의 2가 원전 완전 폐쇄를 주장한다는 조사결과를 발표.

24일 후쿠시마현 사립유치원들이 결성한 〈원자력손해대책협의회〉가 도쿄전력에 손해배상을 청구.

26일 일본 정부가 도쿄전력에 1조 엔의 공적자금을 투입하기로 결정.

27일 일본 환경성이 연간 50mSv 이상의 고방사선 지역에 대한 오염 제거 시기를 명시하는 것을 유보하며, 해당 지역의 오염 제거를 사실상 포기. 후쿠시마현의 3분의 1에 해당하며, 현재의 기술로는 이 지역의 오염을 제거할 수 없다고 한다. 현지 주민들은 강력하게 반발.

28일 후쿠시마 원전 사고에도 불구하고 원자력 발전은 필요하며, 자신이 더 안전한 차세대 원자로를 개발하겠다는 빌 게이츠의 발표.

## 2012년 2월

2일 후쿠시마 원전 4호기에서 냉각수 8.5톤 누출.

7일 일본 정부, 간사이 전력의 오이원전 3호기와 4호기의 재가동 추진.

8일 사고 지점에서 250km 떨어진 도쿄만 해역 고농도 세슘 오염 확인.

11일 후쿠시마 원전 사고 현장 근로자들의 피폭 관리가 제대로 되지 않고 있다. 작업원 100명 중 25명이 요오드제를 복용하지 않았으며, 그에 비해 소방관과 자위대원들은 요오드제를 모두 복용했다고.

12일 일본에 원전을 반대하는 정당이 잇달아 설립.

13일 후쿠시마 원전 2호기가 위험 수위까지 온도 상승. 그러나 도쿄전력은 온도계 고장으로 판단. 일본 정부가 도쿄전력에 6천억 엔 추가 투입.

16일 한국이 도쿄전력 원전 기술자의 스카우트를 시도한다는 『마이니치 신문』의 보도.

18일 원전 사고 복구 비용 마련을 위해 일본 여야가 공무원 월급 7.8% 인하 의결. 또 일본 내각은 소비세 2배 인상 의결.
20일 도쿄 스기나미 구 산 시노모리 공원에 모인 수천 명의 시위대, 북을 치며 "원전 반대"라고 적힌 플랫카드를 들고 거리를 행진. 후쿠시마 원전이 두 번째로 언론에 공개, 3호기 터빈건물 앞에서는 방사선량이 시간당 1500 $\mu$Sv로 상승하는 등 사고 수습과는 거리가 먼 풍경.
21일 일본에서 가동되는 원전이 두 개밖에 남지 않음.
22일 일본 정부와 도쿄전력이 후쿠시마 원전 앞바다 일부를 콘크리트로 덮기로.
23일 일본 정부가 지진복구를 위해 편성한 추경예산 상당부분이 지방자치단체 인력 부족이나 현장상황과 맞지 않는 정책 때문에 집행되지 않았다고 『아사히신문』이 보도.
24일 후쿠시마 제1원전의 방사능 오염수가 예상했던 10만 톤의 배 이상되어 도쿄전력은 처리방법에 고심. 더 이상 보관할 탱크가 없고 증설도 쉽지 않아서 도쿄전력은 또 다시 바다 방류를 검토했고, 어업계의 큰 반발을 삼.
25일 베트남, 터키, 아랍에미리트, 방글라데시, 벨라루스 등 5개국이 올해 원전 건설에 착수한다는 IAEA의 발표.
26일 지난해 대지진 발생 8일 전 미야기-후쿠시마 앞바다에서 대형 쓰나미와 지진이 발생할 가능성이 있다는 내용의 보고서를 작성하던 일본 정부 지진조사위원회 사무국이 도쿄전력 등 전력회사들의 요청에 따라 표현을 바꾸었다는 사실이 밝혀짐.
27일 교토, 오사카, 고베 등 세 도시, 탈원전을 촉구하는 공동의견서를 간사이 전력에 제출.
28일 도쿄전력, 비용 절감을 위해 4만 명의 사원 중 3,600명을 2013년 말까지 정리해고하기로.

2012년 3월

3일  후쿠시마현에서 온 아이들이 방사선 노출 우려 때문에 따돌림을 받고 있다는 보도.
4일  일본 정부가 도호쿠 대지진으로 발생한 쓰레기를 전국에 분산시켜 매립하려고 하고 있으나 86%의 지방자치단체가 거부.
5일  후쿠시마 원전 사고 이후 피난구역에서 최소 5명이 아사했다는 NHK 보도.
6일  이와테, 미야기, 후쿠시마현의 인구가 지진 이전에 비해 55,662명 감소.
8일  후쿠시마 원전 사고로 마을 전체가 출입금지구역이 된 후쿠시마현 후타바정이 도쿄전력에 192억 엔의 손해배상 청구.
11일  도쿄 지요다구 국립극장에서 도호쿠 대지진 1주년 추도식 거행. 1주년을 맞아 일본을 비롯하여 독일, 프랑스, 벨기에, 스위스, 대만, 한국 등 세계 각국에서 원전 반대와 가동 중단 시위. 〈탈원전 세계회의〉라는 단체는 도쿄 히비야 공원에서 "원전을 없애고 자연에너지 사용을 늘려야 한다"고 주장하는 한·중·일 지식인 311명의 명단 발표. 국내에서는 고은 시인, 김성훈 전 농림부 장관, 김영호 전 산업자원부 장관, 박원순 서울시장, 염태영 수원시장, 조국 교수, 최열 환경재단 대표, 소설가 황석영씨 등이 동참. 2011년 3월 11일 지진으로 지금까지 침수 면적 561만㎢, 사망자 1만 5천 854명, 행방불명 3천 155명, 부상 2만 6천 992명, 재해 후 스트레스 등 2차 피해로 인한 사망자 1천 479명, 피난민 최대 46만 8천 653명, 재산 피해 17조 4천억 엔(약 238조 원), 쓰레기 2천 253만 톤. 3.26~27일 서울에서 열리는 핵안보정상회의 앞두고 긴장 고조.

::

엮은이

글쓴이

옮긴이

도운이

소개

:: 엮은이

### 조정환 (Joe Jeong Hwan, 1956~ )

정치사상사와 정치철학, 그리고 정치미학을 연구하면서 주권형태의 변형과 21세기 정치의 새로운 주체성에 대한 탐구를 계속하고 있다. 현재 다중지성의 정원[http://waam.net(연구정원), http://daziwon.net (강좌정원)] 대표 겸 상임강사, 도서출판 갈무리 대표로 활동하고 있으며 저서로『민주주의 민족문학론과 자기비판』(연구사, 1989),『노동해방문학의 논리』(노동문학사, 1990),『지구 제국』(갈무리, 2002),『21세기 스파르타쿠스』(갈무리, 2002),『제국의 석양, 촛불의 시간』(갈무리, 2003),『아우또노미아』(갈무리, 2003),『제국기계 비판』(갈무리, 2005),『비물질노동과 다중』(공저, 갈무리, 2005),『카이로스의 문학』(갈무리, 2006),『민중이 사라진 시대의 문학』(공저, 갈무리, 2007),『레닌과 미래의 혁명』(공저, 그린비, 2008),『미네르바의 촛불』(갈무리, 2009),『공통도시』(갈무리, 2010),『플럭서스 예술혁명』(공저, 갈무리, 2011),『인지자본주의』(갈무리, 2011),『인지와 자본』(공저, 갈무리, 2011) 등이 있고 이외에 여러 권의 편역서와 번역서가 있다.

:: 글쓴이

### 김진호 (Kim Jin-ho, 1962~ )

한신대학교 신학대학원을 졸업한 이후, 제도권 신학의 공간 밖을 떠도는 신학의 방외자로서 20여 년을 유랑하였다. 한백교회 담임목사로 7년간 일했고, 한국신학연구소 연구원, 계간『당대비평』편집주간 등을 거쳐 현재는 재야 신학 연구단체인 〈제3시대그리스도교연구소〉 연구실장으로 일하고 있다. 민중신학 연구자이자 '역사의 예수'에 관한 연구자로서 여러 권 책을 냈으며, 다양한 영역의 매체에 많은 글을 썼다.『반신학의 미소』(삼인, 2001),『예수역사학』(다산글방, 2000),『예수의 독설』(삼인, 2008),『급진적 자유주의자들』(동연, 2009) 등의 책을 썼으며, 다른 이들과 함께 쓴 책으로는 『죽은 민중의 시대 안병무를 다시 본다』(삼인, 2006), 『우리 안의 파시즘』(삼인, 2000), 『무례한 자들의 크리스마스』(평사리, 2007), 『무례한 복음』(산책자, 2007), 『우리 안의 이분법』(생각의 나무, 2004), 『함께 읽는 구약성서』(한국신학연구소, 1999), 『함께 읽는 신약성서』(한국신학연구소, 1999) 등이 있다.

### 박노해 (Park Nohae, 1957~ )

시인. 1984년 첫 시집 『노동의 새벽』을 출간했다. 1989년 사노맹(남한사회주의노동자동맹)을 결성, 1991년 체포되어 무기징역형에 처해졌다. 옥중에서 시집 『참된 시작』과 에세이집 『사람만이 희망이다』를 출간했다. 7년 여 만에 석방된 후, 2000년 '생명·평화·나눔'과 '적은 소유로 기품 있게' 살아가는 대안 삶을 실천하는 사회단체 〈나눔문화〉를 설립했다. 2003년 이라크 전쟁터에서 평화활동을 시작으로 아프리카·중동·아시아·중남미 등에서 평화나눔을 펼치고 있다. 현장에서 기록한 사진을 모아 2010년 〈라 광야〉展과 〈나 거기에 그들처럼〉展을 열었다. 2010년 시집 『그러니 그대 사라지지 말아라』를 출간했다.

### 윤여일 (Yoon Yea-Yl, 1979~ )

〈수유너머R〉 연구원이다. 『세계의 사회주의자들』(펜타그램, 2009), 『촛불이 민주주의다』(해피스토리, 2008)를 함께 쓰고, 『사상으로서의 3·11』(그린비, 2012), 『다케우치 요시미 선집 1, 2』(휴머니스트, 2011), 『다케우치 요시미라는 물음』(그린비, 2007)을 번역했다.

### 이명원 (Lee Myung Won, 1970~ )

서울에서 나고 자랐다. 서울시립대학교 국문과와 대학원을 졸업한 후, 성균관대학교 대학원에서 현대비평을 전공해 박사학위를 받았다. 지은 책으로 『말과 사람』(이매진, 2008), 『연옥에서 고고학자처럼』(새움, 2005), 『시장권력과 인문정신』(로크미디어, 2008) 등이 있다. 실천문학사 주간, 계간 『문화과학』의 편집위원이며, 현재 경희대 후마니타스 칼리지 교수로 재직

중이다.

池上善彦 (이케가미 요시히코, Ikegami Yoshihiko, 1956~ )
히토츠바시 대학에서 사회과학을 전공했다. 1991년부터 2010년까지 『현대사상』지에서 일했으며, 현재 프리랜서 편집자이다.

高祖岩三郎 (코소 이와사부로, Sabu Kohso, 1955~ )  일본 오카나마현 출생으로 1980년대 초부터 뉴욕에서 거주하며 일해 왔다. 전지구적인 반자본주의 투쟁에 오래 참여해 왔다. 『뉴욕열전』(갈무리, 2010), 『유체도시를 구축하라!』(갈무리, 2012)와 더불어 도시공간과 민중의 투쟁을 그린 3부작을 구성하는 『죽어가는 도시, 회귀하는 거리/여항』(死にゆく都市’回帰する巷)을 출간했고 아나키즘의 새로운 방향을 제시한 『새로운 아나키즘의 계보학』(新しいアナキズムの系譜学)을 일본어로 출판했다. 데이비드 그레이버의 『아나키스트 인류학을 위한 단장(斷章)』(*Fragments of an Anarchist Anthropology*), 존 홀로웨이의 『자본주의에 균열을 내자』(*Crack Capitalism*) 등을 일본어로 옮겼고, 가라타니 고진의 『트랜스크리티크』, 이소자키 아라타의 『건축에 있어서의 '일본적인 것'』 등을 영어로 옮겼다. 2011년 3월 11일에 일어난 지진, 특히 후쿠시마 원전 사태 이후의 세계에 대한 비판적이고 이론적인 분석을 엮은 책, 『후쿠시마 내 사랑』(*Fukushima Mon Amor*)을 냈으며, 현재 사이트 jfissures.org를 동료들과 함께 편집하고 있다.

佐伯奈津子 (사에키 나츠코, Saeki Natsuko, 1973~ )
〈인도네시아 민주화 지원 네트워크〉 활동가. 인도네시아 자원개발과 분쟁, 인권문제, 특히 일본과의 관련성을 중심으로 조사하여 제언하는 활동을 하고 있다. 주요 저서로는 『아체의 소리 : 전쟁, 일상, 쓰나미』(アチェの声 : 戰爭·日常·津波, 2005)와 『인도네시아를 알기 위한 50장』(インドネシアを知るための50章, 2004) 등이 있다.

桜井大造 (사쿠라이 다이조, Sakurai Daizo, 1952~ )  1970년대부터 일본

곳곳에서 텐트연극을 순회 공연했다. 35편 가량의 작품을 극작, 연출, 출연했다. 1999년부터 도쿄 외에 타이베이로 거점을 넓혔으며 베이징과 광주 등지에서도 활동했다. 올해는 2월 타이완 공연에 이어 4월에는 광주와 서울에서 공연하고 여름부터 가을까지는 도호쿠의 재해지, 도쿄, 오사카에서 공연을 할 예정이다.

渋谷望 (시부야 노조무, Shibuya Nozomu, 1966~ ) 사회학 전공. 지바대학 부교수를 거쳐, 현재는 일본여자대학 교수로 재직중이다. 신자유주의 통치를 문제 삼는 것과, 신자유주의에 맞서는 저항운동의 여러 문화적 차원에 관심을 가지고 있다. 잡지『VOL』의 편집위원이며 주요 저작으로는, 『혼의 노동 — 신자유주의의 권력론』(魂の労働 — ネオリベラリズムの権力論, 青土社), 『중산층을 되묻는다 — 격차사회의 맹점』(ミドルクラスを問いなおす — 格差社会の盲点, NHK出版)이 있다. 최근에 집필한 논문으로는 「원전사고와 재생산 영역의 억압」(原発事故と再生産領域の抑圧), 「기업가와 이재민」(アントレプレナーと被災者) 등이 있다.

### Anne Waldman (앤 월드먼, 1945~ )

미국의 시인이다. 뉴저지 주에서 태어났으며, 1960년대부터 〈아웃라이더〉라는 실험적 시 공동체에서 작가, 공연가, 공동제작자, 교수, 편집자, 연구자, 문화정치 액티비스트로 활동했다. 1970년대에는 콜로라도 주 로키 플랫 핵무기 시설에 반대하는 집단인 〈로키 플랫 트루스 포스〉(Rocky Flats Truth Force)에 참여하였고, 그밖에도 페미니즘, 생태주의, 인권, 반전 운동에 적극적으로 참여하며 시위를 조직하기도 했다. 40권 이상의 시집을 출간했으며, 대표작으로『아이오비스 삼부작』(The Iovis Trilogy, 2011), 『매너티/휴매너티』(Manatee/Humanity, 2009), 『레드 노아』(Red Noir, 2007), 『아웃라이더』(Outrider, 2006) 등이 있다.

### Daniel de Roulet (다니엘 드 룰레, 1944~ )

스위스 제네바 출생으로 프랑스어를 사용하는 스위스 작가이다. 그는 쌩띠미에에서 청년기를 보낸 후, 건축학을 이수했고 1997년에 전업 작가로 출발하기 전에는 정보 분야에서 일했다. 『삶, 그것을 위해서 아이들이 있다』(*La vie, il y a des enfants pour ça*, 1994), 『가미가제 모차르트』(*Kamikaze Mozart*, 2007), 『핵융합』(*Fusions*, 2012) 등 많은 작품들을 출간했다.

**George Caffentzis (조지 카펜치스, 1945~ )**
서던메인대학의 철학과 교수이자 〈미드나잇 노츠 콜렉티브〉와 〈아프리카에서의 학문의 자유를 위한 위원회〉 창립회원이며 〈에듀팩토리 네트워크〉의 일원이기도 하다. 돈의 철학과 지식에 대한 투쟁, 그리고 미국과 아프리카 지역의 교육뿐만 아니라 자본주의에서의 활력의 장소에 대한 글을 쓰고 있다. 저서로는 『천 송이 꽃: 아프리카 대학 구조조정에 대한 사회적 투쟁』(*A Thousand Flowers: Social Struggles Against Structural Adjustment in Africa Universities*, 공동편집자), 『인류 산업 흥분시키기 : 조지 버클리의 돈의 철학』(*Exciting the Industry of Mankind : George Berkeley's Philosophy of Money*), 『사빠띠스따의 오로라 : 4차 세계대전에서의 지역적·지구적 투쟁』(*Auroras of the Zapatistas: Local and Global Struggles in the Fourth World War*, 공동편집자) 등이 있다.

**John Holloway (존 홀러웨이, 1947~ )** 아일랜드의 더블린에서 태어났다. 변호사, 사회학자, 철학자이며 스코틀랜드 에딘버러 대학에서 오랫동안 정치학을 가르쳤다. 1991년 멕시코로 이주하여 1993년부터 민중자율대학 인문사회과학연구소에서 사회학을 가르치면서 사빠띠스따 운동의 정치적 함의에 대해 연구하고 있다. 저서로 『신자유주의와 화폐의 정치』(공저, 조정환 옮김, 갈무리, 1999), 『권력으로 세상을 바꿀 수 있는가?』(조정환 옮김, 갈무리, 2002), 『국가와 자본 : 맑스주의적 논쟁』(*State and Capital : A Marxist Debate*), 『포스트포드주의와 사회적 형태 : 포스트포드주의 국가에 대한 맑스주의적 논쟁』(*Post-Fordism and Social Form : A Marxist Debate on the Post-Fordist State*), 『열린 맑스주의 : 맑스를 해방시키기』(*Open Marxism : Emancipating Marx*), 『사빠띠스따 : 멕시코에서 혁명을 재발명하기』(*Zapatista! : Reinventing Revolution in Mexico*), 『부정과 혁명: 아도르노와 정치적 액티비즘』(*Negativity and Revolution : Adorno and Political Activism*), 『자본주의에 균열을 내자』(*Crack Capitalism*) 등이 있다.

**Silvia Federici (실비아 페데리치, 1942~ )** 여성주의 활동가이자 교사로 오래 활동했다. 나이지리아의 포트 하코트 대학을 비롯하여 여러 곳에서 가르쳤으며, 지금은 미국의 뉴칼리지 오브 호프스트라 대학에서 국제학 및 정치철학 명예교수로 재직하고 있다. 문화, 교육, 여성의 투쟁에 대한 글을 많이 썼다. 저작으로 『캘리번과 마녀』(황성원·김민철 옮김, 갈무리, 2011), 『대캘리번 : 자본주의의 첫 번째 단계의 반항적 신체』(*Il Grande Calibano: Storia del corpo sociale ribelle nella prima fase del capitale*, 공저), 『유구한 서구문명 : 서구문명과 그 "타자들"에 대한 개념구성』(*Enduring Western Civilization : The Construction of the Concept of Western Civilization and Its "Others"*, 편집자), 『천 송이 꽃: 아프리카 대학 구조조정에 대한 사회적 투쟁』(*A Thousand Flowers : Social Struggles Against Structural Adjustment in Africa Universities*, 공동편집자), 『아프리카의 미래: 현대 아프리카의 문학적 이미지와 정치적 변화, 그리고 사회적 투쟁』(*African Visions: Literary Images, Political Change, and Social Struggle in Contemporary Africa*, 공동편집자) 등이 있다. 『0점에서의 혁명: 가사노동, 재생산, 그리고 여성주의 투쟁』(*Revolution at Point Zero: Housework, Reproduction, and Feminist Struggle*)이 갈무리 출판사에서 곧 출간될 예정이다.


:: 옮긴이

**문지영 (Moon Ji Young, 1984~ )** 〈다중지성의 정원〉 회원으로 자본주의를 넘어서는 실천적 대안을 공부하고 있다. 또한 생태적 가치를 실현하고자 하는 협동조합 한살림의 실무자로도 활동하고 있다.

**서창현 (Seo Chang Hyeon, 1966~ )** 서울대 국어교육과를 졸업하고 교원대학교 대학원에서 현대문학을 전공했다. 논문으로 「이인성의 낯선 시간 속으로 연구」(석사)가 있고 역서로는 『있음에서 함으로』(갈무리, 2006), 『사빠띠스따의 진화』(갈무리, 2009), 『네그리의 제국 강의』(갈무리, 2010), 『전복적 이성』(갈무리, 2011), 공역서로는 『서유럽 사회주의의 역사』(갈무리, 1995), 『사빠띠스따』(갈무리, 1998), 『비물질노동과 다중』(갈무리, 2005), 『다중』(세종서적, 2008) 등이 있다.

**신지영 (Shin Ji Young, 1977~ )** 연세대학원에서 『한국 근대의 연설 좌담회 연구』(2010)로 박사학위를 받았다. 일본 도쿄 외국어 대학에서 포스트닥터를 하고, 현재 츠다주쿠 대학과 무사시 대학에서 시간강사를 하고 있다. 2011년 히토츠바시 박사과정에 다시 입학하여 "1950년대 전후, 동아시아의 이동과 이족/난민의 코뮨"이라는 주제로 연구를 확장시키고 있다. 2000년부터 〈수유너머〉 활동에 참여해 왔고, 『수유너머 Weekly』에 〈해외통신―일본에서 마을 만들기〉라는 에세이를 연재하고 있다. 저서로는 『不부/在재의 시대―근대 계몽기 및 식민지기 조선의 연설·좌담회』(소명출판, 근간)와 『일제 식민지 시기 새로 읽기』(공저, 혜안, 2007)가 있다. 번역서로는 『저 여기 있어요』(이치무라 미사코, 올벼출판, 2009)와 『주권의 너머에서』(우카이 사토시, 그린비, 2010) 등이 있다. 현재 『다니가와 셀렉션 1,2』(이와사키 미노루·요네타니 마사후미 편, 日本經濟評論社, 2009)를 번역중이다.

**한태준 (Han Tae Joon, 1979~ )** 동국대학교 영상대학원에서 영화학을 전공했다. 논문으로는 「일본 영화의 그로테스크성을 통한 근대 속 전근대성의 의미-에도가와 란포 소설의 각색 영화를 중심으로」(석사)가 있으며, 현재는 머니투데이 대학경제에 영화에 관련된 글을 기고하고 있다.

:: 그 외 원고 편집과 자료 수집에 도움을 주신 분들

김석민 〈다중지성의 정원〉 회원
김수빈 〈다중지성의 정원〉 회원
김영철 〈다중지성의 정원〉 회원
엄진희 〈다중지성의 정원〉 회원
이지훈 〈나눔문화〉 활동가

Lewanne Jones (르완 존스) 〈오토노미디어〉 출판사 편집자
Jim Fleming (짐 플레밍) 〈오토노미디어〉 출판사 편집자

<그린비 출판사>
<河出書房新社>
『수유너머 Weekly』
『실천문학』
『제3시대』

"후쿠시마 원자력 발전소 사고"에 대한 엔젤하이 위키사이트 :
http://www.angelhalowiki.com/r1/wiki.php/후쿠시마%20원자력%20발전소%20사고

葛飾北齋 (1760 ~ 1849)의 <神奈川沖波裏>.
http://commons.wikimedia.org/wiki/File:Tsunami_by_hokusai_19th_century.jpg?uselang=ja

ブログ内検索
http://kai-wai.jp/images/tk1706_1l.html

### 갈무리 네그리

디오니소스의 노동 1·2  안또니오 네그리 외 지음  조정환 옮김
혁명의 시간  안또니오 네그리 지음  정남영 옮김
비물질노동과 다중  안또니오 네그리 외 지음  자율평론 기획
혁명의 만회  안또니오 네그리 지음  영광 옮김
자유의 새로운 공간  안또니오 네그리 외 지음  조정환 옮김
네그리 사상의 진화  마이클 하트 지음  정남영·박서현 옮김
네그리의 제국 강의  안또니오 네그리 지음  서창현 옮김
다중과 제국  안또니오 네그리 지음  정남영·박서현 옮김 〈2011. 10〉

### 갈무리 조정환

지구 제국  |  21세기 스파르타쿠스  |  제국의 석양·촛불의 시간  |
아우또노미아 : 다중의 자율을 향한 네그리의 항해  |
제국기계 비판  |  미네르바의 촛불  |  공통도시  |  인지자본주의
인지자본주의 〈2011. 4.〉

### 갈무리 문학예술론

카이로스의 문학  조정환 지음
민중이 사라진 시대의 문학  조정환·정남영 외 지음
오리엔탈리즘과 에드워드 사이드  발레리 케네디 지음  김상률 옮김
예술과 다중  안또니오 네그리 지음  심세광 옮김
예술을 유혹하는 사회학  김동일 지음
포스트모더니즘 이후의 정치와 문화  마이클 라이언 지음  나병철 외 옮김
리얼리즘과 그 너머  정남영 지음
플럭서스 예술혁명  조정환·전선자·김진호 지음 〈2011. 3.〉
시로 읽는 니체  오철수 지음 〈2012. 2. 신간〉

### 갈무리 인지과학

앎의 나무  H. R. 마뚜라나 외 지음  최호영 옮김
겸손한_목격자  다나 J. 해러웨이 지음  민경숙 옮김
다중  빠올로 비르노 지음  김상운 옮김
한 장의 잎사귀처럼  다나 J. 해러웨이 지음  민경숙 옮김
있음에서 함으로  H. R. 마뚜라나·B. 푀르크젠 지음  서창현 옮김
윤리적 노하우  프란시스코 J. 바렐라 지음  유권종·박충식 옮김
우리는 결코 근대인이었던 적이 없다  브뤼노 라투르 지음  홍철기 옮김